KB271765

1930년대 후반기 소설론

-임화, 김남천, 안함광을 중심으로-

1930년대 후반기 소설론

선 주 원 지음

한국학술정보㈜

|서 문|

　회색빛 하늘 아래 엎드린 나무들은 한없이 몸을 낮추고 있다. 엎드린 나무들 옆에서 지나간 시간들이 알싸한 한기를 털어내며 또 한 해를 배웅하고 있다. 산다는 것은 견디는 것임을, 지나간 것들에 대한 반추임을 회오리바람으로 날리면서.

　지나간 시절에 대한 논의는 '지금 여기'의 시간과 삶, 공간에 대한 많은 효모들을 배태시키면서, '지금 여기'에서의 시간과 삶이 풍성한 광채를 띠게 한다. 그것이 문학에 대한 것일 때는 더욱 더 그러하다. 지나간 시간 속에서의 문학에 대한 논의는 삶의 문화사적 의미와 세계사적 의미의 네트워크들을 관통하면서, 그 시절의 문학이 어떤 배경과 필요성에서 생겨났는지, 그리고 그러한 문학이 어떠한 의미역을 가졌었는지에 대한 성찰을 제공하기 때문이다. 아울러 특정 시간에서의 문학이 현재의 문학에 어떤 연관성과 차별성을 갖는지를 알게 하기 때문이다.

　이제 회색빛 하늘 아래 1930년대의 문학론, 특히 소설론을 배웅하고자 한다. 그 시절의 소설론에 대한 혼자만의 끙끙거림에서 벗어나 많은 이들이 그 시절의 소설론이 오늘날의 소설론과 어떤 연관성 속에 놓여있는지를 밝히고자 한다. 특히 후기자본주의 시대에 강력한 자본의 위력 속에 모든 것이 화폐에 의해 무차별적으로 섞이고 있는 오늘날에 당파성을 지닌 소설론이 어떤 의미로 설 수 있는지를 밝히고자 한다. 이를 통해 화폐에 의해 존재 가치와 그것들의 양가성마저도 무차별적인 것이 되어버린 오늘날, 1930년대식의 당파성이 과연 가당키나 할 것인지에 대한 자문자답을 하고

자 한다.

　어려운 출판 여건 속에서도 본서의 출판을 기꺼이 허락해 주신 한국학술정보(주) 관계자들께 진심으로 감사드린다. 특히 많은 교정 때문에 수고해주신 이명란 선생님께 감사의 말을 전한다. 아울러 학문의 길에서 아직도 우왕좌왕하고 있는 남편을 옆에서 묵묵히 도와주고 있는 아내 윤미영과 선상근, 선혜인에게도 고맙다는 말을 전한다.

　　　　　발밑에 구르는 낙엽에 지나간 삶을 묻으며 저자 씀

contents

contents

서 론

1. 연구의 목적과 의의

이 연구는 1930년대 후반에 활발히 논의된 임화, 김남천, 안함광의 리얼리즘 문학론과 이 문학론의 구체화라고 할 수 있는 소설론이 당시의 문학적 상황에서 어떤 기능을 하였으며, 그 미학적 구조와 비평사적 위치가 어떠한가를 살펴보는 것을 목적으로 한다.

문학 작품은 인간을 탐구하고 구체적으로 인생을 표현하기 때문에 삶에 대한 교훈과 감동을 준다.[1] 그러므로 창작을 통해 실현되는 문학적 원리들의 체계는 끊임없이 변화하는 역사적 흐름만큼이나 역동적이고 복합적이라고 할 수 있다. 따라서 그것을 규정하는 문학 이론 연구는 그 법칙의 체계 내부에 역사적 관점을 포함시켜야 한다. 논리적 인식과 역사적 인식의 통일이라는 문학이론의 방

---

[1] 성기조, 『문학의 세계』, 학문사, 1988, 188쪽.

법론적 원칙은 바로 여기서 생겨난다.[2]

예컨대, 1930년대 후반 리얼리즘 문학론의 발전 과정은 당대의 역사적 요구에 부응하는 문학 이념의 방향 및 그것의 방법적 원리를 실제 창작과의 부단한 연관 속에서 모색한 결과로 보아야 한다. 이 시기의 리얼리즘 문학론이 과학적 문예학으로서 미적 반영론에 도달했다면, 그 같은 성과는 당대의 역사적 정황에 근거해서 올바른 문학 이념을 설정하고, 그 이념을 지향하는 문학적 원리들을 역사적으로 전개하고 창작하는 과정 속에서 얻어진 것이다.

이렇듯 문학이론의 발전이 문학이념과 객관적 상황의 연관 속에서, 그리고 방법적 원리의 모색과 문학사적 흐름의 관계 속에서 나타나는 것은 그것이 역사적 상황을 전제로 하고 있음을 의미한다. 그러므로 표면에 나타난 결과만을 소급적으로 해석하거나 당위론적 이념에만 매달려 숨겨진 역사적 문맥들을 제거할 경우, 문학이론들이 그 시대의 역사적 산물임을 간과하게 된다. 가령, 1930년대 후반 임화의 소설론이 사회주의적 문학 이념(혹은 당파성)을 희석시키는 리얼리즘 일반론으로 회귀했다는 평가가 이 경우에 해당된다.[3]

1930년대 후반은 일제의 식민지 정책이 노골적으로 파시즘화되어 정치적 억압, 경제적 수탈뿐만 아니라 사상적·문화적 통제가 극심한 시기였다. 또한 한국 근대문학사에서 이 시기는 카프를 조직적 구심점으로 하여 문단의 주류를 형성해 왔던 프로문학운동이 객관적 정세의 악화로 인해 더 이상의 거점을 상실하게 됨으로써,

---

2) 코프닌, 김현근 역, 『마르크스주의 인식론』, 이성과 현실사, 1988, 207~208쪽.
3) 연세대 국문과·중문과·독문과 공동연구모임, 「1930년대 후반 반파시즘 인민전선과 사회주의 리얼리즘의 변천과정」, 심포지엄 발표문, 1990, 34~35쪽.

문단의 문학적 관심의 범위가 그 어느 때보다도 다원화되고 확산
된 시기였다. 이러한 문단의 새로운 현상은 프로문학 진영의 조직
적 구심체였던 카프의 해산을 계기로 더욱 촉발·증폭되었다. 한
편, 문단의 새로운 현상은 식민지 문단을 제약하던 일제의 군국주
의 파시즘 지배 구조의 확립과 더불어 개시된 새로운 식민지적
현실의 문화적 위기 상황을 반영한, 문단 나름의 다양한 문학실천
적 대응의 결과였다는 측면에서 역사적 의미를 함축하기도 한다.

물론 이러한 1930년대 후반의 문단적 상황은 1930년대 전반과
서로 맞물리는 것이다. 1930년대 전반에 프로문학 진영은 일제의
직접적인 탄압에 의해 새로운 변화를 맞게 되었다. 그것은 창작의
영역보다는 비평의 영역에서 보다 두드러지게 나타나는데, 프로문
학이 세계관을 창작 방법에 기계적으로 도입하던 이전의 속류사회
학적 문학론에서 벗어나 과학적 문학론을 형성한 것이다. 즉 프로
문학이 이데올로기와 예술을 동일시하던 이전의 속류사회학주의
문학관을 비판하고, '세계관과 창작 방법' 간의 관계에 대한 논쟁
을 매개로 하여 '리얼리즘' 개념에 대해 새로운 문학론적 인식의
심화를 갖게 되었다. 이러한 인식의 토대는 소련에서 유입된 '사회
주의 리얼리즘'을 둘러싸고 벌어진 수용 찬반 논쟁이었다.

한편, 이러한 '리얼리즘' 개념에 대한 문학 이론적 인식의 심화
는 카프의 해산 이후, 프로문학 작가들의 주요한 문학 실천 양식
이었던 경향소설의 퇴조와 함께 評壇의 새로운 문제로 부각된 세
태소설, 내성소설의 극복 양식으로서의 새로운 소설 양식의 모색
이라는 과제와 긴밀히 연관되면서 소설론으로 나아가는 계기가 된
다. 바로 이 점에서 이 연구가 목표로 하는 1930년대 리얼리즘 문
학론과 그것의 구체화로서의 소설론이 1930년대 후반의 문학비평

사에서 중요한 위치를 점하는 근거가 설정된다.

이 연구가 1930년대 후반 임화, 김남천, 안함광의 소설론에 주목하는 것은 이 시기에 리얼리즘 문학론과 소설론이 구체화되었기 때문이다. 그리고 이러한 소설론이 1930년대의 문예비평사에서 문학의 현실 연관성을 지속적으로 추구하였기 때문이다.

문학 이론은 문학을 여타의 인간적 실천의 여러 유형과 구분 짓고 그로부터 문학의 실체와 범주를 확정지으며, 그러한 범주 확정을 가능하게 하는 원리들을 체계적으로 설정하는 것이라고 할 수 있다. 그러나 임화, 김남천, 안함광 등의 문학론은 하나의 통일된 문학론이라기보다는, 그때그때마다의 이론적 사고를 단편적으로 보임으로써 일견 모순되고 비체계적인 이론의 흔적을 보이기도 한다. 그럼에도 불구하고 이들의 문학론은 당시의 문학 상황에서 문학의 현실연관성을 추구하면서 현실 대응을 해 나갔다. 따라서 이들의 문학론이 지니는 현재적 의미를 밝히는 것은 오늘의 문학적 諸問題의 해결에도 생산적으로 기여할 수 있을 것이다.

2. 기존 연구의 검토 및 연구 방법

1930년대 후반의 문학론에 대한 연구는 크게 세 부류로 나누어 살펴볼 수 있다. 이 시기에 나온 여러 문학론들을 주제별로 분류하여 실증적으로 정리하고 있는 연구들,[4] 1930년대 후반의 리얼리

---

4) 김윤식(『한국근대문예비평사연구』, 한얼문고, 1973)은 1930년대 후반을
   '전형기'로 규정하면서, 휴머니즘론 · 지성론 · 모랄론 · 세대론 · 장편소설론

즘론, 특히 장편소설론을 중심으로 한 연구,5) 1930년대 후반의 문학론을 프롤레타리아 문학 혹은 사회주의 리얼리즘이라는 기준으로 평가하려는 연구6) 등의 세 가지 경향이다.

등 당시에 제기되었던 문학론 대부분을 광범위하게 검토하고 있다. 그러나 김윤식의 연구는 그 방대함으로 인해 당시의 논의를 소개하는 정도에 머무르고 있다는 문제점을 보여준다. 이 외에도 실천 비평의 측면을 중심으로 1930년대 후반의 문학론을 정리하고 있는 신동욱(1975, 한국현대비평사, 서울: 한국일보사)의 연구도 이 계열의 중요한 성과이다. 또한 장사선(1988, 한국리얼리즘문학론, 서울: 새문사)의 연구도 김윤식의 관점을 구체적 사실들을 예로 들어 보강하고 있는데, 세부적 사실들을 분류하고 그에 대한 논란이 행해지지만 범주 설정이 갖는 의미가 명확하지 못하다.

5) 이 계열의 연구는 민족문학적 전망에 입각하여 당시 문학론의 중심을 리얼리즘론의 분화와 변모 과정에 맞추고 있다. 강영주는 「1930년대 소설론고」(서울대 석사논문, 1976)에서, 리얼리즘 미학과 장편소설론에 대한 나름의 일관된 입장에서 당시의 소설론을 평가함으로써, 1930년대 후반의 문학론을 통일적으로 파악할 근거를 제공하고 있다. 그러나 1930년대 후반이라는 역사적 특수성과의 관련에서 문제에 접근하지 않고 단지 리얼리즘 미학의 원론적 틀을 기준으로 당시의 장편소설론을 평가하는 것은 이 연구가 갖는 비역사주의적 한계이다. 권영민의 「카프 해체후의 장편소설론의 방향」(『한국민족문학론연구』, 민음사, 1988), 이주형의 「1930년대 한국장편소설 연구」(서울대 박사학위논문, 1983), 김윤식의 『한국근대문학사상사』(한길사, 1984) 등도 정도의 차이는 있지만, 대체로 강영주의 연구와 궤를 같이한다.
반면에 최유찬의 「1930년대 한국리얼리즘론 연구」(연세대 박사학위논문, 1987)는 이전의 연구들이 보여주던 애매성과 비역사주의적 한계를 상당히 극복하면서, 1930년대 후반의 리얼리즘론을 사회주의 리얼리즘과 비판적 리얼리즘의 두 범주로 나누어 설명하고 있다. 또한 비판적 리얼리즘의 역사적 필연성을 인민 전선과 민족 통일 전선이라는 시대적 요구와의 밀접한 상관 관계 속에서 해명하는 역사주의적 접근 방법을 취하고 있다. 그러나 그의 연구는 1930년대 후반을 임화와 김남천으로 대별하고, 그 중에서 김남천에게 무게 중심을 두는 방식을 그대로 답습하는 문제점과 인민전선을 단순한 좌우 합작, 혹은 소시민적 헤게모니의 입장에서 이해하려는 편향된 시각을 보여주고 있다.

6) 조정환의 「1930년대 현실주의 논쟁과 프롤레타리아 문학의 독자성 문제」

　이러한 1930년대 후반의 문학론에 대한 연구 경향에서, 임화, 김남천, 안함광에 대한 선행 연구는 대부분 1930년대 후반 리얼리즘론의 중심 논자였던 임화와 김남천을 비교 우위론적으로 보는 관점에서 이루어져 왔다. 그것은 본격적인 임화, 김남천의 비교 연구가 아닌 1930년대 비평사를 개관하면서 얻어진 결과임과 동시에 개별연구에 초점을 두었기 때문이다. 따라서 이들 연구들은 1930년대 후반 임화, 김남천, 안함광의 리얼리즘론에 대한 체계적인 모습을 보여주지 못하거나, 선규정적으로 어느 일방을 고평하는 식으로 진행되어 왔다. 그러므로 이들 연구들은 객관적인 관점을 갖고 당대의 문학론이 어떠한 현실정합성을 갖는가와 또 이들의 문

(『민주주의민족문학과 자기비판』, 연구사, 1989)는 1930년대 후반 리얼리즘론의 전개 과정을 김남천, 임화, 안함광을 중심으로 살펴보면서, 프롤레타리아 문학의 독자성이라는 기준에 입각하여 이들의 리얼리즘론을 평가하고 있다. 그 결과, 조정환은 김남천이 무매개적 실천주의 혹은 실용주의에 빠져 있고, 임화는 주관주의와 객관주의에 대한 올바른 입장에도 불구하고 의식의 능동성에 대한 인식의 미흡으로 인해 객관주의 미학의 한계에 빠졌다고 비판한다. 반면에 안함광의 리얼리즘론은 세계관의 문제에 대한 안이한 시각에도 불구하고, 유물론적 반영론과 의식의 능동성 간의 관계를 정확하게 인식하고 있다는 점에서 1930년대 후반의 대표적인 프롤레타리아 문학론이라고 그는 주장한다. 그러나 조정환의 연구는 사회주의 리얼리즘의 미학적 우월성의 철학적 근거를 인식론적 차원에서만 해명함으로써, 일면성을 드러내는 한계를 보여준다. 특히 당시의 역사적 특수상에 대한 선차적 고려를 결여한 채 프롤레타리아 문학만의 독자성을 주장하는 논리는 아무런 실천성도 담보해 낼 수 없는 관념적 급진주의에 불과하다. 반면에 김재용의 「카프 해소·비해소파의 대립과 해방후의 문학운동」(『역사비평』, 1988, 가을호)은 프롤레타리아 문학의 독자성이라는 문제 의식을 바탕으로 하면서도 좀더 역사주의적인 접근 방식을 취하고 있다. 김재용의 연구는 해방 직후와의 역사적 연속성이라는 측면에서 접근함으로써, 그것의 문학 운동적 의미를 부각시키고 있다. 그러나 그의 연구는 1930년대 후반의 특수성에 대한 인식론을 별로 보여주지 않고 있다는 점에서 당시의 리얼리즘에 대한 연구로는 미흡하다.

학론이 노정한 미학적 의미는 무엇인가를 총체적으로 보여주지 못했다. 바로 그 점이 이 연구의 시발점이라고 할 수 있다.

임화, 김남천, 안함광에 대한 연구는 각 논자에 대한 개별 연구와 논자들 간의 비교 연구로 크게 나눌 수 있다. 각 논자들 간의 비교 연구는 임화와 김남천의 비교 연구,[7] 임화와 안함광의 비교 연구,[8] 세 논자들의 창작방법론을 통한 종합적 연구,[9] 소설론을

---

7) 정찬영, 「1930년대 후반기 리얼리즘론 연구 – 김남천과 임화를 중심으로」, 부산대 석사논문, 1992.

8) 이현식, 「1930년대 후반 사실주의 문학론 연구 – 임화와 안함광을 중심으로」, 연세대 석사논문, 1990.
  연세대 대학원 국문과 공동연구모임, 「사회주의 리얼리즘의 수용과 과학적 문예학으로의 전환」, 『1930년대 후반 반파시즘 인민전선과 사회주의 리얼리즘의 변천과정』, 1990.
  ※ 이현식의 연구는 임화와 안함광을 대비시켜서 1930년대 리얼리즘론의 수준을 가늠하는 것을 목표로 한 것이었으나, 양자를 극단적으로 대비시킴으로써 객관성을 상실하고 있다. 즉, 안함광을 임화의 수준보다 고평하고자 하는 의도로 말미암아 안함광에 대해서는 지나친 고평을, 임화에 대해서는 지나친 폄하를 한다. 특히 안함광에 대해서는 그의 전체 논리 체계 중 한 부분에만 치중한 자의적인 해석을 하고 있다. 그리고 연세대 대학원 공농 연구는 1930년대 후반 안함광이 문학론을 당파성과 민중성의 옹호를 통한 반파시즘 인민 전선적 문예학의 구체화로 보고 있다.

9) 최유찬, 「1930년대 한국 리얼리즘론 연구」, 연세대 대학원 박사학위논문, 1986.
  김윤식, 『한국근대문예비평사연구』, 일지사, 1983.
  김영민, 『한국문학비평논쟁사』, 한길사, 1994.
  하정일, 「프리체의 리얼리즘관과 30년대 후반의 리얼리즘론」, 한국문학연구회 편, 『1930년대 문학연구』, 평민사, 1993.
  유문선, 「1930년대 창작방법논쟁 연구」, 서울대 대학원 석사학위논문, 1987.
  남송우, 「1930년대 전환기 비평의 해석학적 연구」, 부산대 대학원 박사학위논문, 1990.
  권희선, 「1930년대 예술방법론 연구」, 서울대 대학원 석사학위논문, 1991.

통한 비교 연구10) 등이 있다.

　다음은 각 논자들에 대한 개별연구를 살펴보자. 임화에 대한 연구는 소설론, 리얼리즘론 및 문학론, 문학사론 등으로 나누어 살펴볼 수 있다. 소설론에 대한 연구로는 민경희, 이상경, 김병구 등의 연구가 있다.11) 임화의 리얼리즘론 및 문학론에 대한 연구로는 김

　정호웅, 「1930년대 리얼리즘 문학의 한 양상」, 『한국학보』 45집, 1986 겨울.
　이공순, 「1930년대 창작방법론 소고」, 연세대 대학원 석사학위논문, 1986.
　권영민, 『한국민족문학론 연구』, 민음사, 1988.
　역사문제연구소 문학사연구모임, 『카프문학운동 연구』, 역사비평사, 1987.
　류양선, 『1930년 전후의 한국농민문학론 연구』, 서울대 대학원 박사학위논문, 1990.
　조정환, 「1930년대 현실주의 논쟁과 프로레타리아 문학의 독자성 문제 – '미적 주체성' 개념을 중심으로」, 『민주주의 민족문학론과 자기비판』, 연구사, 1989.
　김재용, 「중일전쟁과 카프 해소・비해소파」, 『1950년대 남북한 문학』, 평민사, 1991.
　※ 위의 연구들 중에서 1930년대 후반의 리얼리즘론을 반파시즘 인민 전선의 관점에서 논하는 연구들로는 조정환, 김재용 등이 있다.
10) 강영주, 「1930년대 소설론고」, 서울대 대학원 석사학위논문, 1976.
　김주일, 「1930년대 후반기 장편소설론의 史的 고찰」, 연세대 대학원 석사학위논문, 1986.
　이주형, 「1930년대 한국장편소설연구」, 서울대 대학원 박사학위논문, 1984.
11) 민경희, 「임화의 소설론 연구」, 서울대 대학원 석사학위논문, 1990.
　이상경, 「임화의 소설사론에 대한 비판적 검토」, 『창작과 비평』, 1990 가을호
　김병구, 「임화의 소설론 연구」, 서강대 대학원 석사학위논문, 1992.
　※ 민경희는 임화 소설론의 핵심을 '본격소설론'에 두고 그 이론 구조를 밝히려고 하였다. 그러나 그의 소설론과 리얼리즘론의 연관에 대한 해명이 미비하고, 또한 임화 소설론의 한계를 지적하기보다는 그 이론에 맞는 작품이 창작되지 못했다는 점으로 당시 소설을 평가한 점, 그리고 본격소설론을 사회주의 리얼리즘의 연장선에서 파악하는 등 객관성을 얻지 못하고 있다.

윤식, 김용직, 송근호, 신두원, 전상기, 정경운, 김형숙 등의 연구가 있다.[12] 임화의 문학사론에 대한 연구로는 전승주, 오현주, 신승엽, 임규찬 등의 연구가 있다.[13]

 김남천에 대한 연구는 정희모, 나병철, 채호석, 김재남, 임환모, 이덕화, 김미란, 문영진, 전경희, 서경석 등의 연구가 있다.[14]

___

12) 김윤식, 『임화연구』, 문학사상사, 1990.
  나병철, 「임화의 리얼리즘론과 소설론」, 한국문학연구회 편, 『1930년대 문학 연구』, 평민사, 1993.
  김용직, 『임화문학연구』, 세계사, 1991.
  송근호, 「1930년대 후반 임화의 문학론 연구」, 연세대 대학원 석사학위논문, 1992.
  신두원, 「임화의 현실주의론 연구」, 서울대 대학원 석사학위논문, 1991.
  정경운, 「임화의 낭만주의론 연구」, 전남대 대학원 석사학위논문, 1990.
  김형숙, 「임화 리얼리즘 문학론 연구―'주체' 문제를 중심으로」, 한국교원대 대학원 석사학위논문, 1996.
  전상기, 「임화의 리얼리즘론의 변모과정연구」, 성균관대 대학원 석사학위논문, 1991.
  ※ 신두원은 임화의 리얼리즘론을 '예술적 실천론'과 '주체 재건론'으로 구분하여 주로 가치론적 입장에서 평가하고 있다. 그렇지만 임화가 말하는 예술적 실천의 방법론과 리얼리즘 실천론의 상호 관계 및 그 의미에 대한 탐구는 제대로 이루어지지 않았고, 지나치게 가치론의 미학에 기대고 있어서 논의의 여지가 많다.
13) 전승주, 「임화의 신문학사 방법론에 관한 연구」, 서울대 대학원 석사학위논문, 1987.
  오현주, 「임화의 문학사 서술에 대한 고찰」, 『현상과 인식』, 1991 봄·여름호.
  신승엽, 「이식과 창조의 변증법」, 『창작과 비평』, 1991 가을호.
  임규찬, 「임화의 신문학사에 대한 연구」, 『문학과 논리』, 1991 창간호.
  임규찬, 「임화의 문학사를 바라보는 최근의 관점과 비판」, 『한길문학』, 1991 겨울호.
14) 정희모, 「1930년대 후반 김남천의 장편소설론 연구」, 한국문학연구회 편, 『1930년대 문학연구』, 평민사, 1993.
  나병철, 「김남천의 창작방법론 연구」, 이선영 편, 『1930년대 민족문학의 채호석은 「김남천 창작방법론 연구」(서울대 석사, 1987)에서 김남천 문학론의 변화 과정을 창작방법론의 관점에서 그의 실천관과 문학관에 대한 탐구를 함으로써 일정한 성과를 얻고 있지만, '자기 위안의 모습'으로 김남천의 문학론을 귀결시킨 것은 재론의 여지가 있다.

김재남은 『김남천 문학론』(태학사, 1991)에서 김남천이 제기한 문학론이 각각 그의 실제 작품과 연관되어 있다는 점에 착안하고 있다. 그는 또 전기적 사실들을 검토하면서 김남천에 대해 실증적인 해석을 내리고 있다. 그렇지만 그는 '문학의 운동성'이란 관점에서 1930년대 후반을 살핌으로써, 김남천이 식민지 시대의 역사적 전망을 획득하기 위한 강력한 의도를 지니고 있다고 평가하는 점에서 객관성을 잃고 있다.

그리고 이덕화는 「김남천 연구」(연세대박사, 1991)에서 리얼리즘 문학론 확립을 모색한 김남천의 창작방법론과 실제 작품의 상호 연관 관계를 통해 김남천의 문학론의 변화 과정을 추적한다. 그는 김남천 문학론의 변모 과정을 그의 세계관과 현실에 대한 인식을 통해 지속적으로 탐구함으로써, 김남천의 한계와 시대적 한계를

인식』, 한길사, 1990
채호석, 「김남천 창작방법론 연구」, 서울대 대학원 석사학위논문, 1987.
김재남, 『김남천 문학론』, 태학사, 1991.
임환모, 『문학적 이념과 비평적 지성』, 태학사, 1993.
이덕화, 「김남천 연구」, 연세대 대학원 박사학위논문, 1991.
김미란, 「김효식 문학연구 - 창작방법론을 중심으로」, 고려대 대학원 석사학위논문, 1987.
문영진, 「김남천의 해방전 소설 연구」, 서울대 대학원 석사학위논문, 1989.
전경희, 「김남천 소설의 저항성 연구」, 부산대 대학원 석사학위논문, 1990.
서경석, 「김남천론 - 정치적 실천과 문학적 실천」, 『문학사상』, 1989년 1월호.

비교적 온당하게 평가하고 있다.

그리고 나병철은 「김남천의 창작방법론 연구」(이선영 편, 『1930년대 민족문학의 인식』, 한길사, 1990)에서 1930년대 후반기 김남천의 창작방법론을 그의 실제 창작과의 연관성 속에서 해명하고 있다. 그의 연구는 창작방법론이 제기된 역사사회적 맥락을 중시하면서, 김남천의 비판적 리얼리즘적 경향을 그의 이론상의 맹점이 낳은 결과로 보아 타당한 견해를 제시하고 있다.

안함광에 대한 연구는 그동안 농민문학론이나 창작 방법 논쟁을 논하는 자리에서 단편적으로만 이루어졌을 뿐, 그의 문학론 전체에 대한 체계적인 연구는 비교적 최근에 이루어지고 있다. 안함광의 문학론에 대한 현재까지의 연구는 몇 가지 성과에도 불구하고 방법론적 기준 및 평가의 관점에서 크게 세 가지의 견해로 나눌 수 있다.

첫 번째 견해는 안함광의 문학론을 1933년 이후 과학적 문예학(미적 반영론)의 단계로 인정한다. 그리고 1930년대 후반까지 줄곧 프로문학의 독자성과 당파성을 옹호하고 있다는 점에서 그의 문학론을 긍정직으로 평가하고 있다. 또한 이 견해는 1937년에서 1940년까지의 문학론을 당파성과 민중성의 옹호를 통한 반파시즘 인민전선적 문예론의 구체화 과정으로 보고 있다.[15]

---

15) 김재용, 「안함광론-카프 비해소파의 이론적 근거」, 『1930년대 민족문학의 인식』, 한길사, 1990.
　　엄현영, 「1930년대 안함광의 리얼리즘론 연구」, 연세대 대학원 석사학위논문, 1990.
　　조정환, 「1930년대 현실주의 논쟁과 프로레타리아 문학의 독자성 문제-'미적주체성' 개념을 중심으로」, 『민주주의 민족문학론과 자기비판』, 연구사, 1989.

이현식은 임화와 안함광을 대비시켜서 1930년대 리얼리즘 문학론의 수준을 가늠하는 것을 연구 목표로 하였으나, 양자를 극단적으로 대비시킴으로써 객관성을 상실하고 있다. 즉 안함광을 임화의 수준보다 고평하고자 하는 의도로 말미암아 안함광에 대해서는 지나친 고평(高評)을, 임화에 대해서는 지나친 폄하를 했다. 특히, 안함광에 대해서는 그의 전체 논리 체계 중 한 부분에만 치중한 자의적인 해석을 하고 있다.

김재용은 카프 비해소파의 이론적 구조를 재구해내는 근거로써 안함광의 문학론을 검토하고 있다. 그는 안함광의 문학론을 1937년 중일전쟁을 기준으로, 1937년 이전의 문학론을 사회학주의의 극복과 반영론의 확립 과정으로, 1937년에서 1940년까지의 문학론을 당파성과 만중성의 옹호를 통한 반파시즘 인민전선적 문예학의 구체화로 설정하였다. 그러나 이런 그의 논리는 1930년대 후반 안함광의 문학론 속에서 전개된 문예통일전선론이 민중성과 당파성이라는 미학적 원리에 대한 천착이 없었음을 상기해 본다면 지나치게 자의적인 해석이라고 할 것이다.

엄현영의 연구는 관점에서는 김재용의 연구와 유사하나, 안함광의 1930년대 비평이 갖는 전체적인 특성으로서 '의식의 능동성'이라는 개념을 내세움으로써 안함광 문학론의 일관된 흐름을 잡아내는 데는 어느 정도 성공하고 있다. 그러나 지나치게 안함광이 전개한 비평의 사적(史的) 흐름만을 따라가므로, 그의 문학론을 재구하고 이론적으로 평가하는 데는 한계를 드러낸다.

조정환은 미적 주체라는 개념을 중심으로 1930년대 후반의 리얼리즘론을 고구하는 자리에서 안함광의 사회주의 리얼리즘론을 다루었다. 이 연구에서 그는 안함광을 당파성에 입각하여 프롤레타리아 문학의 주체를 확립하려 한 논자로서 평가했다. 그러나 조정환의 연구는 사회주의 리얼리즘에 갖는 미학적 우월성의 철학적 근거를 인식론적 차원에서만 해명함으로써 일면성을 드러내는 한계를 갖는다. 특히, 당시의 역사적 특수성에 대한 선차적 고려를 하지 못한 채, 프롤레타리아 문학의 독자성만을 주장하는 논리를 펼침으로써 아무런 실천성도 담보해 낼 수 없는 관념적 급진주의를 보여주었다. 이러한 조정환의 연구는 안함광 문학론의 한 측면만을 부각시키고 있다는 점에서 문제점을 지니지만, 한편으로는 그간 주목을 받지 못하였던 안함광 문학론의 긍정적인 면을 부각시킴으로써 그의 문학론을 연구 대상으로 삼았다는 점에서는 의의를 지닌다.

안함광 문학론에 대한 두번째 견해는 첫번째 견해와 평가의 기준은 같으면서도 구체적인 평가는 상반된다.[16) 하정일은 안함광이 누구보다도 프로문학의 독자성과 당파성을 견지하였으며, '프로문학 대 비프로문학의 구도'를 기반으로 하여 사회주의 리얼리즘의 독자적인 미적 특질을 탐구하였다고 평가했다.[17) 그러면서 그는 1930년대 후반 안함광의 문학론과 해방 직후의 문학론이 문학사적 연속성을 지님을 설명하였다. 또한 하정일은 '의식의 능동성'을 핵심적 요소로 파악하는 안함광의 사회주의 리얼리즘론이 리얼리즘

---

16) 하정일, 「30년대 후반 휴머니즘 논쟁과 민족문학의 구도」, 『1930년대 민족문학의 인식』, 한길사, 1990.
하정일, 「1930년대 후반 사회주의 리얼리즘론의 발전과 반파시즘 인민전선」, 『창작과 비평』, 1991 봄.

17) 하정일, 「30년대 후반 휴머니즘 논쟁과 민족문학의 구조」, 이선영 편, 『1930년대 민족문학의 인식』, 한길사, 1990.
하정일, 「1930년대 후반 사회주의 리얼리즘의 발전과 반파시즘 인민전선」, 『창작과 비평』, 1991년 봄호, 창작과 비평사, 1991.

미학의 일반 원리를 경시하고 있는 한계를 지적했다. 그리고 안함광의 리얼리즘 문학론이 비프로문학과의 차별성에만 집착한 나머지 '의식의 능동성'과 '혁명적 낭만주의'가 등치됨으로써 미학적 파탄을 맞이하게 되었다고 했다. 하정일의 이러한 평가는 결국 안함광의 문학론이 '반파시즘 인민 전선'의 이념을 사회주의 리얼리즘에 반영하지 못하는 한계를 지니고 있음을 지적한 것이라고 할 수 있다. 그러나 하정일의 이러한 평가는 반파시즘 인민 전선이라는 관점에서 접근함으로써 오류를 갖게 되었다.

 세 번째 견해는 안함광의 문학론을 분석·평가하는 데 있어 앞의 두 견해와는 방법론적 기준을 달리하고 있다. 앞의 두 견해가 '반파시즘 인민 전선'이라는 개념을 문학사적으로 적용시키는 데 비해서, 세 번째의 견해는 안함광의 리얼리즘론이 미학적 체계를 갖추었는가를 이론구조적 측면에서 살펴보고 있다.[18] 류보선은 기존의 안함광에 대한 연구가 보여준 선규정적인 고평에 반대하면서, 리얼리즘에 대한 가치론적 입장에서 비교적 온당한 평가를 하고 있다. 한편, 구재진은 하나의 특별한 방법론을 내세우기보다는 안함광의 문학론이 제기하고 있는 '세계관과 미적 주체의 능동성'을 강조하면서, 안함광의 문학론이 사상성과 예술성이라는 두 범주의 통일을 목표로 하고 있음에 주목한다. 그러나 구재진은 중일전쟁을 지나치게 강조하여 중일전쟁 후 안함광의 문학론이 '경험주의 혹은 자연주의의 일면'까지도 드러낸다고 보아 그의 문학론을 미적 범주로서의 계급

---

18) 류보선, 「안함광 문학론의 변모과정과 리얼리즘에 대한 인식」, 『관악어문연구』 15, 1990. 12.
  구재진, 「1930년대 안함광 문학론 연구」, 서울대 대학원 석사학위논문, 1992.
  구자황, 「안함광 문학론 연구」, 성균관대 대학원 석사학위논문, 1992.

성, 당파성을 부차화한 미학으로 평가하고 있다. 그러나 이러한 관점은 중일전쟁을 과도하게 중요 기준으로 삼아 문학론을 평가했다는 데에 문제점이 있다.

이상의 선행 연구사를 통해서 알 수 있는 것처럼, 리얼리즘론과 소설론과의 연관성을 규명하고자 하는 연구는 각 연구자들이 가지고 있는 리얼리즘 개념에 대한 상이한 인식에 상당히 근거해 있다. 이런 현상은 리얼리즘이란 무엇인가라는 본질적인 물음이 여전히 의미가 있는 현재의 문학논쟁적 상황에 비추어 볼 때 당연한 귀결이라 할 수 있다. 그러나 과거의 문학사적 사실에 대해 리얼리즘에 대한 연구자들 나름의 선험적 규정을 통하여 접근하는 것은, 1930년대 식민지하에 특수하게 형성된 리얼리즘론을 오늘의 이론으로 재단하는 이론적 상대주의에 빠질 위험성을 내포한 것이다. 그러므로 이들 연구들은 객관적인 관점을 갖고서 당대의 리얼리즘론과 소설론이 어떠한 현실 정합성을 갖는가와 이 이론들이 노정한 미학적 의미가 무엇인가를 총체적으로 보여주지 못하는 한계를 가진다. 바로 그 점이 이 연구의 시발점이라고 할 수 있다.

따라서 이 연구는 기존의 여러 연구자들의 평가 관점들이 지닌 나름대로의 타당성을 인정하고서, 이를 전제로 삼아 임화, 김남천, 안함광의 리얼리즘론과 소설론 간의 연관성을 해명하고자 한다. 이를 위해서 이 연구는 1930년대 후반의 소설론을 리얼리즘론의 기본 범주에 입각해서 검토하고, 임화, 김남천, 안함광 등이 당시에 사용하던 개념들이 어떤 체계로 이루어지면서 소설론으로 전화했는지, 그리고 그것들이 어떤 의미망으로 해석되는지에 주목하고자 한다. 나아가 이런 관점에서 1930년대 후반의 임화, 김남천, 안함광의 소설론이 당대의 문학적 상황에서 어떤 기능을 확보하고 있었는가를 살펴볼 것이다.

이런 목표를 구체적으로 실현하기 위해 이 연구는 다음과 같은 문제를 중점적으로 논의할 것이다.

첫째, 각 논자들의 당대 현실에 대한 인식 태도는 무엇인가, 둘째, 문학의 창작 주체에 대한 인식은 어떻게 드러났는가, 셋째, 리얼리즘 문학론을 제기한 근거 및 그 이론 구조는 어떤 것인가, 넷째, 리얼리즘 문학론의 구체화로서의 소설론의 형성 원인 및 전개 양상, 그 의의는 무엇인가 등이다.

이러한 연구 목적을 위해 이 연구는 리얼리즘 문학의 창작 방법을 문학 생산 담당자의 현실 인식에 따른, '방법으로서의 리얼리즘'으로 규정한다.[19) 그 이유는 구체적 현실인식에 기초한 문학적 실천이 방법으로서의 리얼리즘을 규명하는 태도이기 때문이다. 문학적 실천은 주체와 객체 간의 변증법적으로 올바른 반영을 통해 이루어진다. 따라서 임화, 김남천, 안함광 등이 미적 반영의 추구로서의 리얼리즘 문학론과 소설론을 통해 보여준 것은 현실 대응으로서의 의미를 다분히 지니는 것이었다. 이 연구는 바로 이 현실 대응의 이론적 구조와 그것의 미학적 의의를 고찰하고자 한다.

---

19) 쉬체르비나에 의하면, 방법으로서 리얼리즘은 "재현, 양식, 형식에 있어서 어떤 강제적인 방법을 지시하지 않는다. 그것은 현실이 여러 가지 방법으로 제시되도록 한다. 본질적인 것은 그것이 삶에 충실한 상, 인간의 사상과 감정에 충실한 것이어야 한다."는 것이다.(문학예술연구소 엮음, 『현실주의연구 I』, 제3문학사, 1990, 127쪽.) 이러한 방법으로서의 리얼리즘은 레닌주의 이데올로기에 입각한 사회주의 리얼리즘을 부르주아 사회와 함께 등장했거나 그와 공존했던 리얼리즘의 최고 발전 형태로 삼는다.

주체 재건과 예술적 실천론

1930년대 후반 프로문학은 일제의 가혹한 탄압으로 인한 조직의 와해와 그에 따른 전향의 속출이라는 외형적인 퇴조를 보였다, 그럼에도 불구하고, 그 담당 주체들은 역설적으로 1920년대의 '사회학주의'[20]를 극복할 단초를 갖게 되고, 문학의 현실 연관에 대한 문제의식을 증폭시킬 수 있었다. 그 이유는 1920년대와는 질적

---

20) 사회학주의는 프롤레트쿨트(Proletkult)로 대표되는 계급환원론자들의 속류 유물론적 미학을 지칭한다. 이 미학의 일반적인 특징은 예술적 창조의 법칙이 일방적으로 생산의 법칙에 의해 규정된다는 경제 결정론, 예술 작품의 발생·양식의 발생이 사회 구성체 및 계급의 발생과 변모를 반영한다는 기능적 발생론, 예술은 어떠한 인식적 기능도 갖지 않으며 단지 일정한 계급의 이념을 영속화하기 위한 계급 투쟁의 수단이 다소 간주하는 이데올로기주의, 예술의 가치는 작가가 속한 계급의 진보적 혹은 반동적인 정향과 동일하며 과거 예술 작품의 내용은 진보적인 계급의 관점에서는 무가치하다는 상대주의 등으로 나타났다.(김영룡, 「사회주의 현실주의 논의의 역사적 전개에 관한 일 고찰」, 문학예술연구소 엮음, 『현실주의연구Ⅰ』, 제3문학사, 1990, 15~18쪽.)

으로 다른 1930년대의 현실적 조건이 내적 동인으로 가로놓여 있었기 때문이다. 특히, 예술적 반영의 특수성, 세계관과 창작방법의 관계, 미적 원리로서의 당파성 등을 문제 삼았던 사회주의 리얼리즘론을 둘러싼 논쟁은 1930년대 비평적 논의의 정점에 있었다.

그러나 1930년대 후반의 프로문학이 갖는 이러한 의의에도 불구하고, 이 시기의 프로문학은 카프의 해체에 의해 큰 전환점을 맞이하게 된다. 카프의 해산으로 인해 조직적인 예술 운동이 합법성을 상실하게 되었고, 작가에게 창작의 지도 방침을 지시해 줄 중심은 부재하게 되었다. 카프의 해산으로 舊카프의 맹원들은 대부분 문학 활동을 개인적, 합법적 차원에서 행함으로써 우익적 일탈21)로 나아갔고, 창작 방법 논쟁도 개별적인 양상을 띠게 되었다. 그러나 이러한 현상은 문학 주체가 혼란과 모순으로 점철된 식민지 근대의 삶의 경험들을 답파해 가는 과정 속에서 스스로를 형성해 나가는 양상으로 볼 수 있다. 즉 당대 변혁 과제와의 관련하에 주체를 설정하고 자신의 논리와 실천의 방향을 강구해 간 흔적이라 할 수 있다.

이런 주체 설정의 과정에서 임화, 김남천, 안함광 등은 구카프 맹원들의 우익적 일탈을 경계하면서, 객관 정세의 악화에 대한 대응물로서 자신들의 문학 이론들을 전개시켜 나갔다. 또한 그들의 문학 이론은 사회주의 리얼리즘의 비판적 수용을 통해 객관 정세가 악화되어 더 이상 공공연한 당파성을 견지할 수 없게 되자, 중간파 문인들의 견인과 자기 변혁의 과제로써 주체의 문제를 상정

---

21) 이념에 의한 사상성보다는 개인적 관념에 얽매였다는 점에서 구카프 구성원들의 이러한 문학적 활동은 카프의 계급 이념에서 일탈된 우경화로 볼 수 있다.

하였다. 이 문제는 객관 정세의 악화라는 시대 상황에서 최소한의 문학적 대응으로써의 문학적 실천인 주체 재건론과 그것의 구체화인 소설론으로 전개된다.

1930년대 후반기의 문학 활동에 엄청난 영향을 준 카프의 해산과 그로 인한 문학 활동의 위축·몰락을 일본 군국주의 파시즘의 강화라는 외적 요인에서만 찾는 것은 무의미하다. 문학 운동을 외적인 상황과의 대립, 그리고 그에 대한 대응 및 변혁의 과정이라고 볼 때, 카프의 해산은 소시민 지식인 그룹에 의해 주도된 프로문학의 내적 취약성, 즉 주체의 역량 부족에서 기인한 바도 크기 때문이다.

이런 관점에서 본다면, 1930년대 후반 임화, 김남천, 안함광 등의 문학 이론 전개는 문학 주체인 소시민 지식인인 자기 자신에 대한 점검과 리얼리즘의 이론적 심화에 의한 비평의 지도성 확립이라는 이중의 부담을 짊어진 것이었다. 이 부담을 해소하기 위해 당대의 문학적 전개는 사회주의 리얼리즘에 입각하여 리얼리즘의 심화와 확대를 꾀한 임화의 관점을 중심에 두고 그 양편에 객관현실을 상조한 김남친의 비판적 리얼리즘, 그리고 의식의 능동성을 강조하여 당시의 객관 현실에서는 실천력이 떨어질 수밖에 없었던 교조적인 미학을 내세운 안함광의 사회주의 리얼리즘을 상정했다.

이를 통해 당시의 문단은 카프조직이 해체된 이후 혼란스러웠던 문단의 방향성을 회복하면서, 그와 함께 과거의 경향문학이 갖고 있는 관념적 도식주의를 극복하고자 했다. 이 두 가지 과제의 해결 방안은 '주체의 재건'이라는 이름으로 임화, 김남천, 안함광 등 구카프 이론가들 사이에서 치열하게 모색되었다. 이 시기에 주체의 재건이 제기된 것은 일제의 파시즘적 탄압에서 기인한 주체의

무력화 현상을 극복하면서, 또한 이 기회에 과거의 도식적인 프로
문학을 재정립하려는 의도에서였다. 그러나 이러한 이중적인 과제
는 일제의 파시즘 정책으로 인해 그 출구를 찾기가 어려웠고, 제
반 정치활동과 사회운동이 침체된 상황에서는 실천되기 어려운 것
이었다.[22]

1. 주체의 재건과 문학의 총체성 회복 – 임화

카프가 조직된 이래 예술 운동에 있어서 리얼리즘의 기반이 된
논쟁점은, 예술 운동을 세계변혁을 목표로 하는 전체 운동과 관련
시켜 규정할 때 예술 주체와 예술활동의 본질은 무엇인가에 관한
것이었다.[23] 그후 사회주의 리얼리즘이 수용되면서 창작 방법 논
쟁이 전개되었는데, 이 논쟁을 통해 리얼리즘에 관한 논의는 예술
이 '사회계급의식'의 표현이라는 사고 방식에서 벗어나 사회에 대
한 형상적 인식이라는 반영론적 사고로 나아가게 된다. 임화도
카프 해산 이후에는 이러한 반영론에 근거해서 예술 주체와 현실
과의 관계를 고찰하여 1937년에 그의 리얼리즘론을 정립한다.

임화는 "사실 리얼리즘이 과학적 이론에 의하여 철저적으로 승
인되는 유일의 문학적 경향이라든가 인식 활동으로서의 문학의 본
질이 다시없이 명확하게 표현된 문학적 '이즘'이라든가"는 반복할

---

22) 나병철, 「김남천의 창작방법론 연구」, 이선영 편, 『1930년대 민족문학의
   인식』, 한길사, 1990, 558쪽.
23) 민경희, 「임화의 소설론 연구」, 서울대 대학원 석사학위논문, 1990, 6~7쪽.

여지조차 없는 명확한 것이라고 전제한다.[24) 이어서 주관주의와 객관주의 편향에 대한 비판을 통해 임화는, 세계관이 방법의 외부에서 결합하는 것이 아니라, 바로 방법의 내부에 관철되고 있다는 인식에 도달했다. 그리하여 현실의 본질적 측면은 작가의 주관 속에서 만들어 내는 것이 아니라 현상을 통하여 찾는 것이고, 자체 내에 경향성이 관철되는 현실주의야말로 '객관적 현실 그것과 예술적, 생활적으로 교섭함으로써 상실된 자기를 찾고 소시민으로서의 자기를 재교육하는' 방법임을 주장했다.

임화는 파행적 리얼리즘, 즉 주관주의적 일탈과 객관적 일탈에 대해 비판을 하면서 그 대안으로 '주체 재건론'을 주장하였다. 임화는 주체성이 작가에게는 문학적 실천을 통해서 확인되며, 문학적 실천의 대상인 작품에 있어서는 인물이 전형화를 통해 顯現된다고 주장하였다.[25) 임화는 현실 인식이란 현실 그 자체의 객관주의적 기계적 인식이 아니라 당파적 입장에서의 가치평가적 인식이며, 이러한 인식은 역사적으로 성장·발전하는 것임을 정식화하였다. 그후 그는 현실인식이 진정한 리얼리즘의 기반이 되기 위해서는 '작가가 자기를 주장'함으로써 관조주의를 극복하고, '현실의 반영 위에 작품을 구성'함으로써 주관주의를 극복하고, 이 양자가 변증법적으로 통일되어야 한다고 말했다. 그리고 이러한 변증법적 통일을 위해 예술 주체와 현실의 관계는 주체가 예술적 실천으로 나아가는 것이 되여야 한다고 했다.

임화는 이러한 관조주의와 주관주의를 두 경향이 '목전의 사실

---

24) 임화, 『문학의 논리』, 학예사, 1940, 70쪽.
25) 이 주체성을 정경운은 세계관의 재무장이며 낭만주의 사고의 지속이라 보았다. 그러나 주체성은 단순한 세계관의 재무장이거나 단순한 작가의 주관 개입이 아니다.(정경운, 앞의 논문, 34쪽.)

(외적, 내적) 위를 포복하고 있다.'는 점에서, '본질적으로는 경향
문학의 소시민성에의 굴복이란 한 점으로 환원된다.'고 파악한다.
이것은 곧 '붕괴된 주체의 직접 소산'이었던 것이다. 그런데 임화
는 김남천의 '고발문학론'에 이 두 경향이 공존하고 있음을 비판
하는데, 이것이 이른바 고발문학론을 둘러싸고 전개되는 '주체 재
건 논쟁'이다. 임화는 김남천의 '고발문학론'이 사회주의 리얼리즘
을 당대의 현실적 조건에 부합하도록 구체화하려고 한 점과 '격렬
한 비타협 정신'으로 현실에 접근한 점은 높이 평가한다. 그러나
올바른 의도에도 불구하고, 이를 실천한 작품들이 "생활의 본질에
대하여 중요한 발언을 회피"26)하고 있음을 직시하고 그 문제점을
지적한다. 이런 지적을 통해 임화는 주체 재건론을 정립하게 되는
데, 그가 내세운 주체 재건은 주체의 패배를 인정하면서도 과거의
주체를 전적으로 부정하는 것이 아니라 그런 결과를 낳은 문제점
을 극복한다는 의미를 갖는다, 따라서 임화의 주체 재건론은 청산
주의적 태도와는 본질적으로 구별된다.27)

임화는 주관주의적 편향에 대한 자기 비판을 통하여, '방법 내

---

26) 임화, 「사실주의의 재인식」,『문학의 논리』, 학예사, 1940.
27) 안함광은 '재건' 이전에 '주체'의 성격에 대한 견해를 명확히 확립할 것
    을 강조하며, 현재 요구되는 것은 '주체 건립'이라고 주장한다. 즉 과거
    프로문학은 세계관을 주체화하지 못한 존경적 그룹에 불과하다는 것인
    데, 여기에는 과거의 미학적 성과들을 부정하는 청산주의적 태도가 전제
    되어 있다. 안함광은 사회주의 리얼리즘을 주체 건립의 방법으로 설정하
    고, 그 핵심으로 '의식의 능동성'을 강조한다. 그러나 안함광은 주체에
    대한 협소한 이해로 말미암아 실천을 작가의 개별적이고 경험적인 차원
    에 국한시킨다. 그리고 '조선적 특수성'을 강조하던 초기의 논의와는 달
    리 미적 주체의 당파성에 대한 일방적인 강조로 현실과 괴리되어 역사적
    변화에 적응하지 못하는 경직된 방법적 원리로서의 사회주의 리얼리즘론
    을 전개한다.

에 이미 작가의 주관(그것은 작가의 세계관에 입각한 것이다)이 작용하여 현실을 평가하고 있다는 것'을 깨닫고, 나아가 작가의 주관과 현실 인식(및 반영)의 관계, 작가적 실천 사이에 또 하나의 매개항인 주체를 설정한다.

임화가 말하는 주체란 사회적 실천을 바탕으로 목적 지향적으로 환경에 작용하여 환경을 물질적정신적으로 자기 것으로 만드는 사회적 인간이다. 인식 능력을 가진 인간이 사회적인 것은 구체적인 인식 능력이 사회적 성과물이기 때문이다. 따라서 작품을 평가하는 기준인 '생활적 현실'은 김남천이 주장하듯이 작가 개인의 사적 경험, 경력에서 모색되는 것이 아니라 개인을 포함한 사회적 계급생활의 전 실천을 기초로 한다. 또한 문학 운동의 창조적 · 조직적 실천과의 관계에서 검토 되어야 한다. 그러나 중점은 '실천'에 놓여 있지 않고 '주체성'에 놓여 있다. 1930년대에 형성된 임화의 리얼리즘론의 핵심은 주체 재건론에 있다. 기존의 많은 논자들은 바로 이 주체 재건론에 대한 몰이해로 인해 임화의 리얼리즘론을 올바로 평가할 수 없었다고 해도 과언이 아니다.28) 그렇다면 임화가 감소한 '주체 재건론'에서 주체의 의미는 무엇인가?

범박하게 이야기하자면, 임화가 강조한 주체는 작가 주체(혹은 미적 주체)일 수도 있지만, 단순한 개인이 아니다. 일반적인 의미에서 임화는 '주체성이 관심을 끄는 이유'를 이렇게 이야기한다.

"문학이 주체의 각도에서 반성될 때는 반드시 그 시대의 문학 정신이 좁고 얕은 황무지를 低迷하고 있는 것이다. 다시 말하면 일개의 작가적

---

28) 조정환(1989)은 '미적 주체 문제를 당파성과의 결부 속에서 새롭게 모색해 보려는 방향'에서 임화와 안함광의 리얼리즘론을 검토하고 있다. 타당한 시각이었으나, 임화적인 '주체'의 의미를 간취하지는 못하고 있다.

현실에서가 아니라 넓은 문학적 현실 그것에 대한 하나의 시대적·역사
적 반성으로서 주체의 성질이 물어지는 것이다."29)

또한 주체를 '재건'하자는 주장에는 그것이 한 차례 붕괴된 적
이 있다는 사실이 전제되어 있다. 임화는 "현재 우리 문학을 毒하
고 있는 두 경향(관조주의와 주관주의-인용자)은 붕괴한 주체의
직접 소산이었다."30)고 말한다. 이전의 주체 붕괴는 '경향 문학의
소시민성에의 굴복'31)으로 표현되기도 하고, '일찍이 이론적으로
파악되었던 세계관이 실천의 마당에서 산새와 같이 우리를 두고
떠나간 쓰라린 경험'32)이라 표현되기도 한다.
임화는 주체의 자기 분열을 분열된 현실상의 반영으로 인식하면
서, 김남천식으로 주체 내부에 집착하여 이것을 심리적으로 파악
하는 것으로는 분열된 주체를 재건할 수 없다고 한다.33)

그러므로 자기 분열이란 것을 심리의 결렬이라 생각할 것이 아
니라 실상은 분열된 세계, 과도한 이중 세계의 심리적 반영으로
파악하지 않을 수 없다. (중략) 의식이란 의식된 존재 이외의 아무
것도 아니다. 그러므로 자기분열의 극복은 결코 내부의 상극, 양심
의 가책, 고발의 쾌감으로 달성되는 것이 아니다. 분열된 자기에

---

29) 임화, 『문학의 논리』, 97쪽.
30) 임화, 앞의 책, 60쪽.
31) 임화, 앞의 책, 90쪽.
32) 임화, 앞의 책, 49쪽.
33) 임화는 김남천의 주체론이 '주체론의 심리적 파악'이라고 하면서, 김남천
     이 차별성을 주장함에도 불구하고 '보들레르의 아류'임을 면할 수 없다
     고 비판한다.(임화, 「현대문학의 정신적 기축-주체의 개건과 현실의 의
     의」, 『조선일보』, 1938. 3.)

의한 자기 분열에의 항쟁, 그것은 한 개의 순환 논리이다. 자기 분열의 극복이 통일된 자기의 완성이라면 이 힘은 새 세계의 지성으로 자기 내부를 채우는 데 있다.[34]

20세기의 새 세계를 파악하기 위하여 19세기적 지성과 다른 지성이 필요하였는데, "우리는 일부러 탐색의 모험을 하지 않고라도 새 세계의 젊은 의지가 만들어낸 지성의 체계를 찾아낼 수 있었다." 그리하여 그들은 "새 지성의 힘으로 새 세계를 파악하려 하였음에도 불구하고 불의의 패배"를 당하고 말았다. 그 이유는 무엇인가? "새 지성은 결코 그것이 지성적이기 때문에 패배한 것이 아니다. 오히려 우리가 아직도 단순한 의지의 人이었던 때문이라 할 수 있다."[35]

여기서 말하는 20세기의 새 지성이란 마르크시즘, 노동자 계급의 세계관을 의미하는데, 임화는 이것을 학습하고 리얼리즘적 실천을 통해 체계화함으로써 주체의 재건이 가능하다고 본다. 그리고 주체 재건은 어떤 세계관을 다시 한 번 이론적으로 재인식하는 정도에 그쳐서는 안 된다. 임화는 주관주의와 관조주의의 두 가지 편향을 지적하면서 "현대는 관조주의에 抗하여 자기를 주장하고, 주관주의에 抗하여 객관 현실의 반영 위에 작품이 구성될 시대"라고 말한다. 그러면서 임화는 주관과 객관 현실과의 통일을 문학의 주체성을 통해서 확립할 수 있다고 본다. 따라서 임화는 객관적

---

34) 임화, 「현대문학의 정신적 기축—주체의 재건과 현실의 의의」, 『조선일보』, 1938. 3.
35) 임화, 앞의 책, 110~111쪽.

현실의 반영으로서의 리얼리즘 가운데 표현될 '주체성'은 일개인의
국한된 주관이 아니라 '현실 묘사로서의 의식'이라고 말한다. 그리
고 이 주체성이 객관적 현실과 통일되는 것이 리얼리즘이라 한다.
  이어서 임화는 리얼리즘론의 구체화로 나아갔다. 우선 그는 대
담한 자기의 주장(관조주의에 抗하여) 및 객관과 현실의 반영(주관
주의에 항하여)을 통일할 수 있는 것은 '高次의 리얼리즘'밖에 없
다고 하면서, 다음과 같이 그 근거를 대고 있다.

> 우리들이 객관적 현실의 반영으로서의 리얼리즘 가운데 표현할 주체
> 성은 일개인의 국한된 주관이 아니라 현실의 묘사로서의 의식인 때문이
> 다. 이러한 주체성만이 비로소 리얼리즘과 모순하지 않는 것이다. 그러면
> 이러한 주체성, 작자의 의식이 어떻게 현실의 반영인지 아닌지를 아는가?
> 그것은 예술적 생활인 실천을 통해서이다.(중략) 우리는 생활 그것과 같은
> 문학을 요구하지 않는가? 정히 한 개의 생활적 실천인 문학, 그 가운데 주
> 체성은 자기의 정당성을 증명하고 객관적 현실과 통일되는 것이다. (중략)
>   그러므로 리얼리즘이란 결코 주관주의자의 무고(誣告)처럼 사화(死化)
> 한 객관주의가 아니라 객관적 인식에서 비롯하야 실천에 있어 자기를 증
> 명하고 다시 객관적 현실 그것을 개변해 가는 주체화의 대규모적 방법을
> 완성하는 문학적 경향이다. 그러나 이러한 리얼리즘은 결코 리얼리즘 일
> 반이 아니다. (중략) 소셜리즘적 리얼리즘, 그것이 금일의 유일한 리얼리
> 즘이다. 왜냐하면 이 리얼리즘만이 금일의 현실에 있어 그 주체성이 객관
> 적 현실의 반영과 모순하지 않고 오히려 그것을 조장하기 때문이다.[36]

  위의 인용문에서처럼 임화는 객관 현실과 세계관의 상호 관련,
즉 객관성과 당파성의 통일을 인식하고 있다. 따라서 임화는 객관
주의에서 벗어나려면 세계관을 중시해야 하며, 반대로 주관주의를

---

36) 임화, 위의 책, 93~94쪽.

탈피하려면 객관현실의 반영 위에 작품을 구성해야 한다고 주장한
다. 이런 그의 인식은 주체의 세계관과 객관현실의 역동적 상호
작용을 강조하면서, 현상과 본질의 통일 속에서 전형적 정황 중의
전형적 성격을 드러내는 리얼리즘이 획득되어야 함을 강조한 것이
다.37) 임화가 고발문학론이 세계관의 의의를 간과함으로써 관조주
의에 빠졌다고 비판하면서 과학적 세계관의 학습을 강조한 것은
이런 이유에서였다. 그러면서 임화는 조선 문학이 나아가야 할 방향
을 사회주의 리얼리즘으로 보고 있다. 임화는 작품 창작 과정에 결
정적으로 개입하게 되는 주체를 개인의 주관이 아닌 현실 묘사로서
의 의식으로 본다. 그리고 그는 '현실 묘사로서의 의식'을 '리얼리
즘 가운데 표현할 주체성'이라 하여 높은 의미를 부여한다. 그래야
만 객관현실을 반영하는 리얼리즘과 모순되지 않기 때문이다.38)

---

37) 이런 점에서 볼 때, 임화가 설정한 주체론이 작가의 생활 실천과 문학
   실천의 연결이 추상적이라고 한 정찬영의 논리는 설득력을 잃는다. 왜냐
   하면 임화는 주관과 객관의 상호 역동적인 과정 속에서의 세계관의 역할
   을 강조하는 것이며, 생활 실천이 예술 실천으로 나아가야 함을 강조했
   기 때문이다.(정찬영, 「1930년대 후반기 리얼리즘론 연구」, 부산대 대학원
   석사학위논문, 1992, 55쪽.)
38) 조정환은 이러한 임화의 '현실 묘사로서의 의식'을 객관주의적 편향이라
   고 평했다. 그는 임화의 리얼리즘론이 "작가적 주체성은 현실의 묘사로
   서의 의식이란 명제로 집약되며 그 의식내용의 타당성을 검증할 기준으
   로서 예술적 생활인 실천을 제시하여 실낱같은 출구를 열어놓은 데 지나
   지 않은 빈약한 것"이라고 평가한다. 나아가 그러한 평가의 근거로, 임화
   의 실천관을 비판하고 있다. 보다 근본적인 문제를 건드리고 있는 것이
   다. 요컨대, 임화가 마르크스의 '포이에르바하 테제'의 2항만 알고 1항은
   알지 못하여, "실천은 인식의 출발점이 되고 그 추동력이 되며 그 목표
   가 되는 규정적 힘으로서가 아니라 인식내용을 검증하는 시금석으로서
   만, 그것도 작가 개인의 생활이라고 하는 협소한 범위의 시금석으로서
   만" 이해하고 있고, "인간의 실천을 '추상적인 - 고립된 - 개인'(포이에르
   바하의 테제 6항)을 전제로 하여서만 이해"함으로써 "'인간의 본질이 그

그 후 임화는 1937년의 소설을 개괄적으로 평가한 「방황하는 시대 정신」에서 구체적인 작품 평가와 관련하여 '묘사된 생활 현실의 가치'를 강조한다. 주관주의적으로 빠져든 김남천의 작품을 평가하면서 임화는 "묘사되는 생활 현실의 가치라는 것을 재음미"하라고 충고하고, 이기영의 『돈』에 대해서는 상식적인 작품이지만 묘사된 생활 현실의 가치에 의해 독자에게 상당량의 감명을 준다고 평가한다.[39] "소설 가운데서 작자의 생각이 사는 방법은 오직

현실성에 있어서는 사회적 관계의 총체'라는 것을 이해할 수도 없으며, 인간에 의한 객관현실변혁의 총과정으로서의 감각적 실천도 올바로 이해할 수 없었기 때문에 객관현실의 반영이라고 하는 몰주체적 객관주의에로 미끄러져 들어갈 수밖에 없었다."는 것이다.

이러한 조정환의 비판은 임화에 대한 정확한 평가라고는 할 수 없다. 왜냐하면 임화는 개인적 실천과 전 사회 계급적 실천을 분리하지 않았으며, 이 시기에 와서도 분리하고 있지 않기 때문이다. 그런데도 조정환은 임화의 실천론이 '예술적 실천론'으로 발전하고 있음에도 불구하고, 이를 일반적인 실천론에만 환원한 것이다. 그는 나아가 임화가 말하는 당파성, 세계관도 "그저 말뿐"이며, "임화에게서는 노동자계급도 정치적 당도 그리고 이들에 의해 수행되는 혁명적 실천도 모두 사라져버리고 그 자리에 작가의 생활적 실천만이 앙상하게 자리잡고 있을 뿐이다."라고 비판했다, 그런데 오히려 창작 실천에서 당파성이 — 더욱이 노동자계급의 '정치적 당도 그리고 이들에 의해 수행되는 혁명적 실천도 모두 사라져버린' 1930년대 후반의 상황에서 — 어떻게 관철될 수 있을까란 점을 풍부하게 사고하지 않고 당과의 의식적 결부만을 잣대로 내세우는 조정환의 당파성관은 작가에게 '당파성'을 주장하기만 하면 된다는 공식주의라고 볼 수밖에 없다. 창작에서 당파성이 관철되는 것은 '작가의 주관과 예술적 실천'을 통해서이며, 창작방법론으로서의 리얼리즘론의 과제는 당파성이 어떻게 방법 속에 녹아 들어가는가 하는 점을 지시해 주어야 한다. 임화는 불명확하게나마 이 사실을 간과하지 않고 있다. 따라서 임화가 몰주체적 객관주의로 미끄러져 들었다고 평가하는 것도 타당하지 않다.(조정환, 「1930년대 현실주의 논쟁 – '미적' 주체성 개념을 중심으로」, 『민주주의 민족문학론과 자기비판』, 연구사, 1989, 321~325쪽.)

39) 임화, 앞의 책, 253~254쪽.

묘사되는 현실을 통해야만 예술로서 형성되기 때문이다." 그러나 임화가 '묘사'의 중요성만 강조한 것은 아니다. 그는 묘사의 중요성과 아울러 "우리들에게 중요한 것은 묘사하는 배후에 흐르는 작자의 정신이고, 묘사에는 반드시 묘사 이상의 묘사하는 의식이 잠재해 있음을 발견하는 데도 있다."40)고 주장한다. 따라서 그가 말하는 '묘사로서의 의식'이란 '현실을 묘사하는 의식'뿐만 아니라 '묘사되는 현실'과 '사상'의 통일을 의미하는 것이다. 이러한 임화의 논지는 현실의 가치는 묘사를 통해서만 살아나지만, 묘사에는 반드시 작가의 의식이 개재하므로, 묘사는 '매력 있는 사상'과 결합하여야 한다는 것이다. 그리고 '묘사'도 '사상'을 통해서 살아나며, 그 역도 마찬가지라는 것이다. 따라서 임화가 말하는 리얼리즘은 단지 정황을 상세하게 기술하는 것이 아니라 작가의 세계관이 명확한 상태에서 그 정황 묘사가 현실과 일상 생활에서 재료들을 취사선택한 것이다. 따라서 임화가 제기한 리얼리즘 관점에서 보면 세태소설은 극복의 대상이 된다.

이런 인식하에 임화는 당대 문학의 제 편향을 '리얼리즘 대 비리얼리즘(관조주의 대 주관주의)'라는 구도로 파악하고서, 현실 편중의 경향과 세계관 편중의 경향을 동시에 경계하고 있다. 주체의 세계관과 객관 현실의 통일은 현상과 본질의 변증법을 수행하는 과정으로 주체의 적극적 역할이 강조되는 '리얼리즘적 실천'을 통해서만 세계관의 혈육화가 가능하게 된다.

그러면 임화가 말하는 리얼리즘적 실천이란 무엇인가를 논해 보자. 임화는 작가의 예술적 실천을 강조하는데, 이것은 작가의 주체성 확립을 통해 이루어지는 것으로 작가가 단순히 어떤 세계관을

---

40) 임화, 앞의 책, 352쪽.

이론적으로 재인식하는 '추상적인-고립된-개인'의 실천이 아니다. 임화가 강조한 작가적 실천의 문제는 그가 김남천과 벌인 논쟁을 통해 드러난다. 임화는 김남천의 소설 『물』(대중, 1933. 6.)을 평하면서, 『물』이 현실을 반영하는 데 있어서 사실을 그대로 그려 놓았을 뿐 작가의 당파적 태도가 작품에 드러나지 않았다고 평한다. 그 결과 『물』이 프로문학 창작의 기본적 요건에 미치지 못한다고 지적했다. 이에 대해, 김남천은 작가 개인의 체험 실천을 작품 평가의 기준으로 삼으면서, 작가 개인의 정치적 활동이 문학 작품의 내용이기 때문에 정치적 활동이 성공하면 작품 역시 훌륭하다는 평가를 내려야 한다고 반박햇다.

이러한 김남천의 반박에 대해 임화는 작품이 작가 개인을 포함한 객관적인 생활 현실을 반영하는 것이므로, 실천은 개인적인 것이라도 역사적·사회적으로 제약되는 것임을 분명히 한다. 그리고 문학이 표현하는 것은 경험주의적 의미의 개인적 실천이 아니라, 그 시대 사회 계급의 객관적인 실천이라고 말한다. 이를 통해 그는 인식의 주체가 일정한 사회적 관계 속에 놓여 있음을 인지하고 있다. 그것은 예술가의 개인적 창작 실천에 세계관과 방법이 어떻게 관련하고 있는가를 해명하는 고리가 되고 있다. 예술가에게 있어서의 생활 실천과 예술 실천을 구분하면서, 대부분의 예술 실천이 예술과 세계관 형성을 매개하고,[41] 예술적 실천 그중에서도 리얼리

---

41) 여기서 우리는, 임화가 예술적 실천만 강조했지 정치적 실천의 가능성을 폐쇄하였다는 평가와 마주친다.(이현식과 조정환.) 실제로 임화는 생활 실천과 예술적 실천을 구분하여, 후자, 달리 표현하면 '비근하고 가능한 일부터 시작하는 것'을 강조하고 있다.(『문학의 논리』, 50쪽.) 그러나 그 것은, '문학자에겐 문학자다운 자기 재건의 길이 고유한 때문'이며, 그것을 통해 '다시 문학을 사회적 실천에로 접근시킴으로써 일반적 상에 기

즘적 실천이 작가의 잘못된 생활실천 내지는 그것에 의해 주체화된 세계관까지도 개변할 수 있다고 하였다.

임화는 "작가의 세계관이 결정적으로는 작가의 사회적 실천에서 확립되고 실천의 장구한 과정을 통하여 주체적으로 혈육화"되기는 하지만, 당시의 상황으로는 작가들이 생활실천을 통해 주체를 재건하는 것이 절망적이기 때문에 예술적 실천을 통해 주체를 재건할 수밖에 없다고 했다. 그리고 예술적 실천이란 세계관을 매개항으로 한다고 했다. 이런 임화의 논지는 리얼리즘적 예술실천을 통한 세계관의 혈육화 방법으로 주체를 재건하자는 것이다. 또한 임화는 엥겔스의 발자크론을 통해 작가의 올바른 예술적 실천(리얼리즘적 실천)이 적극적으로 작가를 좋은 생활적 실천으로 인도할 수 있는 가능성을 발견하였다. 이것을 임화는 리얼리즘의 승리라고 하면서, 그 의의를 다음과 같이 평가한다.

> 그것은 사상에 대한 예술의 승리에 그치는 것이 아니라 그릇된 사상에 대한 옳은 사상의 승리다. 리얼리즘은 그릇된 생활 실천에 의하여 주체화된 작가의 사상을 현실의 객관적 파악에 의한 과학적 사상을 가지고 격충한 것이다.[42]

이 글에서 임화는 조선의 작가들이 진보적 세계관을 유지하기 힘든 현실에서 올바른 예술적 실천, 리얼리즘적 실천만 가지면 세계관의 유지와 적극적인 사회적 실천도 가능하리라는 인식을 갖고

여한다는 사실을 전제하고 있다. 요컨대 생활 실천과 예술적 실천의 변증법적 연관을 염두에 두고 있었다고 보아야 한다.(신두원, 앞의 논문, 42쪽, 각주 28번.)

42) 임화, 문학의 논리, 56쪽.

있다. 그러나 임화가 당시 열악한 상황에서 작가들이 진보적 세계관을 유지할 수 있는 실질적 대안을 제시하고자 했지만, 임화는 그가 살고 있던 현실과 발자크가 살고 있던 시대의 차이를 간과하고 있음을 알 수 있다. 즉 임화는 발자크의 정치적 견해와 리얼리즘적 창작 방법이 모순된다는 사실에 집착하여 그가 살았던 객관현실의 중요성을 간과하고 있는 것이다. 이러한 임화의 논지는 결국 세계관의 중요성을 상대적으로 소홀히 하는 결과를 낳게 된다.[43]

이러한 한계에도 불구하고 임화는 주체를 이론적으로뿐만 아니라 실천적으로도 사상으로서의 문학을 창조할 수 있는 존재로서 '현실을 묘사하는 의식'이라고 규정했다. 또한 그는 작가의 세계관을 결정하는 '사회적 실천'을 '생활적 실천'과 '작가적 실천'으로 분리했는데[44] 이것은 '고차의 리얼리즘'을 획득하는 방법을 나름대로 발견했음을 나타낸다.

> 일상적·외적 실천이 작가의 세계관 형성과 개변을 자극하고 촉진하나 예술적 실천이 그것을 체계화하고 확인하지 않는 한 그 사상은 작가의 기본적 실천인 예술 창작까지를 지배할 만큼 강한 것이 되지 못한다. 그러므로 어떤 때 작가의 예술은 세계관과 모순되기도 하고 때로는 세계관 그것을 개혁할 수까지 있는 것이다. 이 모순은 생활 실천에 대한 예술적 실천의 승리를 의미한다.(중략)
>
> 작가가 진보적인 생활 군단의 실천자이었을 때 예술은 생활실천에서 거대한 好影響을 받으며, 반대로 작가의 비진보적 생활군단의 일원이었을 때 예술은 자기 발전상 크나큰 제한을 그곳에서 感한다. 그러나 예술적 실천이 진보적 생활 실천과 모순하지 않고 또 비진보적 생활 실천에 제한하지 않고 그 진보적 생활 실천의 제한을 벗어나 승리하려면 작가가

---

43) 이현식, 앞의논문, 1990, 30쪽
44) 임화, 「주체의 재건과 문학의 세계」, 『문학의 논리』, 학예사, 1940, 60~65쪽

'레알리스트'인데만 한하는 것이다.(중략)

　그러므로 우리들의 자기 재건의 노선으로 고를 것은 예술적 실천 일반이 아니라 리얼리즘적 실천 그것이다.[45]

　위의 인용문에서 임화는 작품이 작가에게 생생한 삶의 체험의 표현이 되어야 하고, 그 표현의 진실과 당파성은 리얼리즘적 실천 방법에 의해서만 획득된다고 파악했다. 작가의 세계관과 생활적 실천을 매개하는 것은 예술적 실천이라고 규정한다. 작가에게 있어서는 예술적 실천이 전 생활의 집중된 첨단이므로, 작가가 비진보적 생활 군단의 일원일지라도 올바른 예술적 실천을 통해서 자신의 비진보적 세계관을 극복, 개변할 수 있다는 것이다. 그런데 이것은 작가가 리얼리스트일 때만 가능하다. 즉 '예술적 실천 일반이 아니라 리얼리즘적 실천'만이 올바른 주체 재건을 가능하게 해 준다는 것이다. 따라서 이때의 리얼리즘적 실천이란 과거의 세계관 절대 우위의 유물변증법적 창작 방법과는 그 실천의 의미가 다르다.[46] 왜냐하면 리얼리즘의 방법 자체가 작가에게 과학적 세계관을 획득하는 고유한 과정을 지시하는 실천적 이론이기 때문이다. 또한 작가가 생생한 삶의 체험을 표현하는 데 있어서 그 신실성과 당파성은 오직 리얼리즘적 실천 방법에 의해서만 확인되기 때문이다.

　결국 임화에게 있어서 리얼리즘이란 와해된 주체를 현실의 양양한 파악으로 객관적으로 끌어가서, 세계관이 생활적·예술적 실천으로 작가를 인도하며, 작가는 실천을 통하여 자기의 세계관을 혈육화하여 주체화하는 것이었다. 이런 임화의 논리는 리얼리즘에 대한 인식의 심화를 보여준다. 작가가 비진보적임에도 불구하고

---

45) 임화, 위의 글, 54~55쪽.
46) 이공순, 앞의 논문, 66쪽.

예술경향상 리얼리스트라면 비진보적 세계관, 그것을 개변시킬 만큼 반작용을 할 수 있다는 그의 논의는 이전까지 그가 보여준 리얼리즘 논의와는 相트가 있는 것이다.

이것은 엥겔스의 발자크론,47) 즉 세계관에 대한 '리얼리즘의 승리론'에 그 근거를 두고 있다. 발자크가 정치적으로는 왕당파를 지지했음에도 불구하고 그들이 몰락할 수밖에 없는 필연성을 인식하고 그것을 작품화했던 것을 세계관과 창작방법의 모순으로 파악하였다. 따라서 임화는 문학으로부터 세계관을 거세하는 논리를 전개한 이론가들을 관조주의자라고 부른다, 그리고 그들이 '세계관과 예술적 방법, 사상과 리얼리즘의 관계'를 정확히 이해하지 못하여, 문학으로부터 세계관을 거세하여 일상생활의 비속한 표면을 기어다니게 되는 왜곡된 리얼리즘을 주장했다고 비판한다.

임화는 현실 상황에 의해 생활적 실천이 불가능하게 되자, 예술적 생활로서의 실천인 '작가적 실천'을 내세운다. 작가적 실천은 생활체험을 바탕으로 하는 것으로, 이 생활 체험은 환경과의 변증법적인 상호 작용을 거쳐 개인적인 것만이 아닌 사회적 역사적 성격을 갖게 된다. 그리고 세계에 대한 이데올로기적 관계의 총화인

---

47) 엥겔스의 발자크론은 그가 1888년 4월 영국의 여류 소설가 마가렛 하크네스에게 보낸 편지에서 발자크를 언급한 부분을 일컫는다. 이 편지에서 엥겔스는 발자크가 그의 정치적 입장이 왕당파 옹호였음에도 불구하고, 『인간희극』에서 귀족 계급 몰락의 필연성과 미래 세계에 대한 그들의 자격상실, 그리고 진정한 미래 인간들은 오직 당대에서 찾아질 수 있다고 파악한 것을 프랑스 사회의 탁월한 리얼리즘적 역사를 그리고 있다고 하였다. 그러면서 이를 리얼리즘의 위대한 승리라고 표현한다. 이 편지를 계기로 라프의 세계관 지상주의에 대한 비판이 시작되었고 세계관과 창작방법의 문제가 대두되었다.(K. 마르크스, F. 엥겔스, L. 박산달, S. 모라브스키 엮음, 김대웅 역, 『마르크스·엥겔스의 문학예술론』, 한울, 1988, 146~150쪽.)

세계관과 연결된다. 예술은 사회적 의식의 한 형태로서 작가는 생활 현상과 자기와의 관계를 의식하고, 자기의 눈으로 본 세계를 올바르게 예술적으로 형상화한다. 따라서 세계관은 예술적·미적으로 현실을 획득하는 데 불가결한 요소이다. 그러므로 생활적 실천과 작가의 세계관을 매개시켜 주는 것은 예술적 실천이다.

> 작가가 진보적 생활 실천자임에 불구하고 예술 경향상, 즉 '반레알리스트'였다면 예술 창작 그것뿐만 아니라 생활 실천 그곳에까지 악영향을 미칠 수있다 할 것이오.
> 작가가 비진보적임에 불구하고 예술 경향상 '레알리스트'이었다면 예술을 비진보적 생활 실천이 파급하는 악영향에서 최대한으로 방어할 수 있고 나아가서는 비진보적 세계관 그것을 개변시킬 만큼 반작용을 할 수도 있는 것이다.[48]

결국 창작 방법은 문학이 어떤 세계관과 결합하여 위대한 예술을 창조할 수 있는가를 밝히고, 그것이 체현할 문학적 경향과 특색을 해명하는 것이다. 나아가 작가가 과학적 세계관을 획득하는 고유한 과정을 지시하는 실천적 이론을 통해 세계관과 창작 방법은 모순관계가 아닌 변증법적인 관계를 맺게 된다. 그런데 예술적 실천이 진보적 생활 실천과 모순하지 않고 또한 비진보적 실천의 제한을 벗어나 승리하는 것은 작가가 리얼리스트인 경우에서이다. 따라서 주체 재건은 예술적 실천 일반이 아니라 리얼리즘적 실천에 의해서 가능한 것이다.

요컨대 임화는 예술적 태도로서의 리얼리즘이라는 창작 방법이 세계관에 반작용을 할 수 있다는 이론을 근거로 하여, '리얼리즘적

---

48) 임화, 앞의 글, 54~55쪽

실천'을 통해 그릇된 사상과 세계관의 극복 및 올바른 주체 재건
이 가능함을 주장한다.

> 즉 리얼리즘은 생활적 실천을 작가에게 매개하는 예술적 실천의 하나
> 임에 그치는 것이 아니라, 적극적으로 작가를 좋은 생활 실천으로 인도
> 하는 데 높은 사상적 의의가 있다. 리얼리즘은 와해된 주체를 객관적 현
> 실의 양양한 파악으로 끌어가고 확립된 세계관은 생활적, 예술적 실천에
> 로 작가를 인도하여 작가는 실천을 통하여 자기의 세계관을 혈육으로써
> 주체화시키는 것이다.49)

임화는 이러한 논지가 '리얼리즘의 진정한 승리'라고 강조하는
데, 그런 점에서 '리얼리즘의 승리'는 "사상에 대한 예술의 승리에 그
치는 것이 아니라 그릇된 사상에 대한 옳은 사상의 승리"가 된다.50)
이런 맥락에서 임화는 "제 주관에 구애되지 않고 현실을 탐구하
여 현실 그것의 구조로 작품을 구조하고 현실에서 체험당하는 작
가 주체의 시련의 정열"과 함께 "작가의 현실파악을 지도 · 원조"
하는 '과학적 세계관'을 학습할 것을 강조한다. 왜냐하면 과학으로
무장한 채 "현실에 침잠하여 그것을 추구하는 정열은 급기야 현실
의 오처(奧處)에 이르러 사회적 대립의 장렬한 본질과 조우"51)할
수 있기 때문이다. 이처럼 현실은 임화에게 '단순히 묘사의 대상'
에 머무르는 것이 아니라 '주체의 성질을 분석하는 시금석이고 성
격의 운명을 결정하는 객체'로서 자리매김되고 있다.
임화가 현실과 실천의 중요성을 강조한 것은 이러한 맥락에서이

---

49) 임화, 「주체의 재건과 문학의 세계」, 『동아일보』, 1937. 11. 11〜16.
50) 임화, 앞의 글.
51) 임화, 앞의 글.

다. 특히 문학에 있어 그 중요성은 증폭된다. 당대의 주관주의와 관조주의의 편향은, 주체의 붕괴 이후 '제 약함과 無力에 대한 인식'으로 자기 분열을 거듭하고 있었다. 그것은 지성의 패퇴에서 오는 단순한 무력감이 아니라, "오히려 분열을 극복할 새 지성과 용기의 형성을 현실 가운데 보면서도 그것을 자기의 연장으로 조작하지 못하는 분만이다."[52] 더욱이 "자기 분열이란 ……실상은 분열된 세계, 과도적 이중 세계의 심리적 반영"이며, "자기 자신 가운데 있는 제 적은 현실 가운데 있는 인간의 적의 일부분"이다.[53]

임화에게 이러한 주체 분열은 내부의 심리적 분열이 아닌 '분열된 세계', '과도적 이중 세계의 심리적 반영'이다. 그러므로 주체 분열의 극복 방향은 자신 가운데서 찾을 것이 아니라 현실 가운데 의지적 실천을 통해 모색되었다. 이것이 곧 실천을 통한 인간과 현실의 상호 관계이다. 그러므로 자기 분열을 극복하기 위해서라도 현실을 알아야 한다. 어떻게 현실을 아는가?

"현실을 안다는 것은 결코 모르는 자기를 고발함으로써가 아니라 현실 속에서 행위함으로 알게 되는 것이다. 행위는 또한 단순한 관찰이 아니다. 현실을 지배하느냐, 현실에서 지배되느냐를 결정하는 실천, 이 실천의 과정을 통하여 (중략) 현실에 적합한 견해가 새로 형성되는 것이다.

이것이 실천을 통한 현실과 인간의 상호 관계다. 그러므로 미완의 주체에 있어 현실은 항상, 그릇된 의식은 패배하며 옳은 의식은 살아, 차차로 현실을 지배할 완전한 의식(적합하는 의식만이 현실을 지배한다 - 필연 = 자유)을 형성해 가는 시련의 장소다."[54]

---

52) 임화, 앞의 책, 112쪽.
53) 임화, 앞의 책, 115쪽.
54) 임화, 「현대문학의 정신적 기축」, 『조선일보』, 1938. 3. 23~27.

‘시련의 장소인 현실 속에 뛰어들어 행위하는 것, 곧 실천의 길’과 아울러 또 하나 강조되는 것이 있다. 바로 과학(세계관)의 학습이다. 과학을 학습하는 것은 자기 재건의 길인 동시에 예술적 완성의 유력한 보장이다. 왜냐하면 "과학은 작가의 현실 파악을 지도 원조하고, 진보적 의식의 활동은 인식되는 현실을 일층 생경한 예술로 장식하기 때문이다."[55]

임화의 논지를 정리해 보면, 현실을 행위함으로써 알게 된다는 것은, 곧 실천을 통해서 현실을 파악할 수 있다는 것이다. 현실을 지배한다는 것은 실천을 주체적으로 수용한다는 것(주체적 실천)을 의미한다. 또 새로운 견해를 형성한다는 것은 실천의 과정을 통해서 새로운 인식을 터득할 수 있다는 것을 의미한다.

> 문학에 있어 이 방법은 제 주관에 구애되지 않고 현실을 탐구하여 현실 그것의 구조로 작품을 구조하고 현실에 체험당하는 작가 주체의 시련의 정열로 작품의 정신을 삼는 그러한 방법이다. 우리는 한 사람의 주인공이 어떠한 인물일지라도 작가가 이미 그 인물의 운명을 부여하지 않고 그 인물이 부단히 체험하는 현실과의 상관속에 제 운명이 만들어지는 그런 작품을 인간적, 예술적 리얼리티를 가진 작품이라 한다.[56]

임화에게 예술적 리얼리티란 개인과 현실과의 투쟁의 진실성을 이르는 말로, 창작 주체의 주관이나 관념을 개입시키지 않고 있는 그대로의 현실과 관련된 인물의 창조를 의미한다. 그렇다고 해서 작가의 세계관을 배제하고 단순히 묘사하는 차원의 리얼리티가 아니다. 임화가 말하는 ‘문학적 실천’이란 객관적 현실의 이해(이 이

---

55) 임화, 앞의 책, 65쪽.
56) 임화, 「현대문학의 정신적 기축」, 『조선일보』, 1938. 3. 23~27.

해에 주체의 세계관이 개입한다)를 바탕으로 하여 주체적 실천을 통하고, 이에 의해 새로운 인식에 도달하려는 실천 개념에 근거한 것이다.

문학적 실천은 현실과 인간의 상호 관계를 변증법적으로 매개하는 것으로, 주체로서의 작가와 대상으로서의 현실은 상호 규정적으로 존재한다. 그런데 실천은 현실을 인식하는 방법이기 때문에 주체와 현실을 매개적으로 이어준다. 따라서 실천을 통해 주체와 현실이 변증법적으로 지양될 경우 양자는 조화와 통일을 이루게 된다. 그 결과 실천을 통한 현실적 가치의 재인식에 바탕을 두고 있는 문학적 방법은 객관적 현실의 구조를 통하여 작품을 구성하면서도 현실을 통해 체험하는 주체의 정열이 그대로 작품의 정신으로 드러나게 된다. 따라서 객관주의와 주관주의를 극복하고 문단의 위기를 타개하기 위해서는 리얼리즘에 대한 정확한 인식과 함께 주체성을 확립하여 객관적 현실에 대한 실천적 접근이 요구된다고 그는 강조한다.

그러나 임화가 말하는 실천의 문제와 인식론적인 문제는 구체적인 방법을 통하여 제기되지 못하고, 사회주의 문학의 원론적인 차원에서만 논의되어 관념적인 수준에 머무르는 한계를 보인다.[57] 즉 이론과 실천 간의 간극이 창작 주체가 구체적으로 만나는 문학적 실천의 범주에서가 아니라 주관과 객관의 변증법적 통일이라는 추상적 범주 속에서 해소되고 있다.

리얼리즘의 중요성은 여기에서 등장한다. 바로 '현실 속에서의 실천'으로 이끌 뿐 아니라 과학과도 모순되지 않는 방법이 현실주

---

57) 김주일, 「1930년대 후반기 장편소설론의 史的 考察」, 연세대 대학원 석사 학위논문, 1985, 22~23쪽.

의라고 임화는 주장한다. "현실의 객관성 앞에 자기 해체를 완료하고 과학적 세계관으로 주체를 재건하는 노선이며 우리의 문학이 협애한 현재 수준에서 역사적 지평선상으로 나아가는 구체적 과정", 이것이 바로 사회주의 리얼리즘이라는 것이 임화의 결론이다.58) 앞에서 인용한 "리얼리즘이란……객관적 인식에서 비롯하여 실천에 있어 자기를 증명하고 다시 객관적 현실 그것을 개변해 가는 주체화의 대규모적 방법"이란 규정이 지니는 의미는 이와 같다.

지금까지 논의한 임화의 리얼리즘을 정리하면 다음과 같다. 곧 리얼리즘이란 현실 속에서의 행위(실천)를 통해 과학적 세계관과 현실을 결합시켜 현실의 본질을 반영하고, 이를 통하여 와해된 주체를 재건하는 예술적 실천의 방법론이다. 그리고 이것은 다시 세계관의 혈육화를 가능케 한다. 이것이 바로 임화의 리얼리즘론의 요체다. 여기에서 '주체의 재건'은 리얼리즘적 실천의 결과로 주어지는 것이자, 그것에 목적 의식을 부여하는 것이다.

이와 같은 정식화는 바로 당파성을 그 내부에 관철시키고 있다. 당파성에 대한 레닌의 정식화는 흔히 '톱니 바퀴와 나사'의 비유에 근거하여 '당과의 조직적 이데올로기적 결부'라는 직접적인 규정으로 받아들여졌다. 그러나 레닌은 그것이 문학적으로 관철되는 과정을 논리적으로 정식화하고 있다.

> "그것(당문학 – 인용자)은 사회주의적 프롤레타리아트의 경험과 생동하는 사업을 통해 인류의 혁명 사상의 마지막 말을 풍부하게 하고, 과거의 경험(원시적이고 공상적인 형태로부터 발전해 온 사회주의의 완성된 형태인 과학적 사회주의)과 현재의 경험(노동자 동지들의 현재의 투쟁) 사

---

58) 임화, 앞의 글, 66쪽.

이에 항상적인 상호 작용을 창조하는 자유로운 문학이 될 것이다."[59]

임화의 리얼리즘론 역시 과거의 경험 본질로서의 과학적 세계관(과학적 사회주의)과 생동하는 현실과의 결합을 통한 새로운 세계관의 혈육화를 이야기하고 있다. 그것은 다시 새로운 현실과 결합하여, 양자 간의 항상적인 상호 작용을 야기해 나갈 것이다. 여기서 '주체 재건'의 의미도 다시 검토되고 강조되어야 한다. 그것은 예술 주체가 예술적 실천을 통하여 세계관을 혈육화하여 '일반적 사업에 기여'[60]함으로써 이룩되는 것이다. 정치적 실천을 위한 조직의 건설이 현실적으로 폐쇄된 상황에서, 작가 개인의 예술적 실천을 세계관과 현실의 결합이라는 리얼리즘적 방법을 통해 '일반적 사업'에 기여할 수 있게끔 이끌어 올린다는 것이 임화가 강조한 리얼리즘문의 요체이다. 이것은 가장 넓은 의미의 당파성이라 할 수 있다.

임화의 논리에 의하면, '주체'는 예술 주체가 당파성을 획득하였을 때 '재건'될 수 있다. 실제로 우리는 임화의 글 중에서 '주체성'을 '당파성'으로 대체하였을 때, 그 의미가 제대로 살아남을 볼 수 있다. 앞서 인용한 「사실주의의 재인식」 말미의 리얼리즘을 규정한 부분이 특히 그러하다. 물론 임화의 '주체성' 개념은 '당파성'의 의미보다 더 넓고 그만큼 더 정확하지는 않다. 그렇지만 '주체성'이라는 개념 속에는 임화 논리대로의 예술에 있어서의 당파성의 의미가 내포되어 있다.

곧 임화의 리얼리즘론은, 주체 재건으로 방향 지어진 예술적 실

---

59) V. I. 레닌, 「당조직과 당문학」, 『현실주의연구 I』, 제3문학사, 232쪽.
60) 임화, 『문학의 논리』, 51쪽.

천을 매개로 하여, 세계관적 계기와 객관 현실을 상호 관련시켜 나가는 논리라 할 수 있다. 이와 같은 논리는, 세계관-방법 연관을 과학적으로 인식하지 못한 1930년대 소련에서의 논쟁 수준을 뛰어넘는 것으로 평가된다. 현실의 충실한 묘사는 세계관에 대해 독립적으로 존재할 수 있다고 믿고 창작을 통한 실천만을 주장한 것(로젠탈리)도 아니고, 인식에 있어서의 세계관의 역할을 강조하여 예술 방법의 상대적 자율성을 망각한 것(누시노프)도 아니다,[61] 세계관과 방법을 끝까지 분리하지 않는 가운데, 세계관이 내재되는 방법의 독자적 영역을 정확하게 설정하고 있기 때문이다.

이와 같은 성취가 이제까지 이루어져 온 주관-객관의 관계에 대한 변증법적 파악 위에서 가능하였음은 물론이다. 그러나 임화가 정치적 실천과의 연계 가능성을 차단하고(이는 임화가 정치적 실천을 배제했다고 해석되어서는 안 된다. 초점은 그가 예술적 실천의 현실 정치적 의미 부여에 소홀했다는 점에 있다), '현실'의 의미를 추상적인 수준에서 일반적인 현실로 규정하고 있는 점은 이론의 추상성을 보여주는 것으로 이해해야 한다. 예를 들면 임화가 김남천의 고발문학론을 비판하는 대목이 여기에 해당된다.

임화는 김남천의 고발문학론을 "현실의 역동적 성격을 다루지 못한 채 부정적인 것만을 취급한 것(객관주의의 오류)과, 주체가 설정하여야 할 立地가 단순히 고발하는 정신에만 머문 것(주관주의적 오류)"으로 비판했다. 즉 현실과 현실에서 가져야 할 주체의 의식에 대한 잘못된 평가에 의해 김남천의 고발문학론은 오류를

---

61) 로젠탈리-누시노프 간의 논쟁에 관해서는, 로젠탈리 외, 홍면식 역, 『창작방법론』, 문경사, 1949, 홀거 지젤, 정재경 옮김, 『소비에트 문학이론』, 연구사, 1988, 194~200쪽 참조.

범하면서 리얼리즘적 실천에 의한 주체 재건으로 나가지 못했다고 비판했다. 그러나 이 주체 재건론에 의한 러한 임화의 비판은 그 타당성에도 불구하고 그 논지가 막연하고 구체적인 실천지침이 없는 추상적인 논의였다. 아울러 리얼리즘적 실천에 의한 주체재건을 확증해 줄 만한 생활의 기반이나 문학적 기반을 간과한 추상적인 것이었다.

이론의 추상성은, 그가 리얼리즘론을 구체적 창작 실제와 연관시켜 나감에 따라 보다 구체화되기도 하고, 또 그 한계를 뚜렷이 드러내기도 한다.62) 그럼에도 불구하고 임화의 주체 재건론은 이후에 전개되는 소설론을 통해 보다 구체화되며, 구체적인 논의를 통한 리얼리즘 일반 논의로 나아간다는 점에서 그 의의가 있다.63)

---

62) 선주원, 앞의 논문, 1991, 38~47쪽.

63) 이 점에서 본다면 주체재건론 이후의 임화의 논의가 리얼리즘이 아니었다고 보는 이공순의 관점은 타당성을 잃는다.(이공순, 「1930년대 창작방법론 小考」, 연세대 대학원 석사학위논문, 1985. 12, 68쪽.) 한편 김형숙은 이러한 임화의 논의가 당파성을 염두에 둔 세계관의 측면을 강조한 사회주의 리얼리즘론을 전개한 것으로 보고 있다. 그리고 임화가 비판적 리얼리즘과 변별되는 방법으로서 사회주의 리얼리즘을 상술하고 있지 않으며, 임화의 논의가 리얼리즘 일반론의 성격을 강하게 띠고 있음에도 불구하고 '당파성의 포기'나 '리얼리즘 일반론으로의 회귀'가 아님을 그의 '민족문학론'과 연관지어 살펴보고 있다. 그러나 필자가 보기에는 김형숙의 논리는 임화의 논의에 대한 면밀한 검토가 결여되어 있다. 왜냐하면 사회주의 리얼리즘은 '전망'을 그 본질로 하는데, 임화가 주체재건을 위해 제기한 리얼리즘은 객관적 상황의 악화에 의한 예술적 실천으로서의 대응이었기 때문에 전망을 가질 수 없었다. 그 증거는 그 후의 임화의 리얼리즘론이 문학 내적 논리인 소설론으로 전화된 점에서 찾을 수 있다. 임화의 리얼리즘론을 민족문학론과 연결시키는 논리는 1930년대의 문학론을 해방 후에까지 연결시키기에는 더없이 좋은 논리이다. 그러나 이는 자칫 오늘날의 비평기준으로 1930년대의 문학론을 재단하는 오류에 빠질 수 있다. 왜냐하면 문학론이란 당대 사회에서의 현실 정합성을 적출해야 하기 때문이다.

요컨대 임화가 세계관과 창작방법 사이에 '예술적 실천'이라는 매개항을 설정하고 창작방법이 작가의 세계관에 미치는 적극적인 역할을 밝힘으로써, 어떠한 이데올로기를 철저히 갖고 지키는 것보다 예술적 경향이 리얼리스트인 것을 우위에 두고 리얼리스트로서의 주체를 재건하는 것이 진정한 리얼리즘이 된다는 논리는 예술의 특수성에 대한 인식의 심화라고 볼 수 있다.(민경희, 20~21.) 또한 올바른 실천은 역사의 합법칙성을 얼마나 담보해 내느냐에 좌우되는 것이기 때문에 실천은 행동에 관한 사항이 아니고 객관적 현실에 대한 인식방법이며, 작가에게 작품이 갖는 중요성을 인정한다면 작품에 역사의 합법칙성을 반영해 내는 '예술적 실천'의 계기는 진정한 리얼리즘에 한층 더 접근한 것으로 평가할 수 있다.

결국 임화의 주체론은 현실 묘사로서의 의식으로만 나타남으로써, 인간적 활동성으로서의 실천을 발견하는 데는 나아가지 못한 채 객관 현실을 의식하는 주체를 약화시키는 데로 나아갔다. 하지만 그가 문학의 당파성과 객관성의 관계에 대한 나름의 결론에 도달한 것은 1930년대 리얼리즘 논의의 한 성과이다. 적어도 그는 현실 반영의 객관성과 작가의 당파성이 결합될 때만 문학 작품의 현실성이 보장되며, 그 둘의 결합이 리얼리즘의 요체임을 알았기 때문이다.64) 그러나 이런 임화의 리얼리즘론은 사회주의 리얼리즘의 조선적 구체화를 통해 양심적 작가 전체의 주체 재건을 위한 예술적 방법론을 모색한 것이 아닌, 올바른 문학사적 인식 및 당대 실천 과제에 대한 인식이라는 역사적 맥락을 내포하고 있는 리것이라 할수 있다.65)

---

64) 김외곤, 1930년대 한국현실주의 소설연구, 서울대 석사, 1994, 19~20쪽
65) 이런 점에서 볼 때, 이 당시 임화의 리얼리즘론을 사회주의 리얼리즘론

2. 능동적 현실 인식의 고발문학론 – 김남천

카프의 해체가 김남천에게 안겨준 의미는 전체적인 상황의 변화와 자기 자신의 동요 수습이었다. 김남천은 문예 운동의 올바른 진전을 위해 소시민 지식인은 조직을 통한 작가의 결단적인 실천에 의해서 자신의 한계를 극복하고, 전 무산계급운동에 참여할 수 있다고 생각했다. 그러나 카프라는 조직의 해체는 김남천에게 조직을 통한 작가적 실천이 불가능함을 뜻하는 것이었다. 그에 따라 소시민 지식인들은 자기의 출신 계급에 따라 일개의 고립된 개인으로 귀환하는 과정에서 신념의 동요를 드러내게 되었다. 따라서 그는 신념의 동요와 패배의 심리에 젖은 소시민 지식인의 자기 비판으로부터 리얼리즘을 전개시켜 나갔다.

카프의 해체는 각 구성 분자를 각자의 계급적 환경으로 귀속시켰고, 각 개인은 각자의 생활적 속성을 초월할 수 없다는 것이 김남천의 생각이었다. 따라서 이런 전환기의 생활적 환경은 소시민 지식인 작가들의 모랄이자 문학적 실천의 준거 틀이 되며, 당시 조선의 상황은 자기로 귀환된 개인들이 지신의 계급적 인식을 충분히 발휘할 수 없게 하는 것이라고 그는 생각했다. 그는 이런 이유를 '아시아적 정체성'에서 찾고 있다.

자본주의의 미성숙으로 인해 시민 계급이 미약하고, 그로 인해 소시민지식인이 조선 프로문학의 담당자가 되었다. 즉 조선의 경우 노동 계급의 상대적 유약성과 문화적 혜택의 결핍 때문에 자계급의 지식 분자를 배출하지 못하고 대신 자각한 소시민 지식인이

의 조선적 구체화로 보는 하정일의 논리는 그 타당성이 적다.(하정일, 「해방기 민족문학론」, 연세대 대학원 박사학위논문, 1992, 56～57쪽.)

프로문학의 담당자가 되었던 것이다. 따라서 소시민지식인 작가들은 소시민적인 恣意性과 우유부단성을 집단성에다가 종속시키면서, 문학적인 실천을 통해 자신의 유약성을 완전히 극복해야 한다는 것이다. 즉 프로문학의 본래적인 담당자가 아니었던 소시민 지식인은 철저하게 조직에 자신을 종속시켜 '사상적 무기'를 획득함으로써 소시민적 한계를 극복해야 한다는 것이다. 그러나 카프라는 조직의 와해는 개인적 한계성을 집단에 종속시켜, 집단과 개인의 통일이 무너지면서 개인이 집단에서 분리되어 소시민성을 노출하게 하였다.

그리하여 정치와 결별한 우익적 일탈로서의 비속한 파행적 리얼리즘이 대두되게 된다. 이런 현상은 사회주의 리얼리즘을 정치성의 배제, 세계관 몰각 등으로 심하게 왜곡시키면서 소시민 지식인의 자기 합리화와 연결된다. 따라서 이런 현상을 극복할 수 있는 대안으로 김남천은 사상적 무기의 확립(올바른 세계관의 체득)과 자기 비판을 설정한다.66) 이런 시대에 작가가 해야 할 일은 스스로를 합리화하는 자기 변호의 문학을 거부하고 자신의 유약성을 준열하게 고발하는 것이 되어야 한다는 것이 김남천의 생각이었다. 즉 지식인 계급에게 부여된 역사적 임무를 자각하고 현실적 상황을 직시하여 묘파하는 태도에서 문학은 활로를 찾을 수 있다는 것이다. 이런한 논리는 그의 고발문학론의 근간이 되었다.

이처럼 김남천이 창작 행위의 전제로 우선 작가들이 자신의 소시민성을 고발해야 한다고 주장한 것은 끝까지 조직에 미련을 두었던 그의 면모가 엿보인다. 그러나 문학에 나타난 유약성을 단지 지식인 작가들이 프롤레타리아 문학을 대행한 데서 연유한다는 그

______

66) 채호석, 앞의 논문, 31쪽.

의 논리는 인식의 편협함을 드러낸다. 왜냐하면 그의 논리대로 한다면 프롤레타리아 문학은 프롤레타리아 계급 출신 작가만이 수행할 수 있기 때문이다.

김남천을 비롯한 경향 문학론자들은 카프 해산 이후에 두 가지의 긴급한 문제에 직면하게 된다. 카프 조직이 해체된 이후의 혼란된 방향성을 회복하고 과거의 경향 문학이 갖고 있던 관념적 도식주의를 극복하는 일이었다. 카프의 해산을 전후해서 논의된 사회주의 리얼리즘은 창작과 유리된 채 공허한 논의로 귀결되면서, 더 이상 창작과 비평을 연결하지 못한 채 비평의 지도성을 상실하게 되었다.

이런 상황하에서 김남천은 비평의 지도성 회복과 우익적 일탈에 의한 당파성 포기를 극복하기 위해서는 새로운 창작 방법이 자기 비판에서 시작되어야 한다고 주장한다. 또한 당시의 작가들을 향해 '문학의 당파성의 포기와 자기 비판의 결여가 묘사하는 추잡한 <문단 풍속화>'67)만을 그려내고 있을 뿐이라고 비판하면서, 이런 현상이 객관적 정세의 악화뿐만 아니라 소시민 지식인이 지니는 소시민성과 세계관의 불확고성에서 기인된 것으로 파악한다. 이 두 과제의 해결은 결국 주체의 재건 문제로 귀결되는 것이었다. 그러나 주체재건의 문제는 1935년을 기점으로 일정한 변모를 거치면서 진보적 문학으로서의 뚜렷한 경향을 상실하게 되었다. 그 이유는 물론 일제의 파시즘의 강화와 사회주의 사상의 탄압에서 기인된 것이었다.68) 김남천의 주체 재건에 관한 견해가 체계화된 것이 그의 고발문학론이다.

---

67) 김남천, 「창작방법의 신국면-고발의 문학에 대한 재론」, 『조선일보』, 1937. 7. 10.
68) 나병철, 『전환기의 근대문학』, 두레시대, 1995, 95쪽.

  김남천의 고발문학론의 출발점을 기존의 연구들은 대개 그의 「고
발의 정신과 작가」(조선일보, 1937. 6. 1~5.)에서 찾고 있으나,[69]
사실 고발문학론에 대한 단초는 그의 이기영의 『고향』에 대한 비
평적 글이 발표된 1935년대로 거슬러 올라가야 한다. 김남천은
「지식 계급 전형의 창조와 '고향' 주인공에 대한 감상」(조선중앙일
보, 1935. 6. 28~7. 4.)에서 김희준과 안갑숙에 대한 인물평과 함
께, 작가가 적극적인 지식 계급 타입의 창조적 형상화를 성공적으
로 수행하려면 무엇보다도 인물의 원심적인 특성과 구심적인 특성
사이의 모순에 대하여 조금도 용서 없는 가면 박탈의 칼을 드는
것이 불가결한 제1의 조건임을 말한 바 있다.[70] 따라서 김남천의
고발문학론의 시발을 이 글로 보는 견해[71]는 실증적인 면에서 그
타당성을 지닌다. 그러나 이 단계에서의 그의 고발론은 아직 체계
화되지 못한 것이었다. 그것이 보다 체계화된 형태로 나타난 것은
1937년에 이르러서이다.

---

69) 이주형, 「1930년대 한국장편소설 연구-현실인식과 작품전개방식의 변모
    양상을 중심으로」, 서울대 대학원 박사학위논문, 1984, 113쪽.
    김진억, 「1930년대 후반기 장편소설론 일고-김남천을 중심으로」, 한양대
    대학원 석사학위논문, 1986, 13쪽.
    배광호, 「1930년대 후반기의 장편소설론 연구-김남천의 비평을 중심으
    로」, 영남대 대학원 석사학위논문, 1987, 12쪽.
    오인숙, 「1930년대 리얼리즘론 연구」, 숙명여대 대학원 석사학위논문,
    1987, 75쪽.
    조계숙, 「1930년대 후반기의 장편소설론 연구」, 고려대 대학원 석사학위
    논문, 1983, 7쪽.
    채호석, 「김남천 창작방법론 연구」, 서울대 대학원 석사학위논문, 1987,
    28쪽.
70) 김남천, 「지식계급전형의 창조와 '고향' 주인공에 대한 감상(완)-이기영
    '고향'의 일면적 비평」, 『조선중앙일보』, 1935. 7. 3.
71) 김윤식, 『한국근대문예비평사연구』, 일지사, 1985, 285쪽.

카프의 지도성이 거세된 시대에 작가의 세계관과 사회적 실천의 고양이 사실상 불가능한 상태에서의 작가적 태도란 안주된 창작의 자리에 머무는 것이었다. 이런 현상을 비판하면서 김남천은 리얼리스트 작가로서 먼저 '자기 자신을 격파하려는 정신'을 담지할 것을 피력하면서 고발문학론을 전개해 나갔다.

김남천은 카프가 해산된 지 2년 후인 1937년에 「고발의 정신과 작가」(『조선일보』, 1937. 6. 1~5.)를 통해 고발문학론을 내놓았다. 그가 내놓은 고발문학론은 주체를 재건함으로써 흐트러진 문학적 방향성을 바로잡기 위한 것이었다. 그는 창작의 혼란을 가져온 요인이 문학을 정치로부터 결별시켜 인간이나 문학 자체로 귀환시키려는 회귀론에 있다고 논하면서, 이는 신창작이론(사회주의 리얼리즘)에 대한 잘못된 이해가 큰 몫을 했음을 강조했다.[72] 그러나 사회주의 리얼리즘이란 리얼리즘의 구체화이므로, 신창작이론에 대한 곡해를 시정하고 창작의 방향성을 되찾기 위해서는 리얼리즘의 구체화가 필요하다고 논한다. 그가 신창작이론의 올바른 구체화로 제시하고 있는 것이 바로 고발문학론이다.

김남천은 과거 프로문학의 도식성과 당대 문학의 '사상성의 저하, 비속한 리얼리즘에의 일탈, 시대적 반영의 결여'[73] 현상을 극복하기 위한 방향 모색의 일환으로 주체 재건 방법론, 즉 세계관을 혈육화하는 문제에 천착한다. 그런데 비슷한 현상 진단에도 불구하고 김남천이 '고발문학론'을 전개해 나간 반면에 임화는 '리얼리즘적 실천론'을 전개하였다.

김남천은 소시민 작가 개인이라는 관점에서 주체를 조직과 '정

---

72) 김남천, 앞의 글.
73) 김남천, 「창작방법의 신국면−고발의 문학에 대한 재론」, 『조선일보』, 1937. 7. 10.

치적 실천'을 통해 자신의 계급적 한계를 극복해야 할 존재로 본다. 따라서 조직은 소시민 지식인의 세계관을 공고히 하고, 전체 변혁 운동에 참여할 수 있는 매개항으로 강조되었다. 조직의 와해는 이러한 매개항의 상실을 의미하며, 정치적 실천이 불가능한 상황은 '실천'을 통한 세계관 형성을 강조하던 김남천에게는 치명적인 것이었다. '자기의 출신 계급을 따라 일개의 고립된 개인으로 귀환'[74]한 소시민지식인들은 신념의 동요와 패배의 심리를 드러내면서, '비속한 파행적인 탁류'를 형성하게 되었다.

이런 생각 아래 그는 작품 세계를 작가 자신의 익숙한 세계, 즉 체험의 영역으로 국한시킬 것을 주장한다. 왜냐하면 체험함으로써 작가는 보다 구체적으로 현실을 인식할 수 있게 되고, 또한 현실에 대한 자신의 신념을 보다 확고하게 견지할 수 있기 때문이다. 그리고 이 신념에 의해 지식인 계급의 恣意性과 유약성에 물든 태도를 고발 비판할 때 비로소 리얼리즘이 옹호될 수 있다고 그는 주장했다. 자기 폭로나 자기 고발을 통해서 조금도 용서 없이 자신의 가면을 박탈할 때만 지식인 작가는 가장 준열한 비판적 태도로 작품을 형상화할 수 있다고 그는 믿었다.

김남천에게 있어서 가면박탈의 길은 리얼리즘의 승리 및 리얼리스트 정신의 우월성이다. 김남천은 '가면 박탈'의 관점에서 이북명의 『한 개의 전형』을 고평한다. 그 이유는 주인공에 대한 무자비한 태도가 엿보인다는 점 때문이다. 그러나 지식인의 가면 박탈을 리얼리즘의 승리로 보는 것은 일면적이다.[75] 작가가 현실을 깊이

---

74) 김남천, 앞의 글.
75) 이상갑, 「1930년대 후반기 창작방법론 연구」, 고려대 대학원 박사학위논문, 1994, 40쪽.

관찰하고 천착한 결과 자신의 왜곡된 사상까지도 교정할 수 있다
는 사실은 단순히 지식인 작가의 무자비한 자기 격파에 의해서만
가능한 것은 아니다. 그럼에도 불구하고 김남천이 말하는 가면 박
탈의 길은 지식인인 작가에게 초점을 맞추고 있다.

이런 김남천의 가면박탈과 자기 고발로써의 고발문학론은 이기
영의 『고향』 평에서부터 그 단초를 드러낸다. 그는 이기영의 『고
향』을 평가하면서 주인공 김희준이 인텔리겐치아의 전형이지만,
자기 자신의 가면을 박탈하고 현실의 생활 감정에 비판적 태도를
드러내며 전형적 정황속에서 적극적인 인물로 묘사되어 있다고 보
았다.76) 김남천은 가면 박탈의 정신이 자전적 소설, 그리고 심리소
설에서 작가를 구출할 유일한 한 가지 방도가 된다고 본다.77)

김남천은 현실의 모순을 전체성 속에서 그려내는 것이 리얼리즘
이란 인식 아래 『고향』 속에서 김희준이 전형이 되고 있다고 파악
한다. 즉, 김희준이 당대 지식인 계급의 전형이 된 것은 볼셰비키
화 당시의 작가적 실천 방식이었던 전위에 의한 관념성과 도식성
을 벗어났기 때문이었다. 이기영의 『고향』은 주인공을 관념적으로
이상화하거나 도식화하지 않으면서 소시민 지식인에게 날카로운
‘가면 박탈’의 칼을 들었기 때문에, 소시민 지식인의 속성인 우유
부단성과 유약성을 무자비하게 자기 격파하는 자기 고발을 이루었
다는 것이다. 소위 볼셰비키화에 의한 ‘완결된 인물’의 유형에서
벗어남으로써 소설적 공간을 넓힐 수 있었던 것이다.78) 이러한 자

---

76) 김남천, 「지식인계급 전형의 창조와 ‘고향’의 주인공에 대한 感想」, 『조
    선중앙일보』, 1935. 6. 29~30.
77) 김남천, 「四月 창작평 −女流作家의 難關과 ‘凶家’ 검토의 중점」, 『조선일
    보』, 1937. 4. 8.
78) 서경석, 「1920−30년대 韓國傾向小說研究」, 서울대 대학원 석사학위논문,

기 고발의 정신은 "진리라고 믿은 사상적 지주를 생활 속에서 잃어버리고 캄캄한 暗夜行路에서 우왕좌왕하는 지식인"[79] 자신에 대한 비판의 정신, 비타협의 정신이다. 그러나 김남천은 『고향』을 분석할 때 객관 현실의 반영이라는 측면보다는 오직 주인공 김희준과 같은 소시민 지식인 계급의 삶에 대한 비판 내지 고발이라는 주체의 문제에만 관심의 초점을 두고 있다.[80]

이와 같이 김남천이 이기영의 『고향』 평을 통해 리얼리즘에서의 전형의 문제를 파고 들어간 것은 리얼리즘의 심화에 일정 부분 기여한 바가 있다. 그러나 그의 논지는 작가 및 작가와 동일 계급에 속하는 주인공의 관계에만 초점을 맞춤으로써, "자기 자신을 비판한다"는 당면 과제에 한정되어 리얼리즘의 영역을 축소시킨 결정적인 오류를 범하고 있다.[81] 엥겔스는 리얼리즘이란 '전형적 상황에서의 전형적 성격'을 형상화하는 것이라고 했다. 그러나 김남천은 이런 전형의 개념을 인물에만 적용함으로 인해서, 전형적 상황(환경)을 간과하고 있다. 따라서 그가 주장하는 고발문학론, 즉 소시민 지식인이 자신을 고발하는 문학론은 그 한계를 가질 수밖에 없었다.

그러나 이러한 자기 고발 문학은 작품의 세계가 작가에게 익숙한 세계로 국한된다. 그리고 자기 혁파와 자신의 가면을 폭로하는 것이 의미를 가질 경우, 그것은 작품의 테마가 작가 주변에서 선

1988, 70~78쪽.

79) 김남천, 「四月創作評－프로작가의 課題와 自嘲文學에 對하야」, 『조선일보』, 1937. 4. 11.

80) 연세대 대학원 국문과 중문과 독문과 공동연구, 「1930년대 통일전선과 리얼리즘의 제문제」, 제1회 공동학술 심포지엄, 1990. 9, 19쪽.

81) 채호석, 「김남천 창작방법론 연구」, 서울대 대학원 석사학위논문, 1987, 32쪽.

택되고, 또한 작가와 관련된 작중인물이 형상화 될 때에만 가능하다. 따라서 김남천의 고발문학론의 다분히 사소설·신변소설적 특성을 갖게 된다. 또한 지식인 문학의 테두리에 함몰될 수밖에 없었다.[82) 그러므로 자기 폭로나 자기 고발이 작가 개인의 영역을 벗어나 사회 전체의 수준으로 끌어올려지는 데는 방법론적으로 한계를 노정할 수밖에 없었다. 결국 일신상의 모랄만으로는 사회 전체의 총체적 형상화를 이룰 수 없었는 것이다.

김남천은 소시민적인 자기합리화에 만족하지 않고 자신이 처한 전형기적 상황을 역사적으로 정당히 평가한다. 자신을 포함한 지식인이 집단에 종속된 것은 자신의 자멸을 인식하고 그로부터 구출되는 길을 집단 속에서 발견했기 때문이다. 그래서 그는 그것을 더욱 발전시킨 고발 정신, 즉 신창작이론의 구체화로써의 고발 문학을 단순한 자기 고발이 아닌 일체의 모든 생활과 대상을 무자비하게 고발하는 것으로 실정했다. 또한 그는 이런 고발 정신 정체된 프로문학이 시민문학의 뒤를 잇는 역사적인 존재가 될수 있게 하는 것으로 파악했다. 김남천이 주장하는 '자기 격파'의 길은 자기 변호, 자조, 지기 경멸의 문학에서 리얼리즘을 변호하고, 시대적 감각의 구체성에서 발전하는 것이다.[83)

그러나 '자기 격파'의 길은 "작가 자신과 육체적 관련성을 가진 작중인물"을 택할 때에만 유용하다. 왜냐하면 "작가 자신과 육체적 관련성을 가진 작중인물"이란 말에서 알 수 있듯이 자기 격파의 세계는 결국 소시민의 한계를 극복하기 위해 고발문학론을 내세웠기 때문이다. 김남천은 '가면 박탈'의 길이 필연적으로 사소설

---

82) 채호석, 앞의 논문, 34쪽.
83) 이상갑, 앞의 논문, 43쪽.

의 방향을 취하게 된다고 인정한다. 이는 가면 박탈의 대상이 주로 고민, 회의, 불안, 지식인의 유약성과 양심이라는 데서 기인한다.

따라서 김남천은 이러한 한계를 깨닫고 신창작 방법으로써의 고발 정신(사회 고발로서의 고발정신)을 제시하게 된다. 즉 제재의 협소함을 인식하고 대상을 '자신을 포함한 현실'로 확대하였다.

> 一切를 殘忍하게 無慈悲하게 告發하는 情神, 모든 것을 끝까지 追及하고 그곳에서 營爲되는 가지가지 생활을 뿌리채 파서 펼쳐 보이는 情熱— 이것에 衣하여 沈滯되고 退嬰한 프로문학의 뒤를 잇는 歷史的 存在로서 自身을 擁建시킬 수 있다.84)

고발의 정신이란 '자기 폭로', '자기 격파' 등 一身上의 범위를 벗어나 일체를 잔인하고 무자비하게 고발하는 것을 의미한다. 이런 고발 문학은 공식주의, 정치주의, 민족주의자, 사회주의자, 시민, 관리, 소작인등 그 모두를 준엄하게 고발하는 정신으로, 이것이 곧 리얼리즘이다. 왜냐하면 조선의 현실은 '시대적 운무'로 가득 차 있는 상태이므로 이를 철저히 모사 고발하면, 그것이 곧 고발이 되기 때문이다. 그리고 이러한 고발의 정신과 정열이 있을 때 정체되고, 퇴영한 프로문학이 시민문학의 뒤를 잇는 역사적 임무를 다할 수 있다.

따라서 고발 문학은 추상적 주관으로 출발하였든지 그렇지 않으면 현실적 소재를 이상화하고 억지로 타입을 창조하였든지간에, 현실의 일상사만을 과장하여 형상화함으로써 작가의 주관에 의해 객관적 현실을 재단하는 아이디얼리즘과는 다르다. 고발문학은 객

---

84) 김남천, 「고발의 정신과 작가」, 『조선일보』, 1937. 6. 3.

관적 실재의 본질을 전형으로서 묘사함으로써, 작가의 선입관을 격파하고 작가의 주관을 철저히 객관 현실에 종속시키는 리얼리즘의 正道를 걷고 있기 때문이다. 따라서 신창작이론을 고발 문학으로 구체화하는 것는 일반화된 추상적 사상에서 출발하는 것을 거부하고, 이 땅 이 시대의 현실로부터 출발해야 한다.[85]

김남천은 그 구체적인 방법으로 세계관을 주체 자신의 것으로 만들지 못하게 하는 주체 내부의 모순을 고발하거나 생경한 관념을 주입하는 대신에, 현실의 부정성을 고발함으로써 주체 내부에 주체화된 세계관을 만들어 나갈 것을 제시한다. 이런 그의 인식이 결국은 그가 생각한 주체 재건의 방법이었다.[86]

김남천은 당시 조선의 실정이 기형적인 아시아적 형태를 벗어나지 못하고 있으며 또한 시대적 상황이 우리의 생활을 비정상적인 전형으로 만들어 놓고 있다고 판단했다. 이러한 시대 인식에 근거하여 김남천은 일체의 현상을 전형성의 차원에서 잔인하고 무자비하게 묘사할 경우, 그것은 당시의 상황 그 자체를 준엄하게 고발하는 문학이 될 수밖에 없다고 생각했다. 따라서 김남천이 제기한 고발문학론은 객관 현실의 충실한 묘사·반영으로 귀결되며, 고발의 대상으로서의 소시민 지식인과 객관 현실은 각기 고립되어 상호 연관성이 상실된다.[87] 왜냐하면 고발은 자신과 세계에 대한 주관적인 거부이거나 현실의 '관조적인 드러냄'이고, 고발의 준거 틀이 되는 세계관이나 올바르다고 믿어지는 진리는 선취된 것이거나 선취되어야 할 것이기 때문이다.

---

85) 김남천, 「창작방법의 신국면」, 『조선일보』, 1937. 6. 1~5.
86) 나병철, 「김남천의 창작방법론 연구」, 이선영 편, 『1930년대 민족문학의 인식』, 한길사, 1990, 560쪽.
87) 이 점은 후일 그의 관찰문학론과 연관된다.

따라서 고발 문학은 외적으로는 올바른 세계관의 획득을 지향하는 한편, 문학 내적으로는 자아와 현실의 주관적 부정을 지향하는 경우가 많게 된다. 그리고 고발 문학론은 프롤레타리아가 소시민으로 전화하면서 택한 길이 아니라 외부로 향하였던 소시민이 자기 내부로 관심을 돌리면서 택한 길일 뿐이다. 이런 관점에서 본다면 고발 문학에서의 주체, 세계관, 현실은 각기 고립되게 된다. 이런 현상이 빚어지게 되는 이유는 김남천이 주관적 의지와 자기 자신의 현상에 대한 인식으로부터 오는 불안, 그리고 리얼리즘을 '객관 현실을 왜곡 없이 반영'하는 것으로 인식한 데서 생기는 의식의 혼재 양상 때문이다.[88]

결국 김남천이 고발 문학론을 통해 천착한 것은 문학 작품에서의 '당파성'과 '현실의 객관적 반영' 사이의 변증법적 발전에 관한 것이었다. 따라서 김남천은 고발 문학을 리얼리즘을 실현하는 구체적인 방법론으로 상정한다.[89] 이것은 구체적인 현실 속에서 작가가 자기 고발을 통해 체험적인 요소를 형상화하는 과정에서 리얼리즘이 현현한다는 인식하에, 객관적 현실에 주관을 종속시키는 창작 태도로써 객관적 실재의 본질을 전형을 통해 묘사하는 것으로 리얼리즘을 파악한 것이다. 이것은당파성과 방법으로써의 리얼

---

88) 채호석, 앞의 논문, 36쪽. 이런 점에서 볼 때 김남천이 자기 고발 문학에서 사회 고발 문학으로 범위를 확대한 것을 예술가의 세계관과 생활인의 세계관이 분리된 것으로 보고, 이것은 작가의 세계관 우위의 문학론에서 창작 방법 우위의 문학론으로 바뀐 것으로 철저하게 엥겔스의 발자크론에 의지하고 있다는 김춘섭의 주장은 타당성이 없다. 왜냐하면 엥겔스가 말하고자 한 것은 세계관과 창작 방법의 분리가 아닌 그 모순의 가능성이었기 때문이다.(김춘섭, 「김남천의 관찰문학론」, 고려대 한국학연구소, 『한국학 연구』 제2집, 1989, 12쪽.)

89) 김남천, 「지식인의 자기분열과 불요불굴의 정신」, 『조선일보』, 1937. 8. 14.

리즘 사이에 생길 수 있는 모순 가능성에 대한 인식을 바탕으로 하여, 작가의 정치적 견해(당파성)와 객관 현실의 반영 사이에는 불일치가 있을 수다는 것과 관련된다. 또한 작가의 세계관에 관계없이 리얼리즘이 성취될 수 있다는 엥겔스의 발자크론인 '리얼리즘 승리론'에 근거하고 있다.

김남천은 특히 '리얼리즘은 작가의 견해 여하에도 불구하고 나타나는 것'이라는 엥겔스의 견해에 주목하고서, 이를 나름대로 해석하여 '리얼리즘을 객관적 현실의 본질을 전형적으로 묘사하는 것으로 기성의 선입관이 있어도 그것을 격파하고 철저하게 현실로부터 출발하는 것'이라고 규정한다. 따라서 주관적 편견이나 생경한 관념을 철저히 배격하고 현실의 부정성을 준열하게 그려내는 고발 문학이 리얼리즘이라는 것이다. 또한 이러한 창작 방법이 진정한 의미의 주체 재건이라는 것이다.

이런 인식아래 김남천은 현실의 부정성을 고발하는 문학적 실천을 통하여 주체 내부에 혈육화된 세계관을 만들 수 있다고 본다. 물론 여기서 김남천이 말하는 주관을 객관적 현실에 종속시킨다는 의미는 주관의 포기나 경시가 아닌 아이디얼리즘에 대한 상대적성을 갖는 것이다.

김남천은 이러한 관점에 의거해서 과거의 프로문학에 나타난 도식성을 아이디얼리즘적 요소라고 비난했다. 즉, 주인공의 설정이나 정황의 묘사에 있어서 선·악의 대상이 획일적으로 구분되고 그 전개가 공식적으로 전개되는 것을 추상적 공식에 의해 현실을 재단하는 아이디얼리즘의 소산으로 보았다. 그리고 이런 아이디얼리즘적 요소는 있는 그대로의 현실을 전형화하여 추상성이나 도식적 요소를 용해시키고, 현실적 세계를 작품세계로 끌어들임으로써 가능하다고 그는 생각했다.

그러나 이런 김남천의 논리는 작가 내부의 모순성을 고발하는 정신만을 강조할 뿐, 주체의 '세계관'이 갖는 역할에 대해서는 간과하고 있다. 왜냐하면 김남천이 창작방법을 '아이디얼리즘과 리얼리즘'의 구도로 설정하고 주관과 객관 사이의 변증법적 연관을 무시하고 있기 때문이다. 객관 현실에 충실한다는 말은 현실의 본질적 국면을 가려내는 작업을 포함하는 것이며, 이러한 작업은 주체가 갖고 있는 세계관(주체의 생활 속에 용해되어 내면화된 것이거나 또는 단순히 진리를 식별하는 예술가의 인식 능력)에 의해 수행되는 것이다.[90] 그런데 김남천은 주체의 사상적 관념이나 주관적 편견을 혁파하는 측면에만 몰두함으로써, 주체의 세계관이 갖는 역할에 대해서는 간과하고 있는 것이다.[91]

그는 진보적 작가에게 있어서는 창작 방법과 세계관의 모순이 해소되게 마련이지만, 소시민 지식인 출신 작가들에게는 진보적 세계관이 주체화될 수 없다고 했다. 따라서 소시민 지식인 작가는 올바른 세계관의 획득을 위해 고발 문학을 통해서 일반화된 추상적 사상에서 출발하는 것을 거부하고 이 땅 이 시대의 현실로부터 출발해야 한다.[92]

김남천은 그 구체적인 방법으로써 세계관을 주체 자신의 것으로 만들지 못하게 하는 주체 내부의 모순을 고발하거나, 혹은 생경한 관념을 주입하지 않고 현실의 부정성을 고발할 것을 제안한다. 이에 의해 주체 내부에 주체화된 세계관을 만들어 나감으로써 주체

---

90) 루카치, 황석천 역, 『현대리얼리즘론』, 열음사, 1986, 34쪽.
91) 김형숙, 「임화 리얼리즘 문학론 연구 - '주체' 문제를 중심으로」, 한국교원대 대학원 석사학위논문, 1996, 50쪽.
92) 김남천, 「창작방법의 신국면」, 『조선일보』, 1937. 7. 9~19.

를 재건할 수 있기 때문이다. 그러나 그의 이런 주체 재건의 방법
은 과학적 핵심으로의 세계관의 습득과 주체 내부에 주체화된 세
계관의 습득을 모순된다고 보았다. 따라서 김남천이 제기한 주체
재건은 주체 내부에 주체화된 세계관의 습득에 집중된 것이었다.
즉 그는 과학적 세계관을 지니고 있지 않은 작가도 현실에 충실함
으로써 훌륭한 리얼리즘을 성취할 수 있다고 판단한 것이다.

　이런 그의 태도는 리얼리즘 미학의 일반 원리인 세계관의 문제
를 등한시한 채 현실의 측면만을 강조한 것으로, 협의의 창작 방
법론으로는 어느정도 타당성을 지닐 수도 있다. 그러나 체계적인
미학 원리에 비추어 볼 때, 리얼리즘 일반의 원리가 될 수는 없는
것이었다.93) 이런 그의 한계는 그가 전형의 창조를 통하여 주체를
객관적 현실에 종속시키는 전형성을 갖는다. 그러나 고발 정신과
전형 묘사의 문제에는 논리적 상관성이 존재하지 않는다. 전형성
이 객관적 실재나 세계관의 미학적 표출이라면, 고발 정신은 주관
적 신념의 표출이기 때문이다. 김남천은 고발 문학을 리얼리즘의
차원에서 폭로 문학과 구별하고 있으면서도, 고발 문학에서 현실
적인 국면들이 강하게 부각되는 것에 비해 세계관이나 역동성의

---

93) 이런 관점에서 볼 때, 김남천의 문학론을 "객관적 정세의 악화로 사상이
　　나 이데올로기를 가질 수 없는 시대에 문학이 현실사회의 구조적 모순을
　　극복할 수 있는 최대한의 노력을 보여주어야 한다는 입장에서 사회주의
　　적 세계관에 입각한 리얼리즘 문학의 확립으로 당시 한국문단의 방향성
　　을 설정하고 있다."라는 임환모의 주장은 당대 현실에서 김남천의 문학
　　론이 가지는 현실 정합성을 잘못 이해하고 있다고 판단할 수 있다. 왜냐
　　하면 김남천의 논리는 파편적인 현실의 측면만을 강조하고서 세계관의
　　측면을 등한시하고 있기 때문이다. 그러나 문학이란 객관 현실과 혈육화
　　된 세계관이 주-객 변증법적 관계 속에서 인식론적인 면과 가치 정향적
　　인 면을 동시에 지향하는 것이다.(임환모, 『문학적 이념과 비평적 지성』,
　　태학사, 1983, 38∼39쪽.)

내재적 표출이 빈약하게 드러나는 특성을 간과하고 있다.

이런 그의 한계는 세계관과 리얼리즘의 관계에 대한 언급을 하지 못함으로써, 자신이 주장하는 것이 오로지 현실 그 자체를 추구하는 리얼리즘인지, 그것이 어떻게 전형으로써 현실의 본질을 드러낼 수 있다는 것인지를 전혀 밝히지 못한 데서 연유한다. 이런 현상은 소시민 지식인으로서의 자기 한계에 대한 지나친 집착에서 기인한다.[94]

이런 맥락에서 볼 때 김남천의 고발문학론은 문학 이론으로써 많은 결함을 내포한 것이었다. 현실에 충실할 것을 강조하는 그의 고발문학론은 긍정적 인물 및 상황을 발견하기 어려운 1930년대 후반 한국의 상황에서는, 자칫 세계관이 제거된 현상 추수의 문학이 될 위험에 노출되어 있었기 때문이다. 또한 현실의 고발이란 리얼리즘이 내포하고 있는 특성의 일면에 불과할 뿐이며, 그것만으로는 리얼리즘의 필요충분조건을 만족시킬 수 없기 때문이다. 그러므로 '고발문학=리얼리즘'의 등식은 다소 비약된 논리임을 알 수 있다.

또한 김남천은 현실에 매개된 세계관으로서의 세계관의 주체화 문제에 논의를 집중하고 있는데, 이는 그가 추상적인 사상에서 시작했을 때 현실에 매개되지 않은 생경한 관념을 노출하게 됨을 염려했기 때문이다. 그러나 김남천은 지나치게 현실에 집착한 나머지 역으로 단순히 현실에만 매개되고 세계관에는 매개되지 않은 채 단편적 현상에만 매달리게 되는 위험을 안게 되였다. 그리하여 김남천이 강조하는 고발 문학론은 고발하는 주체의 세계관과 객관적 현실이 상호 결합되지 못함으로써 진정한 리얼리즘에

---

94) 채호석, 앞의 논문, 42쪽.

는 도달하지 못했다. 김남천이 「물」 논쟁에서 그토록 강조하던 작가의 개인적 실천, 특히 생활 실천이 제거됨으로 인해 세계관을 선취된 것, 선취되어야 할 것으로만 상정하게 되고, 객관 현실도 작가적 실천에 의해 변혁되는 것이 아닌 주체의 밖에 존재하는 대상적 차원으로 전락하게 된다.

김남천은 자신의 창작 방법을 옹호하는 이론적 근거로서, 「창작방법의 신국면－고발의 문학에 대한 재론」(『조선일보』, 1937. 7. 10~15.)에서 리얼리즘 대 아이디얼리즘의 대립 구도를 내세우면서, 이전 프로 작가의 작품에서 보이는 사상성의 저하, 비속한 리얼리즘에로의 일탈, 신판 공식주의의 과오, 시대적 반영의 결여 등을 지적하였다.95) 아이디얼리즘은 작가의 주관에 객관적 현실을 종속시키는 창작 태도인 반면, 리얼리즘은 객관적 현실에 작가의 주관을 종속시키는 창작 태도라는 정의를 내렸다.96) 이런 그의 인식은 작가의 개인적 실천과 작품을 통한 작가적 실천을 동일선상에 놓고 파악하던 초기 문학관을 극복한 것으로 비판적 리얼리즘의 일면을 보여준다. 그리고 이런 면모는 그 이후의 모랄론, 풍속론, 로만개조론, 관찰문학론 등을 통해서 지속적으로 견지된다. 그러나 이러한 과정은 김남천이 애당초 상정한 조직에 의한 경험적 실천

---

95) 하정일은 '리얼리즘 대 아이디얼리즘'의 대립 구도에서 리얼리즘을 "주관을 객관에 철저히 종속시키는 것"이라고 김남천이 말한 것을 프리체의 리얼리즘관인 사회학주의(자연주의 경향)의 영향으로, 그리고 이를 극복한 논자로 임화를 들고 있다. 임화는 '아이디얼리즘(주관주의)－리얼리즘－트리비얼리즘(객관주의, 자연주의, 관조주의)'의 양 구도로 양 편향을 극복하였기 때문이다.(하정일, 「프리체의 리얼리즘관과 30년대 후반의 리얼리즘론」, 한국문학연구회 편, 『1930년대 문학연구』, 평민사, 1993, 237~278쪽.)
96) 김남천, 「창작방법의 신국면」.

론과는 너무나도 동떨어진 것으로, 그가 당파성을 지속적으로 언급했지만 결국 도달한 곳은 당파성이 철거된 비판적 리얼리즘이었다는 역설적 상황에 놓이게 된다.

김남천은 리얼리스트 작가가 아이디얼리즘의 침범을 받아 온 것은 철학적, 사상적 진리에 대한 지극히 공식적인 파악에 근거하였기 때문이라고 지적한다. 리얼리즘이 객관현실의 본질을 전형적으로 묘사하는 것이라면, 아이디얼리즘은 추상적 주관으로부터 출발하거나 현실적 소재를 이상화하고, 인위적으로 타입을 창조하거나 현실의 일상 쇄사만을 과장하여 그리는 것이다. 그러므로 김남천의 고발문학은 아이디얼리즘의 침범으로부터 끝까지 리얼리즘을 옹호하는 데 놓여 있다. 이로 보면 고발문학은 과거 프로문학의 공식성 또는 도식성에 대한 비판과 세계관을 현실적 문맥에서 주체화하지 못한 결과 세계관이 생경한 채로 작품 속에 떠다니게 된 데 대한 근본적인 비판을 담고 있다. 그리하여 김남천은 '사상의 혈육화'에 대한 집요한 추구를 보이는데, 이 '사상의 혈육화'의 문제는 모랄론의 핵심으로 이어진다.

그러나 위의 논의에서 김남천은 객관적 현실에 충실한다는 명제에 있어서, 주체가 가질 수 있는 추상적 관념이나 주관적 편견을 혁파하는 측면에만 몰두함으로써, 객관적 현실의 본질적 국면을 선택해 내는 주체의 역할에 대해서는 간과하고 있다.[97] 따라서 단순히 현실로부터 출발했을 때 세계관에 매개되지 않은 단편적 현상에만 매달리게 되는 위험을 소홀히 하고 있다. 객관적 현실에 충실한다는 것은 주체의 세계관에 의해 현실의 본질적 국면을 가려내는 작업이다. 현실을 매개함으로써 작품의 형상을 만들어 내

---

97) 나병철, 앞의 책, 98~99쪽.

는 주체의 세계관과 작가의 의식적, 무의식적 혹은 내면화된(주체화된) 세계관과의 관계는 상당히 복잡한 것이지만, 현실반영의 결과물인 문학적 형상은 현실과 주체의 세계관의 상호 반응 속에서 나타난 것이며, 현실의 측면과 똑같이 주체의 세계관의 측면도 중요하다.[98]

그러나 고발의 방법은 현실에 충실하면서 일체의 부정적인 것을 고발할 것을 말하고 있지만, 대상을 선택하고 내적 연관관계를 탐구하는 주체의 역할을 배제하고 있다는 데 심각한 결함이 있는 것이다. 따라서 현실의 본질적인 부정성에 대한 고발이라기보다는 본질에서 떨어져 있는 현실의 파편적인 현상들에 대한 부정에 그칠 가능성이 큰 것으로, 주체의 매개 및 세계관의 문제를 소홀히 한 데서 비롯한 결과라 할 수 있다.[99] 이것은 고발문학론이 근본적으로 작가 개인의 심리주의적 경향과 결부될 소지를 다분히 안고서, 현실 개념을 협애화시키고 있음을 의미한다. 즉 고발문학론에서 말하는 현실은 객관 현실의 의미보다는 '자기 폭로, 가면 박탈의 현실'이라는 의미로, 지식인의 내부 심리 문제가 현실로 대치될 가능성이 있는 것이다.[100]

이런 김남천의 고발문학론에 대해 임화는 「사실주의 재인식」(『동아일보』, 1937. 10. 8~14.)에서 관조주의와 주관주의가 교묘히 결합된 것이라고 말하면서 양자를 똑같이 배격할 것을 주장했다.

---

98) 나병철, 앞의 책, 99쪽.

99) 이런 관점에서 본다면, 고발문학론이 나오게 된 원인에 근거해서 실천의 문제를 제출하지 않은 것이 곧 실천에 대해 김남천이 의식하고 있지 않다는 것을 의미하지 않는다는 채호석의 논리는 김남천의 고발문학론의 결과를 논하는 자리에 그 원인을 들고 나오는 오류를 범하고 있다.(채호석, 앞의 논문, 43~44쪽.)

100) 이상갑, 앞의 논문, 1994, 46쪽.

또한 '작가의 주장'과 '객관적 현실'이 변증법적으로 통합된 리얼리즘을 통해 새로운 방향을 탐구할 것을 주장했다. 이런 임화의 주장은 주체와 현실의 변증법적 통일을 논한 점에서 단순히 현실에 충실할 것을 주장한 김남천보다는 리얼리즘에 대한 이해의 수준이 보다 높았다고 평할 수 있다. 그런데 임화는 고발 문학이 현실의 암흑적인 면만을 보고 긍정적인 면은 보지 못하므로 일면적이고 부정적인 리얼리즘을 지향하고 있다고 비판한다. 임화의 이러한 비판에 대해 김남천은 부정의 정신이 고발의 정신이라고 답하면서 고발정신의 정당성을 입증하고자 한다.

> 대체 이러한 변증법이 나는 얼마나 훌륭한 것인가를 아직 깨닫지 못하고 있다. 한 편에는 긍정적인 면이 있고 한 편에는 부정적인 면이 있다. 예술은 이 중의 한 면만을 그려서는 아니된다. 그것은 일면적이다. 이러한 평등이론 공평주의를 나는 변증법이라고 부를 아집이 없다. 내게 있어서 필요한 것은 부정의 부정의 긍정이라는 것, 지양 위에서는 높은 긍정만이 이해되어야 한다는 것, 이것이다.[101]

인용문에서 보면 고발의 정신은 '부정적인 것을 부정하는, 지양 위에서는 높은 긍정'이므로 암흑적인 면만을 보고 긍정적인 면은 보지 못하는 일면적인 것이 고발 문학일 수 없다. 그러므로 고발 문학은 비본질적인 면을 긍정하는 것이 아니라, 그것에 비판과 부정을 통하여 현실 사회 구조를 있는 그대로 드러내는 것이다. 그런데 조선의 문예가는 소시민 지식인이며, 그들의 고유한 연약성과 중도 반당성 때문에 진보적 세계관은 주체화될 수 없었다. 따라서 세계관을 주체 자신의 것으로 만들기 위해서는 현실의 부정

---

101) 김남천, 「자기분열의 초극」, 『조선일보』, 1938. 1. 26~2. 2.

성을 고발하는 것으로부터 시작해야 한다는 것이다.

그러나 이런 김남천의 고발문학론은 현실이 부정되어야 할 내용으로 가득하다는 현실의 부정적 측면에 치중하는 선입견에서 출발하는 주관주의적 오류를 보인다.[102] 고발이란 원래 현실이 드러나는 현상과 그 현상 뒤에 숨어 있는 본질이 존재한다는 사실을 믿기 때문에 그 본질을 찾는 방법이다. 그러므로 문제의 해결은 생활 현실의 가치를 인식하고 '현실에 침잠'하여 그 속에서 현실의 본질을 추구하는 데서 이루어질 수 있다. 그러나 김남천은 이 현실의 본질을 부정적인 측면에서만 고발함으로써 문학에서 세계관의 의의를 무시하는 관조주의적 오류를 범하고 있다.[103]

김남천의 주체 재건 방법은 엥겔스의 발자크론에 기대고 있다. 김남천은 엥겔스가 발자크에게서 보았던 '리얼리즘의 승리'를 창작 방법과 세계관의 모순에서 보았던 것이 아니라, 세계관 자체의 내적 모순에서 보았던 것이다. 그래서 김남천은 조선의 소시민 작가에게 추상적 주관을 가지고 현실을 재단할 것이 아니라 주체 내부에 세계관을 주체화할 것을 강조하는 것이다.

김남천의 주체 재긴 방법은 안함광이나 임화의 그것과 일정한 차이가 있다. 안함광은 세계관과 리얼리즘의 관계를 '주체 건립'의 측면에서 다루면서 주체 재건은 '문학 이전의 세계'에서 가능하다고 본다.[104] 그리고 주체 재건이 가능한 것은 '초극적 의욕과 리얼리즘적 근거의 통일'에 있음을 강조한다. 임화 역시 주체 재건의 방법이 '리얼리즘적 실천'을 통해 이루어질 수 있을 것이라는 논

---

102) 민경희, 「임화의 소설론 연구」, 서울대 대학원 석사학위논문, 1990, 13쪽.
103) 민경희, 앞의 논문, 14쪽.
104) 안함광, 「조선문학의 현대적 변모」, 『동아일보』, 1938. 3. 19~25.

리를 편다.[105] 즉 임화의 주체 재건 방법은 리얼리즘적 실천이 생활적 실천에 승리를 거둠으로써 자기 재건의 길을 열어주는 것에 있다.

임화는 이러한 주체 재건의 방법으로 김남천에게 과학적 세계관의 학습을 요구한다. 말하자면 고발 문학이 지닌 관조주의 혹은 객관적 편향을 탈피하고, 객관 현실의 반영 위에 작품을 반영해야 한다는 것이다. 임화의 이러한 요구에 대하여 김남천은 지금은 과학적 정신으로 무장하기 전에 면밀한 신체 검사가 요청되는 순간이며, 자기 자신에 대한 속임 없는 과정이 과학적 무장의 과정이라고 반박한다.[106] 김남천의 논리는 주체로부터 분리된 어떤 객체도 존재할 수 없다는 사실에 근거한다. 비록 고발 문학이 현실의 부정성을 고발하는 것으로부터 출발한다고 할지라도, 그 현실의 부정성을 고발하기 위해서는 우선 세계관이 주체화되지 못한 주체 자신의 내적 모순을 극복해야 한다. 이렇게 될 때에야 객관 현실이 정당히 파악될 수 있다는 것이다.

그러나 조선의 소시민 작가는 세계관이 주체화되지 못했기 때문에 객관 세계의 본질을 간파할 수 없었다. 이러한 그들에게 세계관의 이론적 파악을 강조하는 것은 조선의 문학적 현실을 전혀 고려하지 않은 추상적인 것이다. 김남천은 이러한 추상성에서 벗어나 객관 세계를 파악할 수 있는 의식의 능동성을 보장받기 위해서는, 먼저 주체 내부의 세계관의 모순을 고발하는 것으로부터 시작하여 주체화된 세계관을 만들어 나가야 한다고 주장했다.[107]

---

105) 임화, 「주체의 재건과 문학의 세계」, 『동아일보』, 1937. 11. 11~16.
106) 김남천, 「유다적인 것과 문학」, 『조선일보』, 1937. 12. 14~18.
107) 김남천, 앞의 글.

　지금까지 살펴본 것처럼 김남천의 주체 재건 방법은 일면 타당성을 가지면서도 맹점을 지니는데, 그것은 주체의 문제를 세계관의 문제로 한정하고 있는 점이다. 주체 재건의 방법이 주체화된 세계관의 획득에 있다 할지라도, 주체화되어 나타나는 세계관의 역할에 대해서는 전혀 언급하지 않고 있는 것이다. 김남천의 이러한 주체 재건 방법은 리얼리즘을 구체화하는 방향임을 스스로 인정한다고 할지라도, 그것이 조선의 특수성에 대한 문학의 태도임을 표명하고 있는 것은 문학의 자율성을 인정하고 있지 않음을 의미한다. 이러한 점을 극복하기 위해서 김남천은 객관 현실에 대한 인식 방법에 관심을 갖게 된다.

　김남천은 주체가 인식하고 파악할 객관 세계, 즉 객체에 대한 인식의 문제를 과학에 그 역할을 부여하고 있다. 과학이 객관 세계에 대한 인식을 마쳤을 때, 작가는 그 과학적 인식을 토대로 객관 세계에 대한 문학적 인식을 시작하게 된다. 문학적 인식을 한다는 것은 객관세계를 미적으로 인식하는 것이다. 그러나 김남천은 주체의 미적 인식 문제를 고려하지 않은 채 여전히 세계관의 주체화에만 관심을 기울이고 있다. 김남천에게 있어서 중요한 것은 역사, 계급, 민족 그리고 인류의 높고 깊은 문제가 얼마나 주체화된 진리로 습득되는가의 문제이다.[108] 즉, 객관 세계에 대한 인식은 주체의 세계관과 결코 유리될 수 없으며, 주체가 행하는 과학적 인식은 곧 객관 세계에 대한 미적 인식의 방법이다. 따라서 김남천은 조선의 작가들이 종종 아이디얼리즘적 방법을 창작 과정에서 사용하게 되었다고 보았다. 그래서 그는 추상적 주관을 가지고 현실을 재단하는 아이디얼리즘적 방법이 아닌, 객관적 현실에

---

108) 김남천, 앞의 글.

주관을 종속시키는 리얼리즘적 방법을 취하는 것이 고발 문학임을
주장했다.

> 한마디로 말하면 리얼리즘은 객관적 현실에 주관을 종속시키려는 태
> 도이고 아이디얼리즘은 주관적 관념에 의하여 객관적 현실을 재단하려는,
> 즉 리얼리즘은 거침없이 객관적 실재의 본질을 전형으로써 묘사하는 것
> 이고, 아이디얼리즘은 추상적 주관으로부터 출발하였던가 그렇지 않으면
> 현실적 소재를 이상화하고 인위적으로 타입을 창조하든가 현실의 일상
> 쇄사(瑣事)만을 과장하여 그리는 것이다. 전자는 기정의 선입견에 거침없
> 이 그리고 그러한 선입견이 있어도 그것을 타파하고 철저하게 현실로부
> 터 출발하는 것이며, 후자는 기정된 모종의 개념을 가지고 현실을 그것
> 에 맞도록 들어맞게 한다. 그러므로 후자는 선입견에 의하여 현실을 왜
> 곡하든가 혹은 도착된 현실을 반영한다.[109]

인용문에서 김남천은 세계관과 일단 구분되는 창작 방법으로써
의 리얼리즘과 아이디얼리즘을 예거하고 있다. 김남천의 설명에
의하면, 조선의 문예가는 아이디얼리즘적 방법을 창작상에 취함으
로써 사상성의 저하와 공식주의적 오류를 범하게 되었다. 그래서
김남천은 창작 방법과 세계관의 모순을 극복하고 진실로 높은 사
상성과 훌륭한 타입의 종합적 창조를 기하기 위해서는 객관적 현
실에 작가의 주관을 종속시킬 것을 주장하고 있다.

그러나 김남천은 조선의 작가가 창작상에 아이디얼리즘적 방법
을 사용함으로써 공식주의의 오류를 범하고 있음을 정당히 지적하
면서도 세계관이 창작 방법의 안내자가 되어야 한다는 사실을 놓
치고 있다. 리얼리즘적 방법이란 세계관이 그 길잡이 역할을 다하

---

109) 김남천, 「창작방법의 신국면」, 『조선일보』, 1937. 1. 10~15.

는 곳에서 객관적 현실을 정당히 반영할 수 있다. 이렇게 볼 때, 김남천의 주체 재건 방법은 그의 말대로 현실에서 출발하는 것임에도 불구하고, 그 현실을 얼마나 객관적으로 형상화하느냐의 문제에까지는 나아가지 못하고 있다고 할 수 있다.

결국 김남천이 말하는 고발의 방법은 현실에 충실하면서 일체의 부정적인 것을 고발하는 것이지만 선택의 원리 및 내적 연관의 문제는 고려하지 않은 것이었다. 대상을 선택하고 내적 연관관계를 탐구하는 보다 중요한 주체의 역할을 배제한 채, 단순히 고발이라는 주체의 부정 정신만을 강조한 것이다. 따라서 현실의 본질적인 부정성에 대한 부정이기보다는, 본질에서 멀어진 잡다한 파편적인 현상들에 대한 부정에 그칠 가능성이 농후했다. 이는 고발문학론이 주체의 매개 및 세계관의 문제를 소홀히 한 결과이다.[110] 또한 김남천은 고발문학론에서 리얼리즘을 '왜곡 없는 충실한 묘사상의 반영'으로 파악하여, 리얼리즘을 단순히 묘사 기법의 차원으로 격하시키고 있다. 그리고 묘사 안에 들어 있는 세계관, 현상과 본질, 인식과 생산, 미적 특수성의 과제들을 인식하지 못했다.

3. 현실 대응의 모색으로서의 주체건립론 – 안함광

안함광의 리얼리즘론은 '창작 방법론의 조선적 구체화'를 향한 일관된 이론이었다. 그러므로 그의 리얼리즘론이 변모하는 양상은 프로문학의 독자성 옹호와 그것의 미학적 논리화를 위해 구체적

---

110) 나병철, 앞의 논문, 563쪽.

작업으로 고찰될 성질의 것이기도 하다. 안함광의 리얼리즘론의 변모 양상은 그 자체로서 현실에 대한 문학적 대응 양상을 구체적으로 보여준다. 리얼리즘이란 현실적 상황에 일정하게 부합하기만 하는 단순한 슬로건이 아니라, 미흡한 형태로나마 이론적 구조를 갖추는 일정한 원리들의 체계라고 할 수 있다. 그러므로 세계관과 창작 방법의 관계, 반영론에 대한 이해와 리얼리즘에 대한 인식 등 여러 이론적 문제가 개재되어 있을 때, 리얼리즘론은 그러한 문제들의변모 양상의 내적 계기와 이를 기초하는 이론 구조의 문제를 고찰해야 한다.

이 장에서는 안함광의 리얼리즘론의 변모 양상과 이론 구조의 양 측면을 동시에 고찰하면서, 그것의 '성격과 현실 정합성'을 고찰하고자 한다. 또한 그의 문학론에 대한 쟁점 중 하나인 중일전쟁(1937. 7.) 이후 리얼리즘론의 이론적 구조와 그것의 현실 정합성을 평가하고자 한다.

1937년에서 1940년까지의 안함광의 문학론을 '반파시즘 인민전선'이라는 코민테른 7차 대회의 전술 지침에 의거해서 평가하는 연구가 많다.[111] 그러나 이러한 관점에는 몇 가지 문제점이 있다.

---

111) 1930년대 후반 안함광의 리얼리즘론을 반파시즘 인민전선의 관점에서 바라보고 있는 연구들은 다음과 같다.

연세대 대학원국문과 공동연구모임, 「사회주의 리얼리즘의 수용과 과학적 문예학으로의 전환」, 『1930년대 후반 반파시즘 인민전선과 사회주의 리얼리즘의 변천과정』, 1990.

김재용, 『민족문학운동의 역사와 이론』, 한길사, 1990.

김재용, 「안함광론－카프 비해소파의 이론적 근거」, 『1930년대 민족문학의 인식』, 한길사, 1990.

김현주, 「1930년대 후반 휴머니즘 논쟁 연구」, 연세대 대학원 석사학위논문, 1990.

옥지영, 「1930년대 휴머니즘 논쟁 연구」, 덕성여대 대학원 석사학위논

우선 안함광의 문학론이 과학적 문예학을 확립하고 있다고 봄으로
써 은연중에 안함광의 문학론을 당대 최고의 것으로서 평가하려는
의도를 내비치고 있다. 실제로 안함광의 문학론에는 사회학주의적
인 요소와 과학적 문예학의 요소가 혼재되어 나타나고 있다. 따라
서 그의 문학론이 과학적 문예학의 미학적인 체계로서 완성되어
있다고 볼 수는 없다.112)

또 다른 문제점은 반파시즘 인민 전선이라는 전략·전술의 문예
학적 적용의 문제이다. 이 전략·전술적 대안은 각 나라의 특수성
을 고려한 것이었으며, 기층 민중의 요구가 합치된 것이었다. 조선
에서도 이 대안이 1930년대 전반과는 달리 미약할 수밖에 없었던
1930년대 후반 민족 해방 운동의 지침으로 필연적으로 받아들여지
게 된다.

그러나 이 반파시즘 인민 전선이 조선에서 문학적 대응책으로까
지 이어졌는가에 대해서는 재고가 필요하다고 본다. 많은 연구자
들이 '조선의 문학인들이 파리 국제 작가 대회에 고무받아 파시즘

문, 1990.

하정일, 「30년대 후반 휴머니즘 논쟁과 민족문학의 구도」, 이선영 편,
『1930년대 민족문학의 인식』, 한길사, 1990.

하정일, 「1930년대 후반 사회주의 리얼리즘론의 발전과 반파시즘 인민
전선」, 『창작과 비평』, 1991 봄.

이현식, 「1930년대 사실주의 문학론 연구 – 임화와 안함광을 중심으로」,
연세대 대학원 석사학위논문, 1990.

조정환, 「1930년대 현실주의 논쟁과 프로레타리아 문학의 독자성 문
제 – '미적 주체성' 개념을 중심으로」, 『민주주의 민족문학론과 자기비판』,
연구사, 1989.

엄현영, 「1930년대 안함광의 리얼리즘론 연구」, 연세대 대학원 석사학
위논문, 1990.

112) 구재진, 「1930년대 안함광문학론 연구」, 서울대 대학원 석사학위논문,
1992, 39쪽.

에 대응할 문학 단체의 필요성과 휴머니즘적 지향의 중요성을 문단에 호소하고 조선 문인들의 공감대를 광범위하게 형성했다.'는 논리를 들어 반파시즘 인민전선론을 내세우지만, 필자가 생각하기에는 공감대의 형성과 실제 전선적 활동과는 질적으로 전혀 다른 차원의 문제이다.

소련의 경우는 1935년 7월 코민테른 7차 대회를 열어 반파시즘 민족 통일 전선·인민 전선의 문제를 제기하면서 동반자 작가들을 규합하려는 노력으로 소비에트 작가 동맹이 결성되었다. 그러나 일본과 조선의 경우는 사정이 다르다. 그것은 경제 대공황을 거친 일제가 무단 강권 통치의 군국주의 특성을 드러냄으로써 대대적인 사회주의 사상에 대한 탄압으로 귀결되었다. 1931년 만주사변 이후 집회 결사의 자유가 총독부 시정에 동조하는 체제 내적 활동 이외에는 봉쇄되는 등의 상황을 고려할 때, 더 이상 문예운동으로서의 조직의 의미는 상실되어 가고 있었다.

원칙적으로 문예 통일 전선이란 그 사회의 현실 변혁 운동 과정에서 요구되는 통일 전선에 대한 문예 영역에서의 구체화이다. 또한 그것의 내용을 채워 주는 미학적인 원리는 전선의 형성 원리로서의 민중연대성과 전선의 지도 원리로서의 당파성이다. 그러나 안함광에게는 현실 변혁 운동에 대한 천착도 보이지 않을 뿐만 아니라, 당파성과 민중 연대성에 대한 언급도 찾아볼 수 없다. 따라서 1930년대 후반 안함광의 문학론을 반파시즘 인민 전선의 관점에서 파악하는 것은 안함광의 논리를 왜곡하는 것이다.

가. 혁명적 낭만주의론

사회주의 리얼리즘에 대한 수용 거부의 입장을 견지하던 안함광은 1936년 중반에 「창작방법문제 논의의 발전과정과 그 전망」[113]에서, 혁명적 낭만주의를 계기로 유물변증법적 리얼리즘에 대한 자기 비판을 하면서 사회주의 리얼리즘에 대한 새로운 인식을 하게 되었다. 안함광은 이 글에서 우익적 일탈에 대한 반발로 자신이 내세운 '유물변증법 리얼리즘'이 작가들의 창작 활동을 제지할 다분의 가능성이 있었다고 자기 비판하면서, 문학을 사회적 실천의 관점에서 인식하였다. 또한 지금까지의 조선의 리얼리즘이 우익적 일탈에 의해 관념적으로 왜곡되어 왔음을 지적했다. 그러면서 그는 리얼리즘의 유물론적 세계관에 입각한 현실 인식의 필요성을 역설하고, 리얼리즘과 낭만주의의 관계 속에서 사회주의 리얼리즘의 문제를 재검토한다.

안함광은 리얼리즘과 낭만주의의 관계를 통해, 사회주의 리얼리즘에 입각한 문학적 실천으로 나아갔다. 그는 리얼리즘적 예술 실천이 언제나 현실과의 끊임없는 상호 작용 속에서 현실의 객관적 합법칙성을 파악하는 가운데 이루어지는 것임을 강조한다. 그러나 이러한 리얼리즘적 정향이 어떠한 역사적 내용 및 이념과 결합되는가에 따라 리얼리즘적 정향의 방법적 구조가 결정되는데, 초창기의 부르주아 리얼리즘은 자본주의의 공고화에 따라 필연적으로 객관주의적 편향을 노정하게 되었다는 것이다.

그러므로 안함광은 부르주아 리얼리즘의 철학적 기반에 의한 리

---

113) 안함광, 「창작방법문제 논의의 발전과정과 그 전망」, 『조선일보』, 1936. 5. 30~6. 9.

얼리즘은 객관 현실의 충실한 반영만을 보증하는 수동적·기계적 유물론을 벗어나기 어려운 것이라고 보았다. 이러한 기계적 유물론은 리얼리즘과 낭만주의의 관계 속에서 제기되는 '예술가의 개성'과 '예술적 진리성'의 분열을 자체 내에 담고 있는 자본주의 사회의 체제적 성격에 관련된다. 안함광은 이를 생활의 역사적 가능(이상)과 현실이 실천적으로 통일되는 대신에 항상 상치되지 않을 수 없는 자본주의적 체제의 특질이라 규정했다. 또한 부르주아 리얼리즘이 계기적으로 분명 이러한 관념 편향의 낭만주의에 대한 극복태로서 제기되었지만, 결코 완벽한 것으로 나타나지 못했다는 전제를 내세운다. 그리고 이런 부르주아 리얼리즘과는 구별되는 프롤레타리아 문학 운동에서의 창작 방법은 리얼리즘을 그 전면에 내세워 왔으며, 이는 프롤레타리아의 계급적 여건에서 연유하는데, 리얼리즘을 전면에 내세운 프롤레타리아 문학이 초창기에는 낭만주의적 색채를 띨 수밖에 없었다는 것이다.

그럼에도 불구하고 프로문학의 '초창기적 로맨티시즘'은 리얼리즘의 내재적 속성으로서, 프로문학 초창기에 나타난 관념 편향의 부르주아 낭만주의와는 그 성격이 상이한 것이라고 평가했다. 그 이유는 프로문학의 초창기적 편향인 로맨티시즘의 색채는, 결코 19세기 전반 문학에 있어서 세계관 일반으로서 출현하였던 로맨티시즘과는 엄격히 구별되기 때문이다. 후자가 '세계관', '지배적 양식'으로서 현상하였다면, 전자는 한 개 예술의 강한 요소로서의 현현에 불과한 것으로 보았다. 따라서 부르주아적 제반 예술적 경향에 비해 프로문학은 단연 우위의 지점에서 그 자신을 엄수한다는 것이다. 요컨대, 프로문학 초창기의 낭만주의는 '진정한 리얼리즘에로의 발전적 단계'로서의 의의를 가진다는 것이다. 그러나 이러한 프로문학 초창기의 낭만주의는 사회주의 리얼리즘에로의 발전적 성격을 지니지만, 그 도식성과 관념성으로 인해 결국은 극복의 대상이 된다고 했다. 그는 이 극복의 계기를 혁명적 낭만주의에서 찾았다.114)

결국, 이러한 논지 속에서 안함광은 사회주의 리얼리즘이 유물변증법적 세계관과 사회주의적 당파성115)을 근본 원리로 하는 문학방법이라는 점을 자각하였다. 그리고 혁명적 낭만주의를 통해서 그가 상정한 '가능성으로서의 사회주의'와 '현실성으로서의 사회주의'를 연결시킬 매개 고리를 설정한다. 즉, 초기 프로문학의 관념적 낭만주의로 인해 자행된 도식주의적 편향을 극복할 수 있는 이론적 틀을 안함광은 혁명적 낭만주의의 '의식의 능동성'에서 찾았다.

그는 혁명적 낭만주의의 의식의 능동성에 의해서 사회주의 리얼

---

114) 이현식을 비롯한 많은 논자들은 혁명적 낭만주의를 사회주의 리얼리즘과 비판적 리얼리즘을 본질적으로 구별해 주는 틀로 보고 있다. 왜냐하면 고리끼에 의해 처음 공식적으로 제기된 '혁명적 낭만주의는 사회주의 리얼리즘 논의 과정에서, 사회주의 건설을 향한 프롤레타리아의 영웅적 형상과 미래를 향한 능동적 변혁의 의지를 그리는 것으로 수용'되었기 때문이라는 것이다. 사회주의 리얼리즘과 비판적 리얼리즘의 본질적인 차이가 '전망'의 여부에 있다고 할 때, 타당한 견해라고 할 수 있다.(이현식, 「1930년대 후반 사실주의 문학론 연구」, 연세대 대학원 석사학위논문, 1990.)

115) 레닌이 제기한 당파성의 내용은 다음과 같은 세 가지를 포함한다. 첫째, 사회주의 문학 활동은 사회주의적 당과업의 역사적 내용과 당의 영도, 지도 내용을 포함하고 있다. 둘째, 사회주의 문학은 프롤레타리아 계급 및 근로 대중들과 공공연하게 결합된 문학이며, 따라서 사회주의적 당파성은 최고도의 민중 연대성이다. 셋째, 사회주의적 당파성은 당에 반대하는 모든 견해와의 투쟁을 그 의미 속에 포함시킨다.(한스 코흐, 김혜원 譯, 「레닌의 논문 '당조직과 당문학'과 그 현재적 의미」, 『현실주의 연구Ⅰ』, 제3문학사, 1990, 253~254쪽.)

리즘을 진정한 '국제적 지도정신의 닻줄'116)로 확신하게 된다. 또한 그는 혁명적 낭만주의를 계기로 사회주의 리얼리즘을 좀더 구체적으로 인식하게 된다. 동시에 자신이 주장하던 유물변증법적 리얼리즘에 대한 오류가 있었음을 인정하면서, 유물변증법적 리얼리즘을 자진 철회한다. 안함광은 자신의 유물변증법적 리얼리즘이 조선적 특수성을 간과한 채 문학의 계급성과 당파성을 무시하면서 추수주의적 이식에만 급급했던 당시의 반동적 경향에 대한 반발적 심리에서 제기되었지만, 사회주의 리얼리즘에 대해 정당한 이해가 부족했음을 시인했다.

> 요컨대 필자의 제론 '唯物辨證法的 리얼리즘'은 唯物辨證法的 세계관은 될 수 있으나 방법은 될 수 없다는 公式主義的 見解와, 프로문학의 패배적 참상－思想性의 상실에 대한 한 개 반발적 의의는 가질 수 있었으나 唯物辨證法이 창작적 슬로건으로 변명될 때, 그 방법과 세계관과의 한계 규정이 곤란케 되어 마침내는 광범한 세계적 스케일에 있어서 작가의 자유로운 창작 활동을 제지할 다분의 가능성이 있었다는 것을 간과하는 편향이었다.117)

안함광은 '혁명적 낭만주의'를 통해서 예술에 있어서의 '주체' 문제에 대해 관심을 표명한다. 물론 그가 말하는 주체성이란 올바른 세계관에 입각하여 현실을 바라보는 당파성을 의미한다. 또한 안함광이 의미하는 주체성과 당파성은 '혁명적 정열'로서, 이것을 동반하지 않은 형상성에의 몰입은 결국 형상성 자체마저도 파괴하는 형식주의로 흐를 위험이 있다.118) 이처럼 안함광이 문학 이전

---

116) 安含光, 「사회주의 리얼리즘 再檢討－4씨의 검토」, 『朝鮮文學』 제7호, 조선문학사, 1936. 6, 259쪽.
117) 安含光, 「창작방법문제 논의의 발전과정과 그 전망」, 『朝鮮日報』, 1936. 6. 6.

의 혁명적 정열이 현실과의 상호 작용을 통해서 성취될 수 있다고 보는 관점은, 현실을 전제로 한 '가능성의 세계'나 '의욕의 세계'에 대한 천착으로 발전한다.

이와 같은 인식의 변화는 임화의 낭만주의론과 창작방법론에서 영향을 받은 일면을 보여준다.119) 안함광은 리얼리즘을 예술의 표현을 위한 단순한 수법만이 아닌 현실 인식의 태도, 즉 작가의 세계관과 밀접히 결부된 것으로 인식하고서, 세계관을 창작 방법의 내적인 논리 속에서 규명하는 단초를 마련하였다. 이런 그의 논리는 창작 방법과 세계관을 기계적으로 결합시켰던 종전의 태도에서 진전된 것이었다.

안함광은 프로문학의 관념지향적인 낭만주의가 갖는 한계인 리얼리즘으로부터의 일탈을 혁명적 낭만주의를 통해서 해소할 수 있다고 보았다. 왜냐하면 혁명적 낭만주의는 리얼리즘과 대립된 지배적 양식이 아니라, 진실한 리얼리즘의 한 개 속성이기 때문이라는 것이다.

> 이러한(혁명저-인용자 주) 낭만주의가 표현하고 있는 것은 사회주의 작가가 표현한 제 사건에 명백히 내면적으로 관여하고 있다는 점, 사회주의를 위한 투쟁과 노동에서 보여지는 현실의 수백만 명의 영웅적 정신에 작가가 정당하게 감동하고 있다는 점, 현실적인 미래를 작가가 정확히 예측하고 있다는 점, 그리고 환상적이거나 유토피아적이지도 않고 현실적인 계급없는 사회에 관해 작가가 몽상하고 있다는 점 등이다. 사회

---

118) 安含光, 「조선프로문학의 현단계적 위기와 그의 전망-일(一)비평가의 신년 플랜의 일부의 제시로서」, 『예술』 제2호, 1935. 4.

119) 안함광은 『조선문학』에서 실시한 설문에서 1936년의 평단의 중요한 작품으로서 임화의 낭만주의론을 꼽고 있다.(安含光, 「昭和 십일년도 조선문학의 동향」, 『조선문학』 3권 1호, 1937. 1.)

주의 리얼리즘은 작가에게 박진감을 요구한다. 혁명적 낭만주의는 이 박
진감 속에 포함된다. 이리하여 혁명적 낭만주의는 사회주의 리얼리즘의
필요한 일면, 그리고 그것의 본질적인 한 요소 바로 그것이다.[120]

위의 인용문에서 알 수 있듯이, 혁명적 낭만주의는 사회주의 리얼
리즘의 내적 계기로서 사회주의 리얼리즘의 본질적인 한 요소이다.
이런 사회주의 리얼리즘과 혁명적 낭만주의의 관계를 안함광은 유물
론적 모사론으로부터 이끌어 내었다. 그에 의하면 '객관과 주관, 사
회적 존재와 사회적 의식 사이에 역사적 발전에 있어서 변증법적 상
호 관계가 존재한다.'는 것이 유물론적 모사론의 핵심이다. 이것은
'인간 의식은 객관적 세계를 반영할 뿐만 아니라 그것을 창조하기까
지 한다.'[121]는 레닌의 반영론이 의미하는 주체와 객체의 변증법에
대응하는 것이었다. 이 근거는 안함광이 사회적 실천에 대한 강조를
주체의 능동성에서 정립하고 있는 데서 찾을 수 있다. 그는 사회주의
리얼리즘의 혁명적 낭만성을 다음과 같이 설명하고 있다.

리얼리즘과 ××적 로맨티시즘의 관계, 좀더 정당히는 절실한 리얼리즘
의 철저한 인식은 '唯物論的 模寫論' 가운데서 그 해명을 구하지 않아서
는 아니될 것이라고 생각한다. 다시 말하면 객관과 주관, 사회적 존재와
사회적 의식과의 사이에서 그의 역사적 발전에 있어서 辨證法的 交互關
係가 존재한다는 것을 인식함이 없이는 현금 논의중에 있는 사회주의적
리얼리즘과 ××적 로맨티시즘에 대한 정당한 해명은 초래될 수 없는 것
이다. (중략) 사회주의적 리얼리즘은 이와는 반대로 사회적 발전의 행정
에 있어서의 사회적 의식의 반작용을 인식하며 그가 사회발전의 객관적

---

120) 伊東 勉, 이은혜 신역, 『리얼리즘이란 무엇인가』, 청년사, 1995, 136쪽.
121) 게오르그 루카치, 홍승용 역, 『미학서설 – 미적범주로서의 특수성』, 실천
    문학사, 1987, 169쪽.

법칙을 정당히 반영하면 반영할수록 사회적 의식의 역할은 증대한다는
사회발전 행정에 대한 변증법적 이해, 즉 唯物論的 模寫論을 그의 철학
적 기저로 하고 있는 것이다. 따라서 사회발전의 행정에 대한 意識의 能
動性(!) 그것은 다름 아닌 사회적 리얼리즘의 본질적 특성인 ××적 로맨
티시즘을 의미하는 것이 아닐 수 없다고 나는 생각한다.[122]

유물론적 모사론을 철학적 기반으로 하여 의식의 능동성을 강조
하는 혁명적 낭만주의는 사회주의 리얼리즘의 본질적 특성이라고
할 수 있다. 왜냐하면 혁명적 낭만주의는 '유물론적 모사론'에 있
어서 '의식의 능동성'의 미학적 반영이기 때문이다. 따라서 사회주
의 리얼리즘과 혁명적 낭만주의는 대립된 지배적 양식이 아니라,
사회주의 리얼리즘의 한 개 속성으로 이해되어 한다. 그러므로 의
식의 능동성으로서의 혁명적 낭만주의를 배제시킨 사회주의 리얼
리즘이나 또는 사회주의 리얼리즘이 배제된 혁명적 낭만주의는 그
의의를 인정할 수 없다.

이러한 안함광의 '혁명적 낭만주의론'은 유물변증법적 리얼리즘
의 탈출구이자 사회주의 리얼리즘론의 수용의 근거가 된다. 안함
광은 변증법적 유물론의 원리에 의해 역사 발전의 행정에서의 구
체적인 역사적 주관성을 해명하지 못한 과오를 혁명적 낭만주의를
통해 보완하고 있다. 역사에 대한 주관 관련성에 대한 이해를 통
해 안함광은 반영론에 대한 변증법적 이해에 도달하고 있다.[123]

---

122) 安含光, 「창작방법문제 논의의 발전과정과 그 전망」, 『조선일보』, 1936. 6. 4.
123) 권희선, 「1930년대 예술방법론 연구」, 서울대 대학원 석사학위논문,
　　 1991, 35~36쪽.
　　 모든 종류의 반영은 개별성과 보편성, 그리고 특수성의 관계 속에서 행
　　 해진다. 이론적 인식에서 특수성은 개별성과 보편성을 연결하는 매개의
　　 역할을 하고, 예술적 반영에서는 특수성이 개별성과 보편성의 중심 또

물론, 문학에 대한 반영론적 이해는 사회주의 리얼리즘만의 고유한 영역은 아니고, 리얼리즘 일반에 폭넓게 적용되는 것이다. 따라서 반영론에 토대를 둔 리얼리즘은 사회주의 리얼리즘 논쟁기에 그 틀이 완성되었고, 안함광도 이런 영향권에 있었기에 자신의 유물변증법적 리얼리즘의 문제점을 해결할 수 있는 탈출구를 찾을 수 있었다.

안함광은 혁명적 낭만주의를 다분히 하나의 '지배적 원리'로써 상정했다.[124] 이런 인식으로 인해 그는 결국 사회주의 리얼리즘에 있어서의 혁명적 낭만주의를 한 개의 요소가 아닌 '본질적 속성'으로 간주하였다.[125]

이리하여 사회주의 리얼리즘은 xx적 로맨티시즘을 소외로 하고서는 그 본래의 생명을 보지할 수 없는 것이며 xx적 로맨티시즘은 진실한 리

는 집합점으로 나타난다. 따라서 개별성과 보편성은 언제나 특수성 속에서 지양된 모습으로 나타나야 한다.(게오르그 루카치, 홍승용 역, 『미학서설 — 미적 범주로서의 특수성』, 실천문학사, 1987, 157쪽.)

124) 하정일, 「해방기 민족문학론 연구」, 연세대 대학원 박사학위논문, 1992, 73쪽.

125) 그런데 이현식은 안함광의 혁명적 낭만주의에 대해 조선의 사회주의 리얼리즘 인식에서 정점에 서 있다고 고평한 반면, 임화의 혁명적 낭만주의(이현식은 임화의 낭만주의를 혁명적 낭만주의로 보고 있음)가 사회주의 리얼리즘과의 올바른 연관 관계 속에서 파악되지 못하고 주관의 지나친 강조로 흘러 혁명적 낭만주의가 곧 사회주의 리얼리즘이 되었다고 비판했다. 그러나 안함광의 혁명적 낭만주의가 리얼리즘의 한 개 속성을 과도하게 강조함으로써 '지배적 원리'로 작용하게 되었다는 점과 임화의 낭만주의가 객관주의적 편향에 대한 비판에서 제기되었으나, 결과적으로는 주관에 대한 강조로 치우치게 되었다는 점을 고려한다면, 이현식의 논리는 안함광에 대한 의도적 고평의 태도라고밖에 볼 수 없다. 왜냐하면 문학론이 제출되는 과정은 무시하고 결과만을 보거나 선규정적 틀로 재단하고 있기 때문이다.(이현식, 「1930년대 후반 사실주의 문학론 연구 — 임화와 안함광을 중심으로」, 연세대 대학원 석사학위논문, 1990, 23쪽.)

얼리즘에 그 근거를 둠이 없이는 그의 존재적 의의를 발견할 수 없을 것
이다.126)

안함광은 사회주의 리얼리즘에서의 혁명적 낭만주의를 현실과의
변증법적 관계에 놓인 '미적 이상' 내지는 '전망'127)으로서의 지위
를 갖는 것으로 보았다. 그의 논리에 의하면, 사회주의 리얼리즘과
기존 리얼리즘 사이의 변별점은 주체의 능동성에 의한 혁명적 낭
만주의의 유무에 의하게 된다. 그러나 이러한 인식은 반영 과정을
곧바로 창작방법론으로 치환함으로써 사회주의 리얼리즘의 내적
계기로서 한 개 요소에 불과한 것을 본질적 요소로 상정하여 이
둘을 대등한 관계로 보는 오류를 범하고 있다. 왜냐하면 그가 강
조하는 의식의 능동성이란 혁명적 낭만주의만의 고유한 요소가 아
니라, 사회주의 리얼리즘을 비롯한 리얼리즘의 전 측면을 관통하
는 인식론적 원리이기 때문이다.128) 그럼에도 불구하고 그가 의식

---

126) 安含光, 「창작방법문제 논의의 발전과정과 전망」, 『조선일보』, 1936. 6. 4.
127) '전망'이란, 여러 환경 속에 여러 인물들의 형상화를 통해 객관적으로
    드러나는 한 사회의 역사적 발전의 필연적 과정을 의미한다. 루카치는
    이러한 전망의 양상을 부정저 전망과 낙관적 전망으로 분류하고, 이것
    이 비판적 리얼리즘과 사회주의 리얼리즘의 변별점이 된다고 말한다.
    낙관적 전망은 현실의 역사적 발전 과정을 그 주체적 운동 내부로부터
    그려내는 것을 의미한다. 혁명적 낭만주의에서의 전망은 후자의 의미이
    다.(G. 루카치, 문학예술연구회 역, 『우리시대의 리얼리즘』, 인간사, 1986.)
128) 이 부분에 대해 하정일은 안함광이 혁명적 낭만주의를 사회주의 리얼리
    즘의 한 개의 속성이라고 보는 정당한 이해에도 불구하고, 다분히 또
    하나의 지배적 원리로 격상시킨 성격이 짙다고 하였다. 즉, 의식의 능동
    성은 사회주의 리얼리즘의 전 측면을 관통하는 것이지 혁명적 낭만주의
    만의 고유한 원리가 아니라는 것이다. 그러므로 안함광은 혁명적 낭만
    주의를 사회주의 리얼리즘의 내적 계기가 아닌 사회주의 리얼리즘과
    의 대등한 통합의 관계로 이해하여 결국에는 미학적 교조주의에 빠졌
    다고 하정일은 평했는데, 타당한 견해라 할 수 있다.(하정일, 「1930년

의 능동성을 강조한 것은 당 시대에서 철거되어 가던 당파성을 견지하면서, 우익적·관조주의적 경향을 불식하고 확고한 세계관을 유지하려는 노력으로 보아야 할 것이다. 왜냐하면 창작 방법의 진실한 구상화를 위해서는 조선의 특수한 조건, 문학적 현실 등이 진지한 탐구의 대상이 되는 조선적 특수성론을 전개되어야 하기 때문이다. 그러나 그의 조선적 특수성론은 보편적인 이념을 내세운 것이 아닌 개별성의 차원에 머무른 것으로, 그 구체적인 창작 방법을 제시하지는 못했다. 즉 안함광의 조선적 특수성론은 개별성과 보편성의 중심, 보편성을 통하여 개별성을 지양하는 특수성이 아니라, 보편성과 대별되는 개별성으로서의 성격을 지니고 있다.

그 후 객관 정세의 악화로 인해 안함광은 의식의 능동성을 더 이상 공공연하게 전개할 수 없게 되었다. 그러자 그는 중간파 문인들을 예술적 당파성을 가지고 견인하는 문제와 그 당파성에서 사상성을 매개하는 매개물로서의 지성에 대한 관심으로 옮겨 갔다.

나. 휴머니즘 비판과 지성론

1930년대 후반은 일제의 군국주의 파시즘화에 의해 민족 해방 운동은 대부분 지하화되거나 국외로 활동의 근거지를 옮겨야 되는 상황이었다. 이처럼 민족 해방 운동이 위축되는 상황에서 국내의 문인들은 1930년대 전반보다도 더욱 더 불안 의식을 느낄 수밖에 없었다. 1935년에 카프가 해산되어 문단의 중심이 사라지고 그로 인해 문인들의 전향이 속출하였으며, 문학적 경향은 복고주의와

____

대 후반 사회주의 리얼리즘론의 발전과 반파시즘 인민전선」, 『창작과 비평』, 1991 봄호, 326~329쪽.)

예술 지상주의로 경사되었다. 이러한 혼란은 바로 문화와 지성의 위기였다.

지식인들의 파시즘에 대한 이러한 불안 의식은 국내뿐만 아니라 전 세계적으로 고조되어 가고 있었다. 때마침 독일과 이탈리아 파시즘에 맞서 유럽과 러시아의 양심적 작가들이 '문화의 옹호'를 슬로건으로, 1935년 6월에 '문화 옹호 국제 작가 회의'를 개최하여 휴머니즘론을 제창하였다.[129] 이 제창은 똑같은 어려움에 직면해 있던 조선의 지식인들에게 커다란 반향을 일으켰다. 특히, 휴머니즘론이 풍기는 자유주의적 혹은 탈정치주의적 분위기 때문에, 프로문학보다는 중간파 문학이 보다 적극적으로 휴머니즘론을 수용하였다. 그 결과 휴머니즘론은 프로문학이 퇴조의 국면에 빠져 있던 당시의 문단에서 '문단 주류'의 지위에까지 격상되기에 이르렀다.

이후 휴머니즘론은 중간파 문학과 프로문학의 숱한 비평가들이 참여하여 1930년대 말까지 4년 여에 걸쳐 일대 논전의 대상이 되었다. 그중에서도 백철, 임화, 안함광 등이 돋보이는데, 백철이 중간파 문학의 휴머니즘론을 대표한다면, 임화와 안함광은 휴머니즘론에 대한 프로문학측의 두 입장을 대변한다. 휴머니즘 논쟁은 당시의 다른 논쟁들과 마찬가지로 별다른 실천적 결과를 생산해 내

---

129) 나찌즘에 의한 희생자들의 석방을 위한 국제위원회가 1934년 1월에 파리에서 앙드레 지드와 말로의 주재로 이루어졌는데, '문화옹호 국제 작가 대회'는 1935년 6월 21~25일에 개최되었다. 이 대회는 1936년 6월 21일에서 26일까지 하리코프에서 24개국 대표 230인이 참여한 가운데, 반파시즘이라는 공동의 목표 속에서 인간성의 해방, 문화의 옹호, 표현의 자유라는 공동의 과제를 위하여 개최되었다.(김윤식, 『한국근대문예비평사 연구』, 일지사, 1976, 207쪽.)

지도 못했고, 논의가 다 전개되기도 전에 일제의 탄압과 문학인들의 친일화로 인해 사그라졌다. 그러나 파시즘에 맞서 중간파 문인들의 견인 문제를 들고 나와 민족문학의 단초를 보였다는 점을 감안할 때, 휴머니즘론의 기저에 깔려 있던 문제의식은 매우 소중한 것이다. 휴머니즘 논쟁이 당시의 가장 광범위하고 주류적인 논쟁이 되었던 것은 그런 점에서 결코 우연이 아니다.

예술적 진실성의 객관적 기준은 예술적 당파성이라고 할 수 있다. 예술적 당파성은 사회주의적 지향과 민중성을 그 핵심 요소로 갖고 있지만, 역사적·이데올로기적 그리고 계급적으로 다양한 형태를 띠는 범주이다. 그런데 우리 문학사에서 1930년대 후반의 휴머니즘론은 예술적 당파성이 비록 굴절된 형태였지만, 뚜렷하게 나타난 것이었다. 왜냐하면 휴머니즘론은 당대의 변혁과제를 문학의 정치적 입장, 즉 당파적 입장에서 예술적 진실성을 담보하려는 노력이었기 때문이다. 이런 의미에서 볼 때, 1930년대 후반에 전개된 휴머니즘론은 예술적 당파성을 그 기준으로 삼아 해명되어야 한다.

1935년 코민테른 7차 대회는 파시즘에 대항하는 인민 전선 결정을 내렸으며, 국제적으로는 반파시즘 인민 전선의 기치하에 진보적 지식인 협회가 결성되었다. 유럽의 휴머니즘론은 그러한 진보적 지식인의 입장에서 전개되었다. 반파시즘 인민 전선은 중간 계급의 적극적 견인을 위해 그들의 휴머니즘론을 인정하면서 중간 계급을 광범위하게 결집시켜 파시즘에 투쟁하게 하였으며, 중간 계급에게 혁명적 세계관을 획득시키는 지도력을 발휘하였다. 그러나 '조선 문학'에서는 상황이 달랐다. 휴머니즘론은 파쇼에 대항하는 적극적 투쟁의 의미를 상실하고 우익적 일탈의 빌미로서 작용하였다. 이러한 우익적 일탈을 경계하기 위한 방편으로서 휴머니즘론 비판이 행해졌다.

안함광은 일본 파시즘의 탄압이 강화되는 상황의 타개를 위해 중간층을 지도·견인하여야 한다고 주장하고, 이러한 차원에서 휴머니즘론의 의의와 한계를 비판한다. 「'지성의 자유'와 휴머니즘의 정신－진실로 그의 명예를 위하여」(동아일보, 1937. 6. 27～7. 2.)에서 안함광은 휴머니즘의 역사성을 설명한 후 현대 휴머니즘의 실체를 다음과 같이 파악하였다.

> 그것(인용자 주－현대 휴머니즘)은 해방을 완료한 당해 사회가 그의 내재적 모순에 의하여 이미 진보적 혁신적 요소를 거세당하고 있는 역사적 전환기에 있어서의 새로운 사회의 해방, 새로운 사회적 인간의 탐구를 의욕하는 것을 이해함에 우리는 아무런 곤란도 느끼지 않는다. (중략) 인간성의 탐구라는 것이 테마적으로 전개될 때 필연으로 진보적인 문학을 통하여 제기된 두 개의 문제, 즉 사회성의 문제와 이데올로기성의 문제에 면접될 수밖에 없는 운명에서 자유로울 수 없다고 이해되어지는 바 (하략)[130]

안함광은 당해 사회가 그 내재적 모순에 의하여 이미 진보적·혁신적 요소를 거세당하고 있는 역사적 전환기에 있어서, 사회의 해방, 새로운 사회적 인간의 탐구를 위해서는 휴머니즘이 필요하다고 보았다. 그리고 이 휴머니즘은 사회성의 문제와 이데올로기성의 문제에 연관될 수밖에 없는데, 휴머니즘의 의의는 진보성이 거세된 자본주의 사회에서 새로운 질서를 추구하는 의욕에 있다고 하였다.

---

130) 安含光, 「'지성의 자유'와 휴머니즘의 정신」, 『동아일보』, 1937. 6. 30.

미래에 대한 합리적 방향을 제시하지 못하고 창작 면에서는 도덕적 감상성에 멈추게 되는 것은, 휴머니즘론이 예술의 초극적 의지와 무관하게 진행되기 때문이라고 지적하며, 휴머니즘론은 현실적 지도성을 상실하였다고 진단했다. 그러나 안함광은 휴머니즘론이 부분적으로나마 지닌 긍정적인 면을 통해 중간파 문인들을 견인해야 한다고 주장한다.131) 안함광은 중간파 문인에 대한 공식주의적 태도가 자유주의적 지식인들의 분열을 초래했다고 비판한다. 따라서 문화를 옹호하는 진보적 지식인을 어떻게 지도할 것인가에 고심한다.

안함광은 역사적·시대적 의의를 담당한 문화의 생명은 기성 문화의 물질적 기초를 이루는 기성 사회의 내재적 모순을 지양하는 데서만 성장의 가능성이 있다고 본다. 그러나 현실 사회의 정세는 이러한 기성 사회의 내재적 모순을 지양할 수 있는 상황이 아니었기 때문에, 그는 '현존 문화의 옹호'를 현실적인 과제로 상정한다. 그러면서 문화의 옹호도 본질적 흐름의 지도성을 배후에 갖지 않으면 안 된다고 하여, 현대적인 과제와 그것의 궁극적인 지향의 결합을 모색하고 있다.

---

131) 이 부분을 구재진은 그의 논문 38~60쪽에서 사상성의 유보와 당파성의 철거로 보았다. 그러나 그의 견해는 중일전쟁 이후의 현실 변모와 이에 의해 영향받은 문학적 양상을 과도하게 의식했다는 점에서 문제가 있다. 이 시기 안함광의 문학 논의를 '전망의 상실 시대'에서 비롯한 전향의 전 단계로만 이해한다면, 이는 또 하나의 결과론적인 해석이 된다. 즉 '전망의 상실 시대'라는 선규정으로 인해, 모든 사람들의 문학론이 친일의 논리로 해석될 수 있기 때문이다. 그러나 그 당시 안함광은 악화되어 가던 객관적 현실 속에서 나름대로 예술적 실천의 논리로써 전망의 형상화를 모색하고자 했으며, 프로문학의 독자성을 견지하려고 했다.(구재진, 「1930년대 안함광 문학론 연구」, 서울대 대학원 석사학위논문, 1992, 38~60쪽.)

  그러나 그가 중간파 문학인들을 견인하자고 했지만, 그가 말하는 '양심적 작가'의 개념이 모호하고 그러한 주장이 조선의 현실적인 운동과 결부되지 못했다. 따라서 그가 제기한 휴머니즘론과 중간파 문학에 관한 태도를 반파시즘 인민 전선으로 볼 수는 없을 것이다는 그의 논의는 조선의 현실 운동과 결부되지 못했기 때문이다. 또한 문예 통일전선이 그 사회의 현실 변혁운동의 전략과 전술에 의해 요구된 실천적인 동맹 관계를 의미한다는 논리에서 볼 때, 안함광은 인민 전선의 전제가 되는 내용에 대해서는 언급을 하지 못했기 때문이다. 그리고 문예 통일전선의 미학적 원리는 전선의 형성원리로서의 민중 연대성과 전선의 지도 원리로서의 당파성인데, 그는 이런 미학적 인식으로까지는 나아가지 못했다. 다만 유럽에서 열린 작가 대회의 영향 속에서 연대의 문제를 제기했을 뿐, 그 구체적인 대상과 과제에 대한 언급은 없었다.

  한편, 안함광은 휴머니즘적 문학 정신이 진실한 역사적·문학적 정신으로 승화되기 위해서는 두 가지가 필요하다고 보았다. '온실의 지성'을 '실천적 지성'으로 전환시키고, 휴머니즘적 의욕을 예술 창작에 있이 리얼리스틱한 방법으로 연소하는 것이 그것이다.132) 휴머니즘적 문학 정신을 리얼리즘적 실천으로 연소해야 한다는 논리는 '문학 위에서 최대의 휴머니즘은 리얼리즘'이며 현실적으로 '휴머니티를 리얼리즘 가운데서 찾'133)아야 한다는 임화의 논리와 同軌를 이룬다.

  또한 안함광은 현대 인텔리겐치아의 불안 의식 심화와 지성의

---

132) 安含光, 「현대문학 정신의 모색－그 의욕의 레아리즘적 연소론」, 『조선일보』, 1937. 11. 11～14.
133) 林和, 「휴머니즘 논쟁의 총결산－현대문학과 휴머니티의 문제」, 『조광』 제30호, 1938. 4.

패배는 정비례 관계에 있는 것처럼 이해되지만, 그때의 지성은 실천과 유리된 지성이라고 하였다. 이런 그의 인식은 휴머니즘이란 정신적인 문제를 리얼리즘이라는 창작 방법에 적용한 것으로, '지성의 자유'를 시대를 초극하는 인간적 자각, 현실에 대한 항거, 지성의 실천성으로의 전화라고 규정한다. 이때 그가 말하는 실천이란, 정치적 실천 일반의 개념이 아닌 리얼리즘적 예술 실천을 의미한다. 그러나 실천적 지성이 곧 명확한 리얼리즘적 세계관을 가리키지는 않는다고 하면서, 진보적 지식인들에게 리얼리즘적 세계관을 먼저 준비하라는 것은 휴머니즘의 과도기적 본질을 이해하지 못한 것이라고 지적한다. 휴머니즘적 의욕을 리얼리스틱한 방법으로 연소시키고, 리얼리스틱한 예술 방법을 통해 리얼리즘적 세계관은 확보된다는 것이다.

이러한 견해는 안함광이 세계관과 창작방법의 역동적 관계를 이해하고 있음을 보여준다. 즉 세계관이 창작에서 중요한 역할을 하지만 예술적 실천이 세계관을 변화시킬 수 있다는 점을 이해한 것이다. 이러한 이해는 창작 방법 및 형상화의 원리를 고구할 수 있는 문제의식을 제공한다. 안함광은 리얼리스틱한 방법이 현실 묘사의 정확한 조건이 되고 동시에 정당한 세계관을 완성하는 방법이라고 보았다. 즉 휴머니즘적 의욕이 리얼리즘적 방법에 의해 연소될수록 정당한 세계관으로 승화된다는 것이다.

> 휴머니즘적 의욕이 리얼리즘적 초극에 의하여 연소되면 연소될수록 정당한 세계관으로의 승화를 초래할 다분의 가능성이 있고 또 그렇게 되는 마당에서만 휴머니즘적 문학정신은 진실한 역사적 문학적 정신에 의하여 영접되고 옹호되면서 그 신념의 공통성을 더욱 굳게 하는 바 있으리라고 믿는다.[134]

이런 인식은 이전까지 그가 견지해 온 '의식의 능동성'에 의한 세계관의 강조와는 다른 것으로, 보다 진전된 면모를 보여준다. 즉, 창작 방법에 대한 세계관의 선차성이 아닌 세계관에 대한 창작 방법의 영향 가능성을 고구한 것으로, 임화의 주체론과 연관성이 있다.135) 문학 이전의 혁명적 정열과 확고한 세계관의 완성을 주장해 온 안함광은 중일전쟁(1937년) 이후, 더 이상의 정치적 실천이 현실적으로 불가능하게 되자 최소한의 대응으로서의 리얼리즘적 예술 실천으로 나아갔다.

이처럼 휴머니즘 논의를 거쳐 안함광은 지성론으로 나아갔다. 지성론에서는 '초극적 의식'을 강조한다. 그가 말하는 '초극적 의식'은 '불안 의식'에 대한 대타적 의미이다. 또한 '초극 의식'은 관념주의적 성격의 이상주의 문학과는 거리가 먼 것으로, 정치적 실천이 불가능하게 된 현실을 인정하면서 예술과 생활을 통일하려는 노력하에 주체와 객체의 통일 문제로 이어진다. 안함광에게 있어서 '지성'이란 창조의 정신으로, 적극적인 사상의 창조를 위한 모색의 계기로서 작용한다. 즉, 지성은 사상을 구체화하고 행동화하는 낭만적 모멘트이다. 따라서 지성은 변화된 현실에 대한 적응성을 가진 사상을 창조하는 역할을 하게 되며, 현실 상황의 변화를 냉정히 인정하고 예술적 실천이 갖추어야 할 성격의 계기가 된다.

---

134) 安含光, 「현대문학정신의 모색 ─ 그 의욕의 리얼리즘 연소론」, 『조선일보』, 1937. 11. 14.
135) 안함광이 임화의 실천론에 의해서 영향받았다고 여러 논자들이 말하고 있으나(구재진, 하정일 등), 누구에게서 영향받았는가가 중요한 것이 아니라 그가 펼친 이론이 현실 정합성을 갖느냐의 여부가 더 중요시되어야 할 것이다.

　　지성의 문제는 요컨대 사상의 생활면을 탐구하는 계기로서 파악되어
야 할 것이다. 이리하여 '현실인식의 주체적 파악'이라는 예술의 특수 세
계에 있어서의 그의 위치도 결코 輕忽한 것이 아니라는 것을 알 수 있게
된다. 허나 이는 어디까지든지 광의의 기술이며 방법의 한계를 넘지 못
한다.136)

「지성의 자율성의 문제 - 그의 진실한 이해를 위하여」137)에서 안
함광은 최근 지성 문제가 거론되는 이유에 대해 외부적으로는 지
성이 거처하고 활약할 자리에 비합리주의가 들어섰기 때문이고,
내부적으로는 지성의 문제가 인간과 지식 계급에게 중요한 문제이
기 때문이라고 설명한다. 그러면서 지성의 자율성이 침해받는 이
유를 지성이 실천을 기피하고 전체적 통제가 강화되었다는 데서
찾았다. 이러한 위기 속에서 안함광에게 지성은 그것이 직관과 대
립하여 그 직관이 발휘할 수 있는 기능을 배제하고 추상화된 존재
로 전락한 것으로 인식된다. 따라서 지성의 추상화, 지성의 실천과
의 유리됨을 철저히 경계해야 한다고 경고한다. 지성은 직관적 개
성을 갖고 각 사물을 주체적으로 이해하는 방법을 획득해야 하는
데, 그렇지 못한 지성은 추상화되어 비평의 추상화를 초래한다는
것이다.

　　비평의 추상화는 가치 판단을 배제한 리얼리즘으로 나타난다.
그에 의하면 올바른 가치의 세계는 개성의 세계를 통해 나타나며,
비평이 추상에서 구체성으로 내려오기 위해서는 지성의 직관적 개
성화가 필요하다는 것이다.138) 그러나 여기서의 직관적 개성이 비

---

136) 安舍光, 「불안·생의 사상·지성 - 사실이냐? 낭만이냐?」, 『비판』, 1938. 11.
137) 안함광, 「지성의 자율성의 문제 - 그의 진실한 이해를 위하여」, 『조선일보』,
　　　1938. 7. 10~16.
138) 安舍光, 「문예비평의 논리와 형태」, 『조광』, 1939. 4.

역사적 개인주의를 의미하는 것은 물론 아니다. 안함광은 지성의 자율성을 일정한 사회의 한계를 자각하고 초극하여, 사회를 합리적·역사적으로 발전시키려는 행동의 속성으로 보고 있기 때문이다. 곧, 지성의 역사적 발전성과 사회에 대한 능동성 중에서 자율성을 이해해야 한다는 것이다. 따라서 안함광이 말하는 지성이란 추상화, 개인화된 것이 아니라 사회와 개인의 합리적 통일과 역사 발전에 의존하는 것으로, 지성의 부단한 개조 과정, 사회에 대한 지성의 능동성에 의해 그 자율성이 확보되는 존재이다.[139]

안함광은 지성의 직관적 개성화와 능동성이 중요시되는 까닭은 지식 계급에게 지도 사상이 상실되었기 때문이라고 했다. 만일 지도정신이 존재한다면 지성의 문제는 사상의 문제로 대체되어야 한다는 것이다. 사상이 상실된 시기에 지성은 어떤 사상을 전제로 하는 것이 아니라, 자율성을 위협하는 외부 세계를 합리적으로 극복할 사상을 발견·창조하고 구체화시키는 계기로써, 사상을 구체화하고 주체화하고 행동화하는 모멘트이다. 지성은 자율성을 위협하는 외부 세계를 합리적으로 발전시키는 사상을 창조하는 모멘트이므로 '진실에 대한 솔직성'과 '역사적 세계로서의 생산성'이 필요하다고 하였다.

그러나 안함광은 현실 극복의 첫 단계로서 지성의 확립과 자율성을 강조하고 있지만, 현실 속에서 그 지성이 구체적으로 어떤 의의와 기능을 하고, 세계관과 문학과는 어떤 연관을 맺는가에 대해서는 밝히지 못하고 있다. 따라서 이 시기에 안함광이 말하는 지성은 사상으로 표현되는 세계관 문제에 대해 일단 유보를 하면

---

139) 이현식, 「1930년대 후반 사실주의 문학론 연구」, 연세대 대학원 석사학위논문, 1990, 36쪽.

서 참된 세계관, 사상에 이르기 위한 도정의 의미를 지닌다.

사상이 외부세계를 합리적으로 극복하는 데 있어 필수 불가결한 것이라면, 지성은 그 사상이 형성되는 데 중요한 역할을 하는 것이다. 그렇지만 안함광이 변화된 현실 속에서 사상의 내용적 규정을 소홀히 하면서 그 도정으로서의 지성을 언급하는 것은 '의식의 능동성'을 지속적으로 견지해 오던 이전의 자세와는 다른 것으로, 그가 서서히 리얼리즘 일반론으로 귀환하는 하나의 증거가 된다고 할 수 있다.

그런데 이러한 안함광의 지성론을 통한 휴머니즘 비판에 대해 많은 연구자들은 '조선의 문학인들이 파리 국제 작가대회에 고무받아 파시즘에 대응할 문학 단체의 필요성과 휴머니즘적 문학을 지향할 것을 문단에 호소하여 문인들의 공감대를 광범위하게 형성했다.'는 논리에 의해 반파시즘 인민전선론으로 평가한다. 그러나 필자는 공감대의 형성과 실제 전선적 활동은 질적으로 전혀 다른 차원의 문제라고 생각한다. 왜냐하면 실제 전선적 활동은 그것의 미학적 원리와 조직적 대응으로 나아가야 하는데, 1930년대 후반의 휴머니즘 논쟁에서는 현실 변혁운동에 대한 천착도 보이지 않을 뿐만 아니라, 당파성과 민중 연대성에 대한 언급도 찾아볼 수 없기 때문이다. 그러므로 1930년대 후반 안함광의 문학론을 반파시즘 인민 전선의 구도에서 파악하는 것은 그의 논리를 왜곡하는, 의욕이 앞선 선규정적 태도라고 할 것이다.[140]

---

140) 이 시기 안함광의 문학론을 반파시즘 인민 전선의 관점에서 보는 논자들로는 김재용, 이현식, 엄현영, 하정일, 연세대 국문과 공동연구, 조정환 등이 있다.
연세대 대학원국문과 공동연구모임, 「사회주의 리얼리즘의 수용과 과학적 문예학으로의 전환」, 「1930년대 후반 반파시즘 인민전선과 사회주의

반파시즘 인민 전선 전략은 각 나라의 특수성을 고려한 것으로, 기층 민중의 요구가 합치된 것이었다. 이 반파시즘 인민 전선론은 1930년대 전반과는 달리 파시즘에 직접적으로 저항할 근거를 상실한 1930년대 후반 조선의 민족 해방 운동 지침으로 필연적으로 받아들여지게 된다.

그렇지만 이러한 반파시즘 인민 전선이라는 정치적 전략이 조선에서 문학적 대응책으로 곧바로 이어졌는가에 대해서는 재고가 필요하다. 왜냐하면 정치적 대응 전략과 문학적 대응 전략이 기계적으로 일치하는 것은 아니기 때문이다. 더군다나 실제적 활동이 아닌 공감대 형성과 실제적 활동은 차원이 다른 문제이다.

결국 이러한 안함광의 휴머니즘론은 자유주의적 경향의 중간 계

리얼리즘의 변천과정」, 연세대 국어국문학과 심포지엄 발표문, 1990.

김재용, 『민족문학운동의 역사와 이론』, 한길사, 1990.

김재용, 「안함광론 ― 카프 비해소파의 이론적 근거」, 이선영 편, 『1930년대 민족문학의 인식』, 한길사, 1990.

김현주, 「1930년대 후반 휴머니즘 논쟁 연구」, 연세대 대학원 석사학위 논문, 1990.

옥지영, 「1930년대 휴머니즘 논쟁 연구」, 덕성여대 대학원 석사학위논문, 1990.

하정일, 「30년대 후반 휴머니즘 논쟁과 민족문학의 구도」, 이선영 편, 『1930년대 민족문학의 인식』, 한길사, 1990.

하정일, 「1930년대 후반 사회주의 리얼리즘론의 발전과 반파시즘 인민 전선」, 『창작과 비평』, 1991년 봄호, 창작과 비평사, 1990.

이현식, 「1930년대 후반 사실주의 문학론 연구 ― 임화와 안함광을 중심으로」, 연세대 대학원 석사학위논문, 1990.

조정환, 「1930년대 현실주의 논쟁과 프로레타리아 문학의 독자성 문제 ― '미적 주체성' 개념을 중심으로」, 『민주주의 민족문학론과 자기비판』, 연구사, 1989.

엄현영, 「1930년대 안함광의 리얼리즘론 연구」, 연세대 대학원 석사학위 논문, 1990.

층을 획득하기 위한 새로운 지도 사상을 강조하는 것이었지만, 반파시즘 인민 전선으로까지는 이어지지 못한 채, 중간파 문학인들을 견인하는 문제로 귀결되었다고 할 수 있을 것이다.

그 후 안함광은 더 이상 변혁 운동의 가능성이 보이지 않게 되자, 진보적 지식인들을 어떻게 지도·견인해 낼 것인가의 문제에서 어떻게 최소한의 양심을 유지해야 할 것인가 하는 작가의 주체 건립의 문제로 주요 관심을 옮긴다. 그리고 작품 창작 과정에서 건립된 주체의 의욕을 어떻게 리얼리즘적으로 연소시킬 것인가에 고민을 집중한다.

다. 주체 건립론

안함광의 지성론은 중간파 문인을 견인하여 올바로 지도하는 문제와 리얼리즘적 창작 방법을 통해 진보적 지식인의 휴머니즘적 의욕과 지향을 올바른 세계관으로 끌어올리는 방법에 대한 천착이었다. 그러나 조직적인 문학 운동이 불가능한 상황에서 중간파 문인을 지도하고 견인하는 당파성을 유지하기란 현실적으로 어려운 문제였다. 따라서 안함광은 이런 상황을 인식하고서 창작의 주체가 현실과 교호하여 현실을 올바로 반영하는 예술을 창작하는 일련의 과정에 문제 의식을 집중한다. 창작 주체의 현실 인식 능력, 즉 현실의 반영 능력을 획득하는 방법과 현실을 반영하는 형상화의 원리 연구에 관심을 갖게 된다. 이런 관심은 조직적인 문학 운동이 거의 불가능한 상태에서 최소한의 문학적 실천을 위한 자기 모색의 산물이라 할 수 있다.

조직적인 문학 운동 시기에 강조되던 의식적인 당파성과 문학

실천에 대한 지도성은 1930년대 후반에는 상실될 수밖에 없었다. 이에 따라 최소한의 문학적 대응의 일환으로 작품 자체에 관심을 집중하게 되었는데, 이 관심은 '의식적 당파성'이라기보다는 경향성을 띠는 것이었다. 왜냐하면 뚜렷한 사상성과 문학적 실천을 요구하는 당파성이 1930년대 후반에는 실현될 수 없었기 때문이다. 따라서 1938년 이후 여러 논자에 의해 논의되던 소설론은 일본 파시즘의 억압이 극렬해진 상황하에서 최소한의 실천성을 유지하려던 진지한 노력으로 이해해야 할 것이다. 중일전쟁 이후 안함광은 현실 인식의 모색으로서의 지성론을 발전시켜 주체론과 소설론으로 나아간다.

안함광의 주체론에 관한 주요한 글은 「조선문학의 현대적 相貌」[141]와 「조선 문학정신 검찰―세계관, 문학, 생활적 현실」[142]이라고 할 수 있다.

「조선문학의 현대적 상모」에서 안함광은 세계관을 중심으로 리얼리즘의 창작 방법을 논하던 이전의 논리 틀을 수정하면서 창작적 실천의 질을 향상시킬 것을 주장한다. 즉, 문단의 퇴조를 타개하려면 창작을 리얼리즘의 이론적 발전 수준까지 끌어올려야 한다고 주장한다. 또한 안함광은 주체의 재건이란 고발에 의해서가 아니라 사회적 시련을 기다려서만 성취된다고 말한다. 이 때문에 주체의 재건은 문학 이전의 세계에 있어서의 생활적 기초를 확립하는 것, 즉 문학 이전의 실천에 의해서만 가능하다고 판단한다. 그리고 창작의 질을 이론의 수준에까지 유도하기 위한 작가의 주체

---

141) 안함광, 「조선문학의 현대적 상모(相貌)」, 『동아일보』, 1938. 3. 19~25.
142) 안함광, 「조선 문학정신 검찰―세계관, 문학, 생활적 현실」, 『조선일보』, 1938. 8. 23~31.

재건은 초극적 의욕과 생활의 리얼리즘적 근거의 통일이라고 하였다.143) 이러한 견해는 주체의 재건이 객관 현실과의 상호 교섭 속에서만 해결될 수 있다는 인식의 단면을 드러낸다. 안함광에 따르면 초극의 의욕은 주관이 진실을 바라는 마음이다. 곧, 그것은 주관적으로 진실이지만 객관적 진리는 아니다. 초극적 의욕이 객관성을 획득한 실천으로 전화하기 위해서는 현실의 가치를 인식할 수 있는 곳으로 나아가야 하는데, 이 현실의 가치 인식은 '생활의 근거와 능력'에 의해 결정되는 것이다.

작가의 초극적 의욕과 생활의 리얼리즘적 근거에 의해 확보되는 현실의 가치 인식의 통일, 이것은 곧 사상과 감정의 통일기도 하다. 작가에게 초극적 의욕은 감성으로 나타나는데 안함광은 그 감성이란 의를 사랑하고 불의를 미워하는 휴머니티(humanity)라고 한다. 이 감성이 진리와 성실을 추구할 때 감성과 사상이 통일되는 것이다. 예술적 판단에서 선(善)은 예술과 도덕의 결합이며 이것은 감성의 지속적 추구가 있어야만 가능하다. 안함광은 자신이 이처럼 초극적 의욕의 역할을 강조하는 것은 의욕 만능을 주장하는 것이 아니라, 당시 조선 문단의 특징 때문이라고 한다. 1935년 전후에 조선에 수입된 사회주의 리얼리즘과 '전체를 포함한다'는 슬로건은 과거의 예술사에서 전통을 흡수하며, 새로운 주제를 높은 사상과 우수한 형식으로 해결하고, 주제의 다양성을 요망하는 등 예술의 역사적 임무를 설정한 것이었다. 그런데 조선 문단에서는 그것을 빌미로 하여 세태적 내용이 졸렬한 언어에 의해 이야기

---

143) 이런 안함광의 견해는 임화가 춘원을 필두로 한 부르주아 문학과 경향 문학이 본격소설을 지향하고 있다는 점에서 공통점을 가진다고 본 것과는 대조적인 견해이다. 이 점은 안함광이 여전히 프로문학의 독자성을 초극의 의식(혹은 의욕)이란 기준에서 보고 있음을 알게 한다.

된다고 안함광은 비판하면서, 새로운 리얼리즘은 필요한 세계를 높은 사상으로 제시하는 계기가 되어야 하고, 자기의 길을 개척하여야 한다고 주장하였다.

결국 안함광은 작가적 실천의 동요를 극복하는 방법이 초극적 의지와 고도의 테크닉이라고 하면서, 조선의 상황에서 急課題는 주체의 건립이라고 하였다. 그리고 그것은 초극적 의욕인 감성의 질서를 회복하여 감성과 논리를 결합시키는 것이다. 이를 위해서는 현실의 가치 인식이 중요한데, 이것이 결정적으로 가능하게 조건은 생활의 근거와 능력의 확보이다. 이런 그의 인식은 '사상'만으로는 시대의 문제와 문단의 퇴조를 극복할 수 없다는 변화된 인식의 일면을 드러낸 것이다. 이렇게 변화된 인식은 지성을 사상과 문학적 실천의 매개로 상정하고서, 지성을 통해 사상성을 담보할 수 있다는 인식과 같은 논리 틀을 지닌 것이다.

그러나 안함광은 이 글에서 말하는 '생활상의 근거와 능력'이 무엇인가에 대한 명확한 해명을 하지 못하고, '현실의 가치'를 어떻게 인식할 수 있는가에 대한 답을 제시하지 못하고 있다. 또한 감성의 질서가 세계관의 형성에서 구체적으로 어떠한 역할을 하는가가 명확하지 않다.

그 후 생활적 근거와 주체 건립의 연관성은 「조선 문학정신의 검찰－세계관, 문학, 생활적 현실」에서 심도 있게 검토된다. 이 글은 생활적 근거와 초극적 의욕을 어떻게 통일시켜 세계관을 주체화해 낼 것인가에 초점이 맞추어져 있다. 즉, 세계관의 주체화와 예술적 실천을 집중적으로 살펴보고 있다. 안함광은 세계관이 주관과 객관을 합리적으로 통일·파악하는 과학적 세계 인식을 근거로 하는 것이기 때문에, 우수한 세계관은 언제나 전체적 세계에

대한 투철한 인식과 정확한 가치 판단의 형상적 표현을 생명으로
하는 예술가에게 절대적으로 필요한 것이라는 전제 아래 '의식의
능동성'을 강조한다. 이런 인식 아래 현재는 세계관에 대한 주체적
성찰이 필요한 시기이며, 이를 통해 예술적 창조력의 성격과 세계
관의 생활적 근거에 대한 검찰(檢察)도 이루어지며, 거기에서 문학
도 재출발해야 한다고 주장한다. 즉, 세계관의 주체화가 선행되어
야 '우수한 예술적 형상'도 창조할 수 있으며, 이를 위해서는 먼저
생활적 현실에 굳게 발을 붙이고, 현실의 본질에 대한 정확한 인
식으로부터 출발해야 한다고 주장한다.

> 시대적 사상! 그는 두말할 것도 없이 원칙적으로는 그를 수용할 생활
> 적 근거 위에서만 성립되어질 수 있는 사태다. (중략) 세계관 구성의 한
> 개 동기적 조건으로 간주할 수 있는 바 시대사상, 또는 어떤 의미에 있
> 어서는 국경을 넘어 흘러들어 오는 국제적 시대정신이라고 하는 것은 그
> 를 수요하는 바 물질적 기초—현실적 지층—를 전제로 하고 있다는 것
> 을 이해함에 우리는 그리 곤란을 느끼지 않는다. (중략)
>
> 그런데 이러한 시대사상의 물질적 기초, 그는 다름아닌 생산력의 발전
> 과 관련되어지는 문제가 아닐 수 없다. (중략) 한데 이 경우에 있어서 생
> 각할 것은 그 시대사상-이데올로기적 성격의 공통성이라고 하는 것이
> 그의 유출적 조건인 생산발전의 단계적 공통성까지를 의미하는 것이냐
> 하면 결코 그런 것은 아니라는 것이다.(중략) 이에 있어 사회적·경제적
> 조건이 훨씬 뒤떨어진 곳에 유입(발생)한 시대사상이라고 하는 것은 그
> 의 결실을 위하여 '존재'에 대한 '의식'의 능동성에 많은 기대를 가지고
> 있을 것은 정한 이치다.[144]

이처럼 안함광이 세계관의 주체화를 강조하는 것은 주체적 성찰

---

144) 안함광, 「조선 문학정신 검찰」, 『조선일보』, 1938. 8. 24.

과 이전의 경향 문학에 대한 비판적 인식을 하는데서 비롯된다. 안함광은 기존의 프로문학에 나타났던 주체의 문제를 되돌아보면서, 세계관의 주체화가 과거의 문학 속에서 획득되지 못했음을 진단하고 세계관의 주체화 방책을 찾는다. 그는 경향 문학 당시에 받아들인 시대사상은 그것을 수용할 수 있는 물질적 근거 위에서만 성립될 수 있는 것이었음을 언급하면서, 사회적·경제적 조건이 훨씬 뒤떨어진 조선에서의 시대 사상은 존재에 대한 의식의 능동성 때문에 맺어진다고 한다.

그런데 의식의 능동성은 시대 사상을 두 가지 방법으로 수용하게 되는데, 그것은 '신념적 형태'와 '존경적 형태'이다. 안함광은 과거의 경향 문학이 존경적 형태로 국제적 시대 사상을 받아들였다고 보았다. 조선의 경향 문학은 시대 사상을 주체화한 집단이 아니라 시대 사상을 존경하는 소시민 청년 집단이 담당했다는 것이다. 그들이 존경한 시대 사상은 현실적 지층(생산력과 생산관계)이 요구하는 것이었다.

그러나 과거의 경향 문학은 원시적 계몽성으로 인해 세계관의 구성조건인 시대 사상의 현실적 지층과 주체적인 작가의 생활적 근거가 합리적 통일을 통해 시대 정신을 주체적으로 신념화하도록 하지 못하고 존경의 대상으로만 삼게 했다. 그 결과 그들의 세계관은 예술적 창조에서 현실적 능력의 중요한 위치를 찾지 못했다.145) 그리하여 과거의 경향문학은 도식주의 작품이 주류를 이루게 되었다. 즉 관념적으로 세계관을 존경하여 문학적으로 성공하지 못했다. 이렇게 세계관이 주체화되어 있지 못했기에 새로운 현실의 변화에 무력할 수밖에 없다는 것이 안함광의 판단이었다. 그러므로 과거

---

145) 安含光, 앞의 글.

의 경향 문학 작품은 우수한 형상적 능력에까지 발전될 수 없으며, 현실에 대한 적응성과 자유성을 상실하게 됨으로써 당시에 건립해야 할 주체의 위상이 될 수 없었다.

그 결과 안함광은 과거 경향 문학의 소시민 지식인 주체들이 지식인적 생활을 두뇌적 이데올로기로 초극하려 했던 점을 신랄하게 비판하면서, 현실 생활은 두뇌적 이데올로기가 아니라 생활적 변증법에 의해 초극되어야 함을 강조한다. 따라서 지금 필요한 것은 주체의 성찰 혹은 세계관의 주체화란 것이다. 그는 세계관의 주체화를 위해서는 세계관의 중요한 구성 요소인 시대 사상의 '현실적 지층'과 '주체적 작가의 생활적 근거'가 통일되어야 한다고 주장했다. 이를 위해 작가는 서 있는 주체적 현실로부터 가능한 의욕의 세계를 반영해야 한다고 했다.

> 현금의 작가들은 우선 자신의 생활적 현실에 대한 솔직한 시찰과 인식-실천의 태도로부터 출발하야 혈육화된 주체적 인식을 갖고 현실의 가치를 가급적 재현할 수 있는 새로운 세계의 의거처를 발굴해 나가야 할 시기라고 생각되어진다. 그러나 이는 있어야 할 의욕의 세계 또는 있을 수 있는 가능성의 세계와 작가의 생활적 현실과의 사이에 어떤 장애를 설치하는 것과 같은 태도를 의미하는 것은 아니다. 그렇다고 하는 것은 작가의 생활적 현실이라고 하는 것이 연못과 같이 정체되어 있는 것이 아니라 그와 반대로 언제나 유동, 발전하는 것이며 작가는 모름직이 그의 발전을 구체성에 있어서 합리적으로 파악해 나가야 할 것이기 때문이다.146)

안함광이 말하는 주체화의 과정은 작가가 자신의 생활 현실에 대한 깊은 성찰과 인식, 실천을 통해 있어야 할 세계 또는 가능성

---

146) 안함광, 「조선 문학정신 검찰-세계관, 문학, 생활적 현실」, 『조선일보』, 1938. 8. 31.

의 세계를 발견해 나가는 주체적 인식을 의미한다. 이런 주체에 대한 성찰은 무조건적으로 세계관을 강조해서 이루어지는 것이 아니고, 주체가 생활적 기초와 생활적 능력을 가지고 있는가에 대한 성실한 자기 성찰에서 가능한 세계를 발견·개척하려는 노력 속에서 이루어진다고 안함광은 생각했다.

이 점은 지금까지 안함광이 강조한 주체의 생활적 근거의 실체를 파악할 수 있는 단서들을 제공한다. 그가 강조하는 생활적 근거란 작가가 지성을 무기로 해서 초극적 의욕과 생활적 근거를 합리적으로 통일시켜서 현실의 본질적 가치를 인식함으로써 주체 건립에 도달할 수 있다는 의미에서의 생활적 근거이다. 여기서 말하는 '주체적인 작가의 생활적 근거'란 객관적으로 존재하는 현실적 조건이 아닌 주체의 실천을 의미하는 것으로, 시대적 사상의 토대라고 할 수 있다. 이런 인식은 작가가 우선 자신이 생활하는 현실에 대해 솔직한 관찰과 인식의 태도로부터 출발하여, 현실에 대한 주체적 인식을 갖고 현실의 가치를 재현할 새로운 세계의 거처를 발굴해야 한다는 것이다.

따라서 주체의 건립은 생활적 현실에 얼마나 적극적으로 발을 붙이고 작가적 실천을 해내는가의 문제로 귀착된다. 즉, 현실에 대한 싸움, 세계 인식에 대한 주체화의 과정, 그리고 객관적 진리와의 합일을 향한 길 등이 주체 건립의 관건이 된다. 생활적 현실에 발을 붙이고 관찰하여서 합리적 옹호의 태도를 취해야 하는데, 바로 그것이 '생활적 현실에 대한 항거의 태도이고 세계 인식에 대한 주체화의 과정'147)이 된다는 것이다. 이런 인식하에 안함광은

---

147) 구재진과 류보선은 이런 안함광의 논리를 현실적 지층을 상실한 주체의
    생활적 근거만이 존재하는 '사실'의 세계로, 미적 범주로서의 계급성 또

세계관의 주체화가 예술 주체의 생활적 근거에서만 가능하다는 사실을 과학과 구별되는 예술의 특수성으로 파악했다.

이런 인식의 틀 안에서 안함광은 세계관의 주체화를 위해서는 주체의 재건이 아닌 주체의 건립이 필요하다고 역설한다. 그 이유는 붕괴 이전의 주체가 지닌 성격이 명확히 해명되지 않았기 때문이다. 즉, 붕괴 이전의 주체가 지닌 성격을 명확히 한 후에야 비로소 '주체 재건'이라는 용어를 사용할 수 있음에도 불구하고, 붕괴 이전의 주체가 어떤 성격인지 알 수 없는 상황에서는 '주체 재건'이란 용어를 사용할 수 없다는 것이다. 이런 주장의 배경에는 붕괴 이전 카프 작가가 지닌 주체성에 대한 그의 불신이 놓여 있으며, 한편으로는 그가 말하는 주체의 성격을 명확히 이해할 수 있는 단서가 놓여 있다.

'주체 건립'이라는 용어를 사용해야 하는 이유에 대한 해명을 위해 안함광은 동경문단과 다른 조선 문단의 특수성에 대해 언급한다. 동경 문단은 이미 국제적 시대 사상을 요구할 현실적 조건과 작가의 주체적 생활이 합리적으로 통일되었기 때문에 와해된 주체를 재건한다는 의미의 '주체 재건'이란 용어를 쓸 수 있지만, 이와 다른 조선문단에서는 새로 출발하는 의미에서 '주체 건립'이란 용어를 사용해야 한다고 주장한다. 주체 건립은 의식적인 당파성을 획득한 작가가 어떻게 현실을 반영할 것인가와는 성질이 다른 문제이다. 왜냐하면 의식적인 당파성이란 사상적 지도를 전제로 하기 때문이다. 그러나 문화 운동도 부재하고 세계관의 주체화

는 당파성, 전망을 부차화한 경험주의적 일면을 보인 것으로 비판한다. 그러나 이들은 안함광이 말하는 '생활적 현실에 발을 붙이고 관찰하여서 합리적 옹호의 태도를 취하여 생활적 현실에 대한 항거의 태도 및 세계인식에 대한 주체화의 과정'을 이룰 수 있다는 것을 간과한 오류를 범하고 있다.(류보선, 앞의 논문, 117쪽, 구재진, 앞의 논문, 48~49쪽.)

도 이룩할 수 없는 상황, 즉 문학적인 실천에 지도 원리가 될 사상 체계가 존재할 수 없는 상황에서 안함광에게 절실한 과제는 리얼리즘적 작품 실천을 해낼 주체를 어떻게 건립할 것인가였다.

이런 맥락에서 볼 때 주체 건립론은 정치적 실천이 불가능한 현실 상황에서 예술적 실천을 통한 문학적 대응으로서 제출된 것이었다고 할 수 있다. 그는 '시대적 특질'이란 암담한 현실 속에서, 그 당시 가능한 세계관의 주체화란 문학 이전의 세계로만 가능하다는 인식을 하였다. 또한 당 시대의 지식인 작가들이 현실의 가치를 인식할 수 있을 만큼의 생활상의 근거나 능력을 상실했다고 판단했다.

> 생활상의 리얼리즘적 근거와 능력 없이 언어의 진실한 의미에 있어서의 리얼리즘 문학이 창조될 리 만무하다.[148]

안함광은 생활상의 리얼리즘적 근거와 능력에 의해 세계관의 주체화가 가능하다고 보았다. 이런 인식은 생활상의 상거(相巨)를 주체적인 의미에 있어서는 의욕의 세계와 작가의 리얼리즘 문학을 저해하는 요소로 보면서, 이런 작단의 퇴조를 극복하기 위해서는 '리얼리즘적 정신'이 필요함을 강조하게 된다.

> 다소라도 리얼리즘적 정신을 그 생명으로 하는 작가인 경우에 있어서는 그의 현실적 대응에 있어 이중의 고초를 맛보지 않을 수 없다. 다시 말하면 외부의 제약과 아울러 그 외부적 현실과의 조화를 저버리려는 주체의 붕괴 밑에 서서 이러한 현실의 와중에 향하여 자기는 얼마나한 정도로 리얼리즘적 정신을 발휘할 수 있는 인간인가를 다시 한 번 생각케

---

148) 安含光, 「조선문학의 현대적 相貌」, 『조선일보』, 1938. 3. 24.

　　되는 회의와 고뇌를 맛보지 않을 수 없다.[149]

　　안함광이 말하는 '리얼리즘적 정신'이란 의욕의 세계이므로, 작가는 의욕의 세계와 작가의 생활적 현실의 거리를 좁혀야 한다. 그러기 위해 안함광은 현실의 본질에 대한 정확한 인식으로부터 출발하여 현실에 대한 예술적 실천으로 나아가야 한다고 생각한다. 여기서의 실천이란 물론 과거 프로문학에서 그가 주장했던 정치적 실천이 아니라, 리얼리즘적 실천·예술적 실천을 의미한다. 이러한 그의 논지는 생활상 근거도 없이 고발의 정신, 주체의 재건 등을 주장하고 있는 조선 프로문단이 현실에 대한 초극적 의지보다는 야합의 소지가 있음을 경계한 것이다. 따라서 안함광이 주장한 주체 건립은 일체의 애매성과 허세적 실천론을 버려야 하며, 서재주의적(書齋主義的) 세계관의 설교에서 벗어나 현실의 본질에 대한 정확한 인식에서 비롯된 것이다.

　　안함광은 이런 인식하에 자신이 주장하는 주체론을 김남천의 심리주의적 주체론과 스스로 구분하면서, '붕괴하는 주체를 재건하여 객관과 통일하려는 의욕'을 보인 김남천의 심정적 일면과 의도는 일단 긍정적으로 평가한다.[150] 그러나 안함광은 김남천의 고발문학론도 작품적 실천에서는 실패하였다고 판단한다. 왜냐하면 김남천의 고발문학론에는 냉철한 비판 정신은 있으나 고발의 이유가

---

149) 安舍光, 앞의 글.
150) 안함광은 주체와 객체가 분열하고 현실과 이상이 분열한 시대에 작가적 실천은 동요될 수밖에 없는데, 리얼리즘적 능력은 부족하나 평범한 현실을 부정하고자 시적 페미니즘으로 찾아든 작가가 李箱이라고 하였다. 즉, 李想과 같은 작가는 『날개』에서 주체를 희화화하고, 김남천은 주체를 재건하고자 노력하였다고 평가하였다.

불분명하고, 고발과 가면 박탈로써 주체가 재건될 수 있다는 심리적 주관적 진실에 머무름으로써 주체 재건을 너무 안이하게 생각했기 때문이다.

따라서 김남천의 주체론이 문학을 작가 주체의 일신상의 문제로 돌려버림으로써 주관적 진리와 객관적 진리와의 합일을 지향할 수 있는 길을 잃어버리는 데 반해, 자신의 주체론은 객관적 진리와의 합일을 지향한다고 주장했다. 이런 인식하에 안함광은『남매』,『소년행』,『妻를 때리고』,『祭退膳』,『瑤池鏡』 등에서는 나약한 주체에 대한 가차 없는 비판 정신을 볼 수 있을 뿐이며, 특히『남매』,『소년행』에서는 한 가정의 불화 내지 모순이 사회적 조건과 교섭을 가지지 못한다고 지적했다.

사회주의 리얼리즘 논쟁 당시에 그는 과거의 프로문학의 도식주의적 경향을 프로문학의 초기 단계에 나타나는 시발적인 현상이라고 하여 역사적인 평가를 하였다. 그러나 이 당시에 그는 과거의 경향 문학가들을 세계관을 주체화하지 못한 존경적 그룹으로 판단함으로써, 그의 평가가 변모하고 있음을 보여준다.151) 그렇지만 이런 태도는 경향 문학의 미학이 가진 역사성과 의미를 간과함으로써, 경향 문학의 역사적 성과 자체를 부정하게 되는 오류를 범하게 된다.

그후 그가 도달한 작가의 '생활적 현실'과 '의욕의 세계', '가능성의 세계' 사이에 장애를 설치하지 않고 언제나 발전하는 것은 '역사적 필연성'에 대한 믿음이었다.152) 따라서 현재의 문학은 "사

---

151) 류보선,「안함광 문학론의 변모과정과 리얼리즘에 대한 인식」, 서울대학교 국어국문학과,『관악어문연구』, 1990. 12, 115쪽.
152) 구자황,「안함광 문학론 연구」, 성균관대 대학원 석사학위논문, 1992, 76쪽.

회의 한계성을 초월하는 역사적 방향에로 의욕하는 것이 필요하며, 그러기 위해서는 일방적으로 환경의 평가를 수용하는 위치 이상으로 자기 스스로가 평가의 주체가 되어야 할 것"[153)]임을 강조했다. 그리고 이것은 '높은 지성의 프라이드'를 가질 때에만 가능하다는 것이다. 그러나 그는 구체적 생활적 현상을 어떻게 '의욕의 세계'로 전화할 것인가에 대해서는 자세한 해명을 하지 못한 채, 당시의 조선 문학이 현실을 대해야 하는 태도로서 '사실 문학론'을 제출한 후, 1930년대 최후반기에 가서는 문학 내적인 원리에 대한 천착을 통해 소설에서의 픽션의 문제로 전화한다.

　1930년대 후반에 리얼리즘 문학론에 대한 구체적 연구를 통해 안함광은 픽션론과 전형론을 통해 소설론을 전개하였다. 이러한 전개를 통해 사회주의 리얼리즘의 적극적 요소들을 수용·발전시키려고 노력하였다. 그 결과 안함광은 초극의 의식과 사실 문학론을 통해 사회주의 리얼리즘의 논리를 끝까지 유지하려고 했다. 그러나 프로 문학의 독자성을 유지하려는 의식하에 객관 현실에서 유리된 리얼리즘 논의로 나아감으로써, 사회주의 리얼리즘에 대한 교조적인 태도를 드러내게 되었다.[154)]

---

153) 安含光, 「시대의 특질과 문학의 태도」, 『동아일보』, 1939. 6. 24.
154) 이런 관점에서 볼 때, "1930년 말의 어두운 현실은 안함광이 리얼리즘론을 전개하는 데에 자유롭게 하지 못하였고, 때문에 그의 리얼리즘론은 사회주의 리얼리즘론에 포함시키기에는 많은 한계를 갖게 된다. 사회주의 리얼리즘에 관한 인식은 심화되었지만 리얼리즘의 방법적 원리를 적극적으로 탐구하는 한편 작품이 실현해야 할 전망은 '역사적 진보를 담은 내용'에서 '주관적 윤리의식'으로 대체시켜 그의 리얼리즘론은 결국 형식주의적 특질을 보이게 되었다."라고 보는 엄현영의 논리는 오류를 범하고 있다.(엄현영, 「1930년대 안함광의 리얼리즘론 연구」, 연세대 대학원 석사학위논문, 1990, 33쪽.)

리얼리즘의 구체화로서의 소설론

1. 임화의 소설론

가. 세태소설론

1930년대 후반기는 일제의 검열이 강화되고 신문의 상업성이 고조되면서 세태소설, 통속소설이 범람하게 되었다. 이러한 문단의 위기로 인해 그 당시 최대 관심사는 '문단 위기의 구출 방법과 그것과의 관련 밑에 토론되는 장편소설의 문제'였다.155)

임화는 본격소설론에 앞서 세태소설론을 통해 세태소설의 범람을 우려한 바 있다.156) 이러한 임화의 소설론은 사회주의 리얼리즘론 다음에 발표된 「세태소설론」(1938. 4.)과 「본격소설론」(1938.

---

155) 김남천, 「현대 조선소설의 이념−로만개조에 대한 ― 작가의 覺書」, 『조선일보』, 1938. 9. 10.
156) 임화, 「세태소설론」, 『동아일보』, 1938. 4. 1∼6.

5.)을 비롯한 일련의 글에서 구체화 되는데, 그의 소설론은 리얼리즘 논의와 연결된다. 임화는 세태소설이 범람하고 있던 당시의 문단을 무력하다고 했는데, 그것은 무력한 시대의 특색이면서 사상성이 감퇴되어 소설의 매력이 없어졌다는 의미였다. 임화는 현실을 예술적으로 장악해 들어가려는 작가의 정열이 현실을 사상적으로 전유하려는 활동성에 힘입어 '성격과 환경의 조화'를 구조로 하는 본격소설을 지향할 수 있었다고 상정했다. 그렇지만 본격소설에로의 지향이 경향 소설에 주어져 있음에도 불구하고, 현실의 조건과 작가 자신의 무력에 의해 좌절되었다. 그로 인해서, '현실에 대한 적극성'(한편으로는 '내셔널리즘'에 의해서, 그리고 다른 한편으로는 '소셜리즘'에 의해서 추구된)이 쇠퇴하게 되어 세태소설과 내성·심리소설이 범람하게 되었다고 보았다.

이처럼 세태소설과 내성소설이 범람하게 된 이유는 현실에 대한 태도로부터 생활적인 적극성이 희박해 짐으로써 소설의 본격성이 상실되었기 때문이다. 그 결과 성격과 환경이 조화를 이루었던 본격소설은 쇠퇴하고, 작가가 성격과 환경의 조화를 포기함으로써 내부로 향하든가(내성소설), 외부 묘사로만 향하게(세태소설) 되었다. 내성소설은 자아와 세계의 부조화가 지나치게 심하여 그 부조화를 외면하고 자아의 주관성 속에 안주한 것이며, 세태소설은 그 부조화를 외면하고 외부 묘사에만 치우친 결과이며, 통속소설은 그 부조화를 안이한 방법으로 해결하려 한 결과이다.

> 최근 수삼 년 간의 소설을 돌아다보면 우선 연래로 보편화되어 온 판단의 하나인 '사상성의 감퇴'라는 것을 절실히 느낄 수가 있었다. 물론 작품이 이젠 사상적 매력을 잃었다는 말은 결국 최근의 소설들이 일반으로 문학으로서의 매력이 적어졌다는 것을 의미하나, (中略) 그러나 이것

이 재래로 우리가 불러오던 바와 같은 ‘사상’이란 것으로 작품 위에 표현되지 않는 것도 대부분의 경우에 있어 진실이다.[157]

　임화는 세태소설을 ‘사상성 감퇴’의 결과로 규정한다.[158] 임화는 사상성이 감퇴하면 사상적 매력이 없어지고, 사상적 매력이 없음은 소설의 매력이 상실된 것과 같다고 생각하였다. 임화가 말하는 사상성이란 작가의 머릿속에 화석화된 이념이 아니라, 치열한 현실의 탐구를 가능케 하는 주체의 세계관(현실을 인식하고 평가하는 작가의 정신적 작용)이다.[159] 사상성이 쇠퇴하여 세계관적으로 무력해지면 현실의 본질을 놓친 채 전형성을 상실하게 되는 것이다.

---

157)　임화, 「세태소설론」, 『동아일보』, 1938. 4. 1.

158)　임화가 소설을 해석하는 기준이 ‘思想性’에 치우친 것은 우리 문단의 환경과 성격 창조의 위기를 구제하려는 의도였다. 그러나 문학의 위기를 사상성 회복에서만 구할 수 있다고 생각한 것은 다른 문학적 조건을 소홀히 취급한 결과였다. 사상성이 충분하다고 하여 성격과 환경의 분열이 극복될 수는 없다.
　이 시기에 사용된 ‘세태’라는 용어를 임화보다 앞서 사용한 바 있는 김남천은 발자크를 비롯한 19세기 서구 장편소설들을 ‘사회적 세태적[로맨]’(김남천, 「조선적 장편소설의 일 고찰」, 『동아일보』, 1937. 10. 21)이라 칭하여 세태묘사를 장편소설의 바람직한 속성 중의 하나로 간주했다. 그러나 임화의 「세태소설론」으로 인하여 ‘세태’라는 단어가 특정한 의미와 뉘앙스로 쓰이게 되자, 김남천은 ‘풍속’이라는 개념을 내세워 ‘세태를 풍속에까지 높일’(김남천, 「세태와 풍속」, 『동아일보』, 1938. 10. 25) 것을 주장했는데, 이 풍속은 세태의 개념과 별반 다르지 않다.
　한편, 임화가 말하는 세태소설은 세태 묘사라는 모멘트가 다른 모멘트를 거의 압살하고 있는 소설이다. 이로 미루어 볼 때 임화가 김남천에 비해서 이 시기 세태소설의 경향을 더 심각하고 극복되기 어려운 문제로 제기하고 있음을 알 수 있다.(강영주, 「1930년대 소설론고」, 서울대 대학원 석사학위논문, 1976, 10쪽.)

159)　김형숙, 「임화 리얼리즘 문학론 연구-‘주체’문제를 중심으로-」, 한국교원대 대학원 석사학위논문, 1996, 60쪽.

임화에 의하면 당시의 소설에는 '고차의 리얼리즘'을 추구하려는 의지가 외적인 압력에 의해 좌절되고, 경향 문학이 퇴조한 이후 현실 긍정의 논리로 전환하면서 파생된 관조주의와 주관주의가 투영되어 있다. 그러나 최재서는 '객관적인 태도로 관찰'하는 것이 리얼리즘이라는 입장에서 관조주의와 주관주의적 경향의 작품인 박태원의 『川邊風景』과 李箱의 『날개』를 평가했다. 그는 객관적 태도로써 객관을 본 『川邊風景』이 리얼리즘을 확대시킨 것이며, 『날개』는 '고도로 지식화된 소피스트의 주관 세계'를 객관적인 태도로 서술했기 때문에 리얼리즘을 심화시켰다고 평한다.[160]

이에 대해 임화는 리얼리즘이 작가의 생각을 떠나서 존재할 수 없음을 분명히 한 후, 리얼리즘의 평가 기준은 작품의 사상성, 곧 당파적인 견해를 갖는 것이라고 규정한다. 따라서 '사상성의 감퇴'로 특징지어진 이 소설들은 진정한 의미의 리얼리즘이 될 수 없으며, 오히려 이상의 작품은 작가의 정신이 내부로 파고들 것으로써 심리주의 작품으로 보았다. 임화는 세태소설의 작가로 채만식, 박태원, 김유정, 홍명희 등을 들고 있다.[161]

홍명희의 『임거정』에 대해 "우리들과 같은 성격이나 우리가 탐내는 뚜렷한 성격도 없고, 그 성격과 환경과의 생생한 갈등도 없으며, 따라서 작품을 관류하는 일관된 정열도 없다."라고 언급였

---

160) 최재서, 「리얼리즘의 심화와 확대」, 『조선일보』, 1936. 10. 31~11. 7.
161) 그러나 구카프 작가들이 말하려는 것과 박태원과 이상과 같은 작가들이 말하려고 하는 것 사이에는 분명한 차이가 있다. 따라서 단지 그 부분적 유사성에만 착안하여 '세태소설' 혹은 '내성소설'로 보는 임화의 관점은 이 시기 소설문학을 세태·내성의 틀로만 보는 오류를 범하는 것이다. 왜냐하면 이러한 임화의 태도는 구카프 작가들과 그 이외 작가들의 차이를 간과하고서, 단지 '말하려는 것과 그리려는 것' 사이의 불일치라는 공통성만을 판단의 근거로 삼고 있기 때문이다.

다. 그러면서 그는 『임거정』이 단지 그 시대에 사는 여러 인물들과 만화경 같은 생활상을 전개하여, 세부 묘사, 전형적 성격의 결여, 플롯의 미약을 초래하는 파노라마 수법으로 인해 세태소설과 본질적으로 일치한다고 보았다.162) 그리고 박태원의 작품을 작가의 정신이 외부로 향한 '파노라마적 트리비얼리즘'에 불과한 것으로 보았다. 이러한 경향은 박태원의 작품 안에서도 양분되어 나타나는데, 박태원의 『소설가 仇甫氏의 一日』과 『川邊風景』은 전자가 '지저분한 현실에서 死體가 되어가는 자기의 하루생활을 내성적으로 술회'한 것이고, 후자가 '자기를 산송장으로 만든 지저분한 현실의 여러 단면을 정밀하게 묘사'한 것으로 주관주의와 관조주의적 경향에 의해 쓰인 모자이크의 대표적인 수법이라 하였다. 또한 채만식의 『탁류』와 같은 작품을 진부한 일상 생활에 대해 꼬챙이 같은 악의에 찬 묘사에만 치중하고 있다고 보고, 이를 세태소설로 규정했다. 또한 이와는 정반대의 경향으로 김남천의 '자기 고발 문학'인 『제퇴선』, 『요지경』과 자기 분열의 속성을 드러내는 이상의 『날개』를 심리묘사가 확대심화된 내성적 소설의 예로 들었다.

그러나 홍명희의 『임거정』은 단일 사건을 대상으로 하여 그 사건을 중심으로 일어나는 소사건이 집중점을 갖도록 하고 있기 때문에, 어느 것이 중요하고 중요하지 않는가 하는 취사선택의 문제가 배려되어 있다. 반면에 『천변풍경』은 이야기가 분산되어 전개되고, 핵심도 갖지 못한다. 그런데도 그 차이를 간과하고 박태원·채만식·이상 등을 사상성 감퇴를 이유로 하여 무력한 시대의 소

---

162) 이에 대해 이훈은 임화가 전형적 인물을 작품 외부의 현실과 관련시켜 검토하지 못했다고 비판했다. 전형을 형상화하는 것은 단순히 작품 내부의 문제가 아니라, 근본적으로 작품 밖의 현실을 올바르게 반영하는 것과 연관되기 때문이라는 것이다.(이훈, 앞의 논문, 155쪽.)

설가로 보고, 세부 묘사라는 특질만으로 두 작품을 동종으로 취급한 임화의 인식은 오류를 범하고 있다. 또한 임화가 내세운 세태소설과 내성소설의 구별은 묘사 기법상의 문제를 본질적인 대조로 확대·해석한 문제점을 안고 있다. 따라서 내성소설과 세태소설의 분열이 성격과 환경의 분열을 나타낸다고 할 수 없다. @@

임화는 세태소설이 한국 문학사상 '묘사의 기술을 완성'하는 데 일조가 되리라는 점에서 일단 그 가치를 인정한다.[163] 그러나 이것이 발자크를 정점으로 한 서구의 리얼리즘 소설보다는 그것이 퇴화하여 이루어진 자연주의 소설에 가까운 것으로 파악한다. 따라서 임화는 세태소설을 묘사되는 현실 그 자체를 통해서 현실을 드러내려는 소설로 보고, 이 세태소설에서 작가의 사상은 현실의 적극적인 인식 의도가 아니라 현실에 대한 환멸과 냉소로 드러나게 됨을 지적한다. 그러므로 세태소설은 작가의 의식을 죽이고 작품의 사실성에만 치중한 소설 경향이다.

세태소설의 작가는, 현실의 어느 것이 중요하고 중요하지 않은지 구별하지 않으며, 단지 주어진 현실을 세부의 묘사로써 예술적으로 재현하는 데 그 의미를 둔다. 따라서 세태소설에는 작품에 연마된 성격이나 성격과 환경이 어우러져 만들어 내는 줄기찬 플롯도 없으며, 작가의 사상이나 정열이 작품에 관류되어 있지도 않다. 결국 세태소설은 '꼼꼼한 묘사와 다닥다닥한 구조, 느린 템포와 자그만한 기지'로 쓰인 것으로 합리적 구조와 소설 구조의 내적 필요성에 의하여 장편을 구성한 것이 아니다. 세태소설은 명백한 비장편적 억지의 구성이나, 그렇지 않으면 인위적 연결이나 비예술적 구성으로 겨우 장편이 된 것으로, '세부 묘사, 전형적 성격

---

163) 임화, 「세태소설론」, 『문학의 논리』, 학예사, 1940, 361쪽.

의 결여 및 그것으로 야기된 플롯의 미약'이 그 특징이라 할 수 있다.

그러나 임화는 조선 소설사가 아직 묘사의 기술을 완성해 본 단계를 가지고 있지 못했기 때문에, 세태소설에 하나의 지위를 줄 수 있다고 하였다. 그러나 세태소설적 묘사란 결국 모래알 같은 세부 묘사의 집합에 불과하기 때문에 현실을 있는 그대로 파악함을 목적으로 하는 진정한 묘사의 기술과 분명히 구별해야 한다. 즉, 진정한 묘사의 기술이란 현실의 어느 것이 중요치 않은가를 구별하는 리얼리즘을 말하기 때문이다.164) 세태소설의 작가가 세부적인 묘사에 치중하는 것은, 자기를 약하게 만든 보이지 않는 세계에 대한 '보복 심리'를 나타내는 것으로, 지저분한 현실을 소설에 묘사하여 망신을 시키려는 '꼬챙이 같은 악의'의 발로이다. 그 결과 세태소설은 본격소설과 리얼리즘의 정도로부터 이탈하게 되었다.

임화는 이러한 경향이 반복적으로 문단에 등장한 것은 개성이 아직 완성된 적이 없다는 데서 원인을 찾고 있다. 그리고 내성소설은 문학을 통하여 수직적으로 자기 가운데로 들어가는 작가가 자기 자신의 개조를 문학하는 이유로 삼는 결과라고 했다. 예를 들어, 임화에 의하면, 자기의 소설을 자기 고발의 형식이라고 생각한 김남천류의 소설을 내성소설이였다. 그런데 작가의 정신이 외부로 향하는 '세태소설'과 내부로 파고드는 '내성소설'은 공통된 상황에서 대처하는 방식이 양분되어 나타난 것이다. 따라서 세태소설과 내성소설은 소시민성에 굴복함으로써 등장했다고 할 수 있다.

그는 내성소설과 세태소설이 서로 대척적인 성격을 지님에도 불

---

164) 임화, 「세태소설론」, 『문학의 논리』, 학예사, 1940, 361~363쪽.

구하고 같은 시기에 함께 발생하여 성해하게 된 것은 공통적인 바탕이 있기 때문이라고 보았다. 이처럼 임화가 세태소설과 내성소설이 동일한 정신적 기반에서 나왔다고 보는 것은 이것들이 개인적이고 주관적인 심리정서를 자극하는 데 그칠 뿐이기 때문이다.

> 다시 말하면 외향과 내성은 본래 대립되는 방향임에도 불구하고 한 시대에 두 경향이 한가지로 발생한 때는 그 종자들을 배태하는 어떤 기초에 단일성을 생각하지 않을 수 없는 것이다.
>
> 나는 이것을 작가의 내부에 있어서 말할려는 것과, 그릴랴는 것과의 분열에 있지 않은가 하고 생각한다. 더 자세히 말하면 작가가 주장할랴는 바를 표현할랴면 묘사되는 세계가 그것과 부합되지 않고, 묘사되는 세계를 충실하게 살리랴면 작가의 생각이 그것과 일치될 수 없는 상태다. (中略)
>
> 그러므로 자연 작가의 생각을 살리려면 작품의 사실성을 죽이고 작품의 사실성을 살리랴면 작가의 생각을 버리지 아니할 수 없는 '딜렘마'에 빠지는 것이다. 이것은 작가에게 있어선 창작 심리의 분열이고, 작품에 있어선 예술적 조화의 상실이다.[165]

말하려는 것과 그리려는 것의 분열, 이것은 우리가 사는 시대의 이상과 현실이 너무 큰 거리로 벌어져 있기 때문이며, '현실 자체의 분열상의 반영'임을 임화는 강조한다. 이러한 이상과 현실의 분열은 작가에게 있어서는 창작 심리의 분열로 나타나며, 작품에 있어서는 예술적 조화의 상실이다. 세태소설과 내성소설은 이러한 예술적 조화의 상실에서 연유한다.[166]

---

165) 임화, 「세태소설론」, 『동아일보』, 1938. 4. 1.
166) 그런데 임화가 당시의 소설적 경향을 무조건 '말하려는 것과 그리려는 것과의 분열'이라는 본격소설의 전제로 본 것을, 이훈은 임화가 본격소설에만 집착하였다고 비판하고 있다. 그러나 필자가 보기에는 이훈의 인식은 '성격과 환경의 조화'를 통한 사상과 내용의 통일을 간과하여

임화는 시대의 이상과 현실을 연결시킬 수 있는 것은 그 시대인이며, 이 양자의 거리를 축소시키고 이상을 현실로, 현실을 이상으로 전화시켜야 한다고 한다. 임화는 작가의 사상 혹은 의도가 본격소설에서만 제대로 구현된다는 점을 전제하고서, 작품의 인물이 주체적으로 세계와 투쟁함으로써 그의 운명이 드러날 수 있으며, 작가의 운명 가운데 관념이 함축된다고 생각했다. 그렇기 때문에 주인공을 결여하고 있거나 무력한 존재로 나타내는 세태나 내성의 소설에서는 참된 의미의 사상이나 어떤 윤리를 발견할 수 없고, '자기를 약하게 만든 보이지 않는 세계에 대한 한 개의 보복심리'와 같은 소극적인 태도만을 읽게 된다는 것이다.167)

따라서 임화는 무력한 인물을 그리고서는 작가의 사상을 표현할 수도 없거니와 근본적으로 소설 자체가 성립할 수 없다는 점을 소설론의 기본적인 전제로 삼고 있다. 그러나 이러한 임화의 논지는 소설 속에서 축조되는 주체와 세계의 관계를 일정한 이념형에 따라 선험적으로 전제하고, 그것에 따라 재단하는 오류를 범하고 있다. 그리고 이러한 추상적 이념형의 설정은 주어진 사회의 합법칙적인 발전으로가 아니라, '작가가 인생에 대하여 품고 있는 희망'이란 식으로 치환된다.

임화는 세태소설이 현실에 대해 환멸을 느끼고 절망하는 것에 그치지 않고 부조화된 상황을 적극적으로 표현한다는 점, 작가가 수직적으로 자신 속으로 들어가는 내성소설의 경우도 자신의 무력

임화의 인식을 기본 틀로만 보고 있다.(이훈, 앞의 논문, 152쪽.)

167) 김남천은 임화가 세태소설과 내성소설이 '그리려는 것과 말하려는 것의 분열'에서 비롯 되었다고 말한 것을 인정한다. 그러나 이를 부정적으로만 볼 것이 아니라, 긍정적인 측면에서 지양해 나갈 것을 역설한다.(김남천, 「현대 조선소설의 이념」, 『조선일보』, 1938. 9. 10~18.)

을 성찰하는 데 그치지 않고 자기 내부로 들어가 자신의 무력함을 부정하고 의식하려 한 점에서 긍정적으로 평가한다. 특히 세태소설은 묘사되는 세계를 충실히 살리려는 태도를 갖는다는 점에서 그리고 무엇보다도 그때까지의 묘사의 기술법이 충분히 발달하지 못했다는 점에서 그 존재 의의가 있고 평가한다.

그러나 세태소설이나 내성소설들은 소설들은 리얼리즘 소설이 될 수가 없다. 왜냐하면 '세부의 진실성'을 그리는 것만으로는 리얼리즘이 될 수가 없기 때문이다. 임화는 세태소설이 일종의 정신적 가치를 보여주는 것임에도 불구하고, 그것의 발생 연원을 작가의 정신적 태도의 저열성으로 돌렸다. 작가가 현실을 인식하고 의도한다고 해서 무조건 작품의 구조가 완성되는 것이 아니다. 단지 현실의 적나라한 모습만 재현하는 것은 비록 그것이 현실의 재현이라는 점에서 리얼리스틱한 요소가 있다 하더라도 리얼리즘 소설이 될 수 없다. 리얼리즘소설은 작가의 의식성이 문제되기 때문이며, 그것의 물질적 보증이 양식상의 문제로 전화되기 때문이다. 곧 소설적 구성의 문제, 성격의 부재, 주인공의 운명을 통한 작가의 사상적 거처가 불분명하다는 점이 모두 리얼리즘 소설과 거리가 생기게 하는 요소가 된다.

결국 임화의 논지로 미루어 볼 때, 임화가 상정하는 리얼리즘은 의식성을 필요로 하는 것으로, 객관적 현실을 인식하고 그것에 상응하는 주체를 재건함으로써 가능한 것이다.168) 이것은 현실의 구

---

168) 세태소설과 내성소설은 당시의 시대 상황에 의한 부득이한 결과이다. 따라서 현실적인 대안은 원리론이 아니라, 임화가 '내세운 본격소설에는 미달하지만 당대의 소설에서 현실을 올바르게 반영하는 긍정적인 요소를 찾아내어, 이것이 가능한 방법을 작가에게 제시하는 것.'(이훈, 앞의 논문, 154쪽)고 이훈은 주장했다. 그러나 이러한 이훈의 논리는 문

조를 통한 작품 구조의 형성, 작가의 의식과 모순될 수 있는 리얼리즘의 위대성과 더불어 현실에 대한 작가의 올바른 의식과 결부되는 리얼리즘이 현재의 리얼리즘이어야 한다는 논지이다.

이러한 방법으로 작품을 구성할 때라야 작가는 말하려고 하는 것과 그리려고 하는 것 사이의 분열을 극복한 소설을 쓸 수 있다. 이때 리얼리즘은 사상이 되므로 리얼리즘에 입각하여 작품을 구성하면 그 작품은 사상성이 부여된다.

> 현실에 대한 작가의 태도로부터 생활적인 적극성이 희박해 감으로써 소설의 본격성도 드디어 상실되기 시작한 것이다. 우리가 잘 알듯이 하나의 무력한 실체로써 자기를 의식한다던가 자기에 대한 의식이 궁지가 아니고 참기 어려운 환멸과 고통인 사실은 바로 20세기의 서구소설을 만들어 낸 정신적 지반이다. (중략) 요컨대 본격소설의 쇠미와 더불어 소설은 세태, 심리 양개로 분열된 것이다. 요컨대 시대정신의 변천이 소설의 스타일을 고친 것이다.[169]

여기서 임화는 소설 양식상의 변화를 초래하게 된 원인을 시대정신의 범주로 확정하고 있다. '시대 정신'이라는 범주는 관념론적 역사이론의 범주이다. 헤겔주의적 의미에서 이 범주는 정신의 역사가 자기를 현현하는 것을 의미한다. 이 같은 견지에서 볼 때, 현실이란 정신의 드러냄이라 할 수 있다. 그런데 임화가 이 범주를 사용함으로 인해서 관념론적 역사관으로 후퇴하였는가가 문제점으로 대두된다.

그러나 필자의 생각으로는 관념론적 역사관으로의 후퇴가 아닌

학 이론을 시대 상황에 의한 논리로 대체시킨 것이다. 문학론은 미적 원리의 현실 정합성과 역사 의식을 바탕으로 해야 하기 때문이다.

169) 임화, 『문학의 논리』, 학예사, 1940, 379~380쪽.

문학과 사상과의 연관을 지적한 것으로 보아야 한다. 임화는 사상과 소설 장르간의 상호교섭을 통한 사상의 실현 형태로서 소설장르를 상정했다. 임화가 소설 장르를 사상이 실현되는 문학의 물질적 형태로 간주하는 것은 이념적 내용(사상)이 소설 장르의 내용을 제한할 뿐만 아니라, 개인적 양식을 포함한 소설 전체의 방법을 고치는 것으로 생각했기 때문이다. 곧 '시대 정신의 변천이 소설 스타일을 고쳤다.'는 것은 시대정신이 문학적 사상의 성질과 방법을 고쳐, 그것이 소설 가운데 투영된 것으로 이해한 것이다.

임화는 문학적 사상과 사상 일반을 분리하고 있는데, 사상이 추상적인 것이라면 그러한 추상성이 형상성에 의해 일반화되고 있는 것을 문학으로 규정한다. 그러나 그것은 내용상 객관적 토대의 공통성을 가지고 있는 한 소설을 포함한 문학적 사유와 구분될 수 없는 것이다. 이를테면 신문학 초기와 경향 문학의 치열한 사상성은 둘 다 근대를 향한 정열의 표현이고, 그것이 소설 장르상에서 개성적 인물을 완성시켰다. 그러나 1930년대 후반기 상황에서 성격과 환경의 조화를 지향하는 본격소설은 사상성이 제거되었고, 그 결과 작가들은 현실을 인식하고 평가하는 정신적 작용을 상실하게 되어 자신의 무력감만 인식하게 되었다. 이로부터 소설의 스타일이 변천하여 세태와 내성소설로 분리되었다.

임화가 세태소설을 비판하는 요지는, 세태소설이 현실을 단지 일체의 세부를 통하여 예술적으로 재현하고자 함으로써 '묘사되는 현실을 양적으로 풍부하게 한 점'이다. 이와 같이 함으로써 세태소설은 현실을 종합적으로 전유된 인간적 삶이 아니라, 사물화되고 원자화된 삶으로 묘사하게 된 것이다. 그 결과 세태소설의 작가는 정신적·이념적인 무정부 상태에 빠지게 되어, 현실의 우연적인 취재, 무이념성의 구성을 통해 소설의 구성적 미성숙을 야기시켰다. 이러한 구성의 결핍은 전형적 성격의 결핍을 수반하게 되어, '세부 묘사,[170] 전형적 성격의 결여, 그 필연의 결과로서 플롯의 미약' 등을 그 특성으로 하게 된다. 이것은 곧 작품의 예술적 조화를 상실케 한다.

결국 임화가 '세태소설론'에서 주장한 바는 세부 묘사가 아닌 전형적 성격의 결여에 대한 지적이라고 할 수 있다.[171] 임화가 성격의 창조, 곧 전형의 창조와 소설의 플롯을 연결시킨 것은 타당한 것이었다. 임화는 작품이 현실의 본질적인 측면을 보여주기 위해서는 현실 파악과 가공이라는 일련의 의식적이고 집중된 작업이 필요한데, 이것은 '현실의 어느 것이 중요하고 어느 것이 중요하지 않은가–이것을 구별하는 것이 리얼리즘이다.'와 관련 된다고 하였다.

이러한 임화의 논지는 작가의 의식적인 예술적 응축에 대한 요구였다. 결국 성격과 환경 및 그 사이에 얽혀지는 생활의 연속에 의해 만들어지는 성격의 운명을 기본 축으로 하는 소설에서, 성격과 환경의 관계를 리얼리즘적으로 충실하게 전개시키면 그 구조를 통해서 작가의 사상이 표현되는 것이다. 이러한 논리 속에서 임화

---

170) 세부 묘사라는 말은 전형성의 대립자인 동시에 통합체이다. 엥겔스가 세부 묘사(디테일)의 진실성을 리얼리즘 소설의 필수적인 구성 요소로 삼은 것은 묘사된 현실이 객관적인 현실의 상을 반영하는 동시에 전형적인 것에 치중되는 과정이어야 한다는 것이다. 그럴 때만이 그 세부 묘사는 진실한 것으로 이해될 수 있다.

171) 임화의 세태소설 비판은 이데올로기 비판의 형태를 띤 것이기도 하다. 임화는 세계상이 작품의 각 요소들에 드러나는 현상 방식을 작가의 이념–성격창조–구성의 구조 속에서 작품 자체의 분석을 통해 작가의 정신 상태가 작품의 각 요소들을 어떻게 지배하고 있는가를 탐구하고 있기 때문이다.

는 세태소설을 리얼리즘의 문학으로부터 일탈된 것으로 간주하고, 완전한 성격의 창조와 이를 통한 플롯의 실현을 가능케 하는 '본격소설에로의 지향'을 요구했다.

임화는 본격소설을 '현실을 예술적으로 파악하려는 작가의 정신적 적극성의 표현'으로, 세태소설을 '그러한 정신적 적극성에서 한 걸음 물러나 현실의 부분을 단지 묘사를 통해서 보여주는 안이한 정신의 산물'로서 파악했다. 즉, 세태소설의 현실상은 살아 있는 현실이라기보다는 정태적으로 파악된 현실이었고, 그 속에서 현실의 변혁 의지를 동반한 세계 인식은 불가능하다는 인식을 임화는 갖고 있었다. 이와 같은 임화의 인식은 1930년대 후반 시대 상황 속에서 작가의 이데올로기적 표상을 본격소설을 통해 강조한 것이었다.

나. 본격소설론의 역사적 의의

주체 재건론을 상정했던 임화는 1930년대 후반 파시즘의 심화와 더불어 리얼리즘론의 구체화로서의 문학 내적 원리에 천착하였다. 그 결과 그는 '그리려는 것과 말하려는 것의 통일', '환경의 묘사와 자기의 표현의 하모니'인 본격소설론으로 전화하여 갔다. 임화는 당시의 작품들이 '그리려는 것과 말하려는 것'의 결합을 이루지 못한 채, 세태소설과 내성소설의 특성을 보이고 있다고 보았다. 즉, '성격과 환경의 조화'가 본시 소설의 願望(원망)임에도 불구하고, 작가들이 이런 조화를 단념한 데서 내성에 살든지 묘사에 살든지 자연히 어느 하나를 택하게 되었다고 한다. 그러면서 세태소설과 내성소설의 상반된 두 경향이 동일한 현실적 기초에서 생겨났다고 판단했다. 따라서 임화는 리얼리즘 자체가 붕괴되고 있는 상황에서 리얼리즘의 기본 원리와 최소 요건을 강조하여 리얼리즘의 大道를 견지하려는 노력으로 본격소설론을 제출한다.

임화는 작가가 환경을 충분히 묘사하면서 제 사상을 부족 없이 표현하는 것이 19세기 서구의 고전적인 소설에서 가능했다고 보았다. 그리고 이를 모델로 하여 '환경의 묘사와 자기의 표현이 조화'를 이루는 소설, 즉 본격소설을 내세웠다. 임화가 내세운 '본격소설론'은 세태소설과 내성소설을 '그리려는 것과 말하려는 것'의 통일로써의 본격소설에 대한 지향으로 바꾸어야 한다는 전제하에 제출된 것이다. 임화는 경향 문학가들이 본격소설을 완성시킬 가능성으로부터 멀어진 현상의 근원에는, 현실적 조건의 변화가 그들의 '현실에 대한 태도'를 변화시키고 말았다는 것, 그리하여 '개성, 즉 그 어떠한 사회적 추진의 동력의 일부분으로 또는 하나의 힘의 체현자로 자기라는 것을 느껴'야 할 것인데, 현재의 작가들의 태도는 '생활적인 적극성'이 점점 희박해지고 있고, 그럼으로써 소설의 본격성도 드디어 상실되기 시작했다는 점, 그 결과 작가의 '자신의 無力에 대한 의식'이 본격소설의 몇 가지 수법에 지나지 않은 것을 방법에까지 고양한 소설 형태로써 세태소설과 심리소설을 주류로 삼게 된 점 등이 있다고 본다.[172]

---

[172] 따라서 임화의 본격소설론을 두고 부르주아 리얼리즘에 다름 아니라고 평가한 이상경(1990)의 논지(307~308쪽)는 설득력이 없다. 고전적 본격소설에도 미치지 못한 우리 소설의 한계를 진단한 이 글을 두고, 그 이론이 부르주아적이니 사회주의적이니 따지는 일부터가 우매한 일이다. 본격소설론은 임화가 리얼리즘론을 가지고 현상을 진단하여, 본격소설을 지향한 전통이 지속되지 못한 데 대한 구체적 평가를 시도한 데 불과하다. 임화가 그 근거를 본격소설에 두고 있음은 19세기 서구의 소설을 이상형으로 생각해서가 아니라, 당시의 우리 소설이 그 정도에 도달

그러나 임화가 제시하는 대안은 그다지 구체적이지 못하다. 심리묘사, 세태묘사가 지니는 성과적 측면을 다소 인정한 후, 그럼에도 불구하고 본격소설의 완성이 의연히 당면의 숙제라고 덧붙이고 있을 뿐이기 때문이다.

임화가 말하는 본격소설이란 고전적인 리얼리즘 소설을 의미하는데, 그가 이 개념을 서구의 19세기 소설로 환원시킨 것은 아니었다. 임화가 추구하는 본격소설은 19세기 서구의 고전적 소설의 완성도, 즉 작가가 말하려고 하는 것과 그리려고 하는 것이 조화를 이루는 형식을 이어받자는 뜻이지, 그 작가가 말하려고 하는 사상까지도 받아들이자는 것은 아니었다. 오히려 그는 우리 문학사를 구체적인 역사적 관점에서 살펴보고 있다.

이런 임화의 문학사적 견해는 조선 문학의 전개를 서구 문학의

하지 못한 채 좌절되었다고 보았기 때문이다. 한편 임화가 본격소설론을 통해서도 19세기 서구소설을 이상형으로 내세워 현실에 절망하고 전향의 포즈를 취했다는 평가에서도 이상경과 이현식(1990)은 일치하고 있다. 그러나 이들의 논리는 사실에 대한 고의적인 외면으로 일관되어 있다. 대표적인 예를 들자. 이상경은 프로문학 초기에 나타난 도식주의적 색체를 임화가 비판적으로 언급한 데 반발하여, 그것은 단순한 창작 방법상의 오류가 아니라 사회적 조건과 운동의 발전 정도에 따른 것으로 보아야 한다고 주장한다.(309쪽) 역사적인 한계를 따뜻이 보듬어 주려는 태도는 가상하지만, 임화가 역사적 한계를 무시하고 있지도 않을 뿐만 아니라, 만일 그와 같은 변호로 일관할 경우에는 이론적 평가도 역사적 평가도 불필요해진다. 이 세상의 모든 현상이 다 그렇지 않은가? 이러한 해석이야말로, 임화가 비판한 '프리체적 상대주의'에 다름 아니다. 한편 이현식은 끊임없이, 임화가 창작 주체의 적극적 역할을 배제하고 있다고 비판하고 있는데, 그 근거를 위해 그가 제시하는 임화의 인용문은 전혀 그렇지 않다. 그의 글 50~51쪽을 보면 거기에 나오는 '관념의 결여와 무력'은 작가에 해당하는 것이고, 소설을 '개조'하는 것도 작가의 행위이다.

이식으로 보는 잘못된 면이 있기도 하지만, 우리 문학사의 특수성을 결정하는 내적 계기도 중시하고 있기도 하다.173) 이런 관점에서 본다면, 임화의 본격소설론은 리얼리즘 일반론의 강조로 볼 수 있다.

임화는 생활 실천과 세계관을 매개하는 범주로 리얼리즘 창작 방법이라는 예술 실천을 내걸고, 이러한 실천에 의거해 현실을 '시련의 장소'로 인식했다.

> 문학에 있어 이 방법은 제 주관에 구애되지 않고 현실을 탐구하여 현실 그것의 구조로 작품을 구조하고 현실에서 체험당하는 작가 주체의 시련의 정열로 작품의 정신을 삼는 그러한 방법이다.
> 우리는 한 사람의 주인공이 어떠한 인물일지라도 작가가 미리 그 인물의 운명을 부여하지 않고 그 인물이 부단히 체험하는 현실과의 상관 속에 제 운명이 만들어지는 그런 작품을 인간적, 예술적 리얼리티를 가진 작품이라 한다. 리얼리티란 결코 하나의 죽은 언어가 아니다. 개인과 현실과의 항쟁의 진실성! 고조된 열도 속에 만들어지는 인간적 운명의 박진성, 그것을 리얼리티라 부른다.174)

위의 글에는 본격소설의 핵심적인 성격인 '성격과 환경의 조화'라는 명제가 구체적으로 나타나고 있다. 이 명제는 주체 재건을 모색하는 과정에서 부각된 '현실의 의의'를 탐구하는 과정에서 얻어진 것이다. 위의 인용문에서는 예술 실천이 작가의 생활 실천의 반영으로 간주되고 있다. 그러나 이런 인식은 임화가 주체 재건의

---

173) 나병철은 이 부분에서 임화의 민족문학사관의 단초를 찾을 수 있다고 했다.(나병철, 「임화의 리얼리즘론과 소설론」, 한국문학연구회 편, 『1930년대 문학연구』, 평민사, 1990, 25쪽.)
174) 임화, 「현대문학의 정신적 기축」, 1938. 3.(『문학의 논리』, 117∼118쪽.)

문제 의식으로 전제한 "현재 우리 작가들이 생활실천을 통하여 주체를 재건한다는 사업이 불가능에 가까우리만치 절망적인 상황적 여건"175)이 제대로 고려되지 않은 것으로, 여기서 임화가 말하는 생활적 실천은 단지 예술적 실천의 승리를 보장하는 전제로서 기능하고 있다. 왜냐하면 임화가 말하는 '현실'이란 구체적 현실이 아닌 '추상적' 현실이기 때문이다. 즉, 1930년대 후반의 식민지 파시즘 체제라는 구체적인 시간과 공간의 현실이 아닌, 주체가 실천을 통하여 관계 맺는 보편적이고 추상적인 현실이다.

'현실'이 이렇게 추상화됨으로 인해, 원래 매개 개념으로 전제되었던 예술 실천이 생활 실천에서 완전히 독립하여 자립적인 범주가 됨으로써, 이 예술적 실천이 소설론에서 중대한 문제점을 낳게 되었다. 바로 이러한 이유로 인해서 리얼리즘론에서 소설론이 도출된다.176) 결국 임화의 문학을 통한 현실에 대한 인식은 소설의 형식을 '고전적인 전범'에 지향시킴으로써 묘사와 서술의 문제로 귀결된다.

임화는 묘사를 세계로써의 환경에 대한 분석의 정신으로부터 얻어지는 것으로, 서술을 자아로서의 주인공의 강화된 성격에 의하여 이루어지는 것으로 보았다. 그러므로 소설은 결국 양자의 유기적인 통일체로 형상화될 때 현실의 총체성을 담을 수 있다고 그는 보았다. 만일 서술이 완전히 묘사에 종속되어 버리면 그것은 세태소설이 되며, 반대의 경우라면 내성소설이 된다고 했다.

---

175) 임화, 「주체의 재건과 문학의 세계」, 『동아일보』, 1937. 11.
176) 이훈, 「1930년대 임화의 문학론 연구」, 서울대 대학원 박사학위논문, 1993, 139쪽.

묘사의 정신이란 과학에 있어 분석의 정신이다. 분석은 필연적으로 종합을 전제로 하는 것인데, 이 종합을 주관적으로 하느냐 자연적 경과에 의하느냐 하는데서 '아이디얼리즘'이냐 '레알리즘'이 생긴다. 그러므로 精致한 묘사라는 것이 최후의 어떤 정신이 종합하든지 간에 소설로서의 성질을 획득한다. (중략) 그러나 최초부터 묘사 대신에 서술의 방법을 중시하는 것은 분석하지 않은 과학처럼 항상 상식에서 출발하여 상식에서 끝나는 것이다. 이 오로지 상식적인데 통속소설로서의 특징이 있는 것으로 묘사란 묘사되는 현상을 그 현상 이상으로 해석할려는 정신의 발현이고 상식이란 현상을 그대로 사실 자체로 믿어 버리려는 엄청난 긍정의식이다.[177]

통속소설은 내성소설과는 또 다른 양상을 보이는 것으로, 통속소설에서 주인공의 행동은 현실적 계기에 의한 것이 아니라 '상식', 즉 현상의 논리에 의한다. 통속소설은 '성격과 환경의 분열로써 표현되는 소설 문학의 내적 위기를 통속화의 방법으로 미봉'한 결과로서, '자기류로나마 현재 그 분열을 조화시킨 거의 유일한 문학적 방법'이라는 데 그 의의가 있다. 그러나 이는 '묘사를 통하여 그 줄거리와 사실의 논리를 검증할 필요를 느끼지 않고' 서술을 통하여 안이하게 줄거리를 만들어 낸 것에 불과하다. '조화' 또는 '종합'에의 치중은 소설의 줄거리가 주는 흥미를 추구한 결과로서 곧 통속소설의 원리로서 '자기 분열'의 극복은 '사실의 논리와의 검증', 즉 현실적 계기에 대한 인식에 의하여 이루어져야 한다는 것이 임화의 생각이었다.

임화는 본격소설론을 통해 작가가 주인공의 성격을 창조하는 과정을 통해서 현실의 총체성을 형상화할 수 있다고 하였다. 그러나 그 주인공의 행동 대상이 되는 세계를 묘사하는 작가의 역할에 대

---

177) 임화, 「통속소설의 대두와 예술문학의 비극」, 『동아일보』, 1938. 11. 17~27.

해서는 아무런 규정도 언급하지 않았다는 데에서 결정적인 한계를 노정하고 있다.[178] 이런 임화의 한계는 세계를 분석해 내는 '주체의 정신'에 의한 발자크류의 '리얼리즘의 위대한 승리'를 제대로 이해하지 못한 데서 기인한다. 따라서 임화의 본격소설론은 작가의 의식을 검증해 내는 틀로써는 의의가 있을지 모르나 그것을 통하여 미처 인식되지 못한 현실의 총체상을 파악하지는 못한 한계를 갖는다.[179]

임화가 본격소설의 전범으로 삼은 소설의 양태는 서구의 고전적 의미의 소설이었다.[180] 19세기 서구적 의미의 본격소설은 '성격과 환경, 그 사이에 얽어지는 생활과 부단한 연속에 의해 만들어지는

---

178) 박성준, 「임인식의 문학비평 연구를 위한 시론」, 연세대 대학원 석사학위논문, 1988. 1, 72쪽.

179) 권영민은 임화의 본격소설론이 하나의 관념일 뿐 그 구체적 실현은 불가능하며, 오히려 '성격과 환경의 부조화'에 대한 철저한 인식이 필요하다는 사실을 분명하게 의식하지 못하고 있다고 비판한다.(권영민, 『한국민족문학론 연구』, 민음사, 1988, 320쪽.) 한편 강영주는 임화가 이러한 성격과 환경의 부조화를 자신들에게만 가해진 시대적 질곡이라고 생각하고 있으며, 다시 경향문학이 가능해지면 그 부조화는 얼마든지 해소되리라는 신념에서 벗어나지 못하고 있다고 보았다.(강영주, 「1930년대 평단의 소설론」, 임형택 편, 『한국근대문학사론』, 한길사, 1982, 488쪽.) 이상경은 본격소설론이 구체적 내용이나 지향하는 방향에는 아무런 상관없이 형태론상의 공통점을 가진 어떤 소설 양식을 지칭하는 형식적 개념으로 보고 있다. 또한 임화는 서구 소설사를 하나의 전범으로 받아들여 우리 소설이 이에 전적으로 준하는 발달 과정을 거쳐야 한다는 관념에 사로잡힘으로써, 이식 문학론의 단초를 드러낸다. 본격소설의 본격성을 성격과 환경이 조화될 수 있는 서구적 의미의 서사시적 세계로의 지향으로 파악한 임화가 그 토대의 기준을 서구적 의미로 설정한 것은 당연한 것이었다.

180) 그러나 이런 임화의 논리는 19세기 서구 소설사가 1920년대의 우리 소설사에 하나의 전범이 되어야 한다는 인식을 갖고 있었기에 이식 문학론의 단초를 보이는 것이었다.

성격의 운명이란 것을 소설 구조의 기축'으로 삼았다. 그 결과 19세기 서구적 의미의 본격소설은 '환경을 충분히 묘사하면서 제 사상을 또한 부족 없이 표현할 것을 보장'[181]했다. 즉, 성격과 환경의 조화가 구조의 내부에서 이루어진 고전소설을 모범으로 삼아 본격소설론을 전개한 것이다. 그리하여 '19세기의 문화유물로 돌아가려는 본격소설의 전통은 환경과 작가와의 분열을 다시 회복할 때 문학 정신에 의하여 소생'하여 문단의 위기를 해결할 수 있다는 것이다.

이러한 인식은 임화가 성격과 환경의 부조화를 자신들에게만 가해진 시대적 질곡이라 생각했던 것이며, 다시 경향문학이 가능해지면 그 부조화는 해소되라는 생각을 갖고 있음을 보여준다. 서사문학의 한 장르로서의 소설은 현실을 매우 포괄적이고도 다층적으로 반영하며, 그 속에서 인간적 특성들은 인간을 에워싸고서, 그들의 행위를 결정하는 주변 환경들 내에 존재하는 삶은 광대한 파노라마 속에서 형상화 된다.[182] 임화는 이러한 소설의 특성을 19세기 소설에서 발견하고자 한 것이다. 임화는 소설에 등장하는 인물의 전개 과정이 소설의 구조를 형성한다는 의미로 19세기 소설을 이해하고자 했다. 그러나 그것은 엄격한 의미에서 서구의 근대 소설이 서사시에서 성장·분화하여 발생하는 시기부터 소설이 가지는 일반적 성격에 더 가까운 설명이라고 할 수 있다.

이런 점에서 볼 때 임화의 본격소설론은 루카치가 그리스의 문화를 완결된 문화로 보고 고대소설을 현대소설의 전범으로 삼았던

---

181) 임화, 「최근 조선 소설계의 전망―본격소설론」, 『조선일보』, 1938. 5. 18~25.
182) 오프스니야코프, 이승숙·진중권 역, 『마르크스 레닌주의 미학원론』, 이론과 실천, 1990, 291쪽.

것과 비견된다.[183] 루카치에 의하면 소설의 외적 형식은 본질적으로 전기적이다. 이 전기적 형식을 통해서 소설은 세계의 외적 무한성을 극복하게 된다. 세계의 범위는 한편으로 주인공이 겪을 수 있는 체험의 범위에 의해서 제한되고, 모든 체험은 자기 인식을 위한 과정 속에서 삶의 의미를 향해 나아가는 주인공의 방향에 의해서 유기적으로 조직되기 때문이다. 다른 한편으로 고립된 인간, 의미와 거리가 먼 사회 구조, 그리고 의미 없는 사건으로 이루어지고 있는 비연속적이며 이질적인 요소들은 각각의 요소들이 중심인물과 삶의 전개과정에서 구체화되는 삶의 문제와 관계를 맺음으로써 하나의 통일적인 구조를 획득하게 되기 때문이다.[184]

소설은 개인으로서의 성격과 환경과 그 운명을 그리는 예술이므로 서구적 의미의 완미한 개성으로서의 인간 또는 그 기초가 되는 사회생활이 확립되지 않는 한 소설양식의 완성은 기대할 수가 없는 것이다.

이런 의미에서 진정으로 개성이기엔 다분히 봉건적인 신문학, 또한 개성적이라기 보다는 지나치게 집단적인 경향문학은 결국 조선의 소설양식을 완성할 수 없다. 뿐만 아니라 시민적 개성의 문학을 집단적인 개성으로 여과함으로 제 독특한 (19세기 소설과는 구별되는) 소설(혹은 서사시)을 형성할 경향문학으로써 아직 시민적 의미의 개성도 형성되지 않은 이 땅에서 일을 시작하다는 것은 두려운 모험이었다. (중략) 그러므로 신문학의 후예들 속엔 사회성에서 분열된 형해로서의 개성의 환영이 남게 되고, 경향문학에는 산 개성의 풍요성에서 떨어진 둔중한 사회성의 실체만이 드러나는 것이다.[185]

---

183) 루카치. G, 반성완 역, 『소설의 이론』, 심설당, 1985, 29쪽.
184) 루카치, 반성완역, 『소설의 이론』, 심설당, 1985, 104쪽.
185) 임화, 「최근 조선소설계의 전망 - 본격소설론」, 『문학의 논리』, 224쪽.

임화는 조선에서의 본격소설은 완성된 것이 아닌 완성에의 지향을 하고 있는 것으로 보면서, 이러한 본격소설이 조선에서 신문학 발생 이후 하나의 전통이었다고 파악한다. 고전적인 자본주의를 경험한 서구에서는 19세기 발자크의 소설에서 본격소설의 완성을 볼 수 있었지만, 그들과는 달리 시민 혁명기를 거치지 못한 조선에서는 각기 다른 두 가지 흐름이 혼재되어 나타났다고 보았다.

임화는 경향 문학까지를 비판하면서 불충분하나마 이러한 본격성을 유지시키는 작가들로 이광수, 이태준, 염상섭, 김동인 등의 부르주아 민족 문학의 계열과 최서해, 한설야, 이기영, 송영, 김남천 등의 프로문학(경향소설)계열의 사람들을 지적했다. 순서상으로 보면 프로문학이 부르주아 문학이 달성하지 못한 과제를 이어받고 있는 셈이며, 그것의 극복 형태인 '집단적인 개성'을 실현할 또 다른 과제를 안고 있었다.

임화는 이들 양 조류가 모두 소설의 근대적 전통이 수립되지 않은 조선 사회에서 제 문학을 세워 가려고 한 점, 상호간의 큰 차이에도 불구하고 이 두 계열이 '소설 그것의 완성을 통하여 현실을 묘사하고 제 자신을 표현해 가지 아니할 수 없었던 점', 즉 본격소설의 완성을 지향하고 있다는 점에서 공통적이라고 평가한다.[186]

임화는 이러한 본격소설에의 지향을 역사적 과정, 즉 문학 부문에서의 '근대적인 것의 완성을 도모코자 하던 광범한 노력의 일부면'으로 간주한다. 다시 말하면, 이 양 경향이 모두 본격소설의 형태를 이룰 수 있었던 것은 작가들이 현실에 대한 적극적인 열의와

---

186) 이러한 임화의 논지는 사상성, 당파성을 무화한 것으로, 양식으로만 그 특성을 파악하여 부르주아 문학과 프로문학을 본격소설로 보는 오류를 범하고 있다. 그러나 임화가 과거의 문학적 유산을 고려하여 문학사의 흐름을 보는 관점은 긍정적인 것이라 할 수 있다.

희망을 갖고 문학을 사상으로 이해했기 때문이라는 것이다. 그러나 양자가 본격소설의 이상을 온전히 구현하지는 못했는데, 그것은 '서구적 의미의 완미한 개성으로서의 인간 또는 그 기초가 되는 사회 생활이 확립되지 않았'기 때문이다.

이런 관점에 의하면, 조선의 소설은 조선 현실의 내재적 조건 위에서 필연적으로 나온 것이 아니고, 이식되었기 때문에 결코 완성된 것일 수는 없다. 그러나 이런 임화의 관점은 양면적 평가가 가능하다. 먼저, 과거의 문학적 성과와 전통을 과소평가했다는 점이다. 이것은 임화가 근대적 전통의 결여(토대적인 미숙성)가 조선 근대문학의 이식성을 가져왔다고 보는 태도와 관련된다. 그러나 이 태도는 한국 근대소설사에서 개성의 발달에 의한 본격소설의 현상을 분명히 볼 수 있다는 측면에서 볼 때 오류이다. 반면에 근대적 전통이 수립되지 않은 문학적 상황에서 본격소설이란 틀로서로 대립하는 문학적 경향을 포괄하려는 민족문학적 사고의 단초를 제시했다는 평가를 할 수 있다.

임화는 양 경향의 공통성을 형식상의 공통성에 국한시켜 논의한다. 임화가 이처럼 하는 이유는 이들의 공통적인 노력의 차별성을 지적하기 위해서이다. 양 경향이 격렬한 정신적·사상적 대립에 있으면서도 근대성을 지향하려는 공통적인 노력을 하였지만, 여전히 그들사이에는 차이가 있음을 지적한다. 경향 문학은 형식상의 노력에 무의식적이었지만 내용 위주의 근대성을 확보하려는 가운데 형식적 근대성에 접근하였고, 신문학은 형식주의적으로만 의식적인 채 근대적인 소설형을 갖추려고 했다는 것이다.[187]

이들의 차별성은 특히 양 경향이 가지고 있는 정신적·이념적

---

187) 임화, 『문학의 논리』, 학예사, 1940, 372쪽.

경향성의 차이에서 두드러진다. 신문학이 '내셔널리즘'에 입각한 반면, 경향 문학은 '소셜리즘'에 기울어져 있었던 것이다. 이런 맥락에서 임화는 신문학과 경향문학을 근대정신의 확립이라는 동일한 차원에서 서로 다르게 평가한다. 신문학이 '형식적·가구적 의미의 완성'이라고 한다면, 경향 문학은 '내용적·실질적 의미의 완성에의 노력'이었다고 평가한다.

이러한 평가는 대단히 중요한 것인데, 이것은 임화가 근대 정신을 어떤 관점에서 바라보았는가와 연관되기 때문이다. 부르주아 의식이 철저한 근대성을 지향할 수 없는 객관적인 한계를 가지고 있는 반면, 경향 문학은 이러한 근대성을 실질적 내용 측면에서 완성할 수 있었다. 물론 그렇다고 하여 임화가 내용과 형식의 변증법적 관계를 무시한 것은 아니다. 다만 그는 형식에 대한 내용의 궁극적 선차성을 강조한 것이다.[188]

따라서 그는 '내용의 의미에 있어서 진실로 최량의 의미로 해석된 근대 정신의 확립 없이는 소설 형식은 완성되지 않는 것'[189]이라고 하면서, 부르주아 민족문학과 프로문학을 근대 정신이라는 차원에서 서로 다르게 평가하고 있다. 이러한 임학의 문학사론에는 서구 문학의 준거 틀로써 우리 근대 문학의 성과를 다소 폄하하는 태도를 함의하고 있기도 하다. 그러나 임화가 우리 근대문학사의 특수성에 입각하여, 본격소설 지향의 두 흐름을 형식상의 공통점에 주목하여 논의하고, 이에 따라 문학사적 특수성을 밝혀낸 것은 명확한 역사 인식의 소산이라 할 수 있다.[190]

---

188) 김형숙, 앞의 논문, 64쪽.
189) 임화, 「본격소설론」, 『문학의 논리』, 학예사, 1940, 221쪽.
190) 나병철, 앞의 글, 26쪽.

임화는 근대라는 물질적 토대의 취약함을 '서구적 의미의 완미한 개성으로서의 인간 또는 그 기초가 되는 사회 생활'의 불철저함으로 표현하고 있다. 이는 결국 부르주아 민주주의 변혁 단계(자주적 근대화)를 거치지 못한 것, 즉 근대의 특수성에 대한 강조를 하는 것이라 할 수 있다. 임화에게 있어서 전형의 창조란 개성적 인간의 창조와 관련되는데 이것은 근대 시민사회를 전제로 한다. 임화가 말하는 '시민적 의미의 개성'은 봉건적 윤리와 도덕, 그리고 계층적 질서에 종속된 인간과는 구분되는 개별화된 인간과 관련된다. 또한 고립된 개인이라는 의미를 동시에 내포한다. 그러므로 그러한 인간은 고립된 개인성에서 사회적 본질(사회성)을 파악하는 개성과는 거리가 있다.

요컨대, 임화는 봉건적 속박에서 해방된 자유로운 개인이 고립된 개인으로서가 아니라, 사회적 존재로서의 자신을 자각하는 역사적 개인으로 성장하기에는 역사적·사회적 한계가 있다고 생각했다. 이 때문에 경향문학은 제한적일 수밖에 없다고 본다. 경향문학은 주인공의 운명을 통해서 작가의 사상을 표현하는 본격소설을 지향하고 있었다. 그러나 성격의 개조 과정, 운명이 변화할 때의 미묘하고 깊은 내용을 이해하지 못하였기 때문에, 예술적으로 미숙한 작품을 만들 수밖에 없었다. 이것은 경향문학이 현실을 제대로 파악하지 못한 사상을 표현한 것이다.

경향문학의 과오는 과도하게 '의지'만을 내세우고. 이 '의지'를 역사적 조건하에서 보편화시키지 못한 데 있다. 말하자면, 세계를 인식하고 그에 맞는 새 의지로써 세계를 변혁시키려 했음에도, 아직 세계를 충분히 알아내지 못했기 때문이다. 그 결과 경향문학에서는 의지와 현실 사이에 괴리가 생겼고[191], 사상과 문학이 조화를 상실하였다.

그러나 임화가 시민적 개성에 대해 강조했다는 점을 들어, 그가 경향문학의 역사적 의미를 무시했다고는 볼 수 없다.[192] 임화는 토대의 조건 속에서 시민 문학이나 경향문학이 완전한 의미의 전형적 인물, 즉 역사적-사회적 본질을 체현하는 개별적 존재를 형성할 수 없었음을 지적했다. 임화는 이러한 근대문학의 역사적 한계에 대한 분석을 통해서, 이후의 문학적 과제를 '개성적인 것과 사회적인 것의 통일'로 설정했다. 임화는 개성의 사회성을 무시하지 않았고, 개별화된 개성이야말로 사회적 본질을 체현하는 전형적 인물로 나타난다고 보았다. 그러나 임화가 말하는 개성이 역사적으로 개별화된 프롤레타리아의 개성인지, 완전한 시민적 의미의 개성인지는 불분명하다.[193]

그럼에도 불구하고 임화가 제출한 본격소설론은 우리 근대소설사가 결국 문학적 근대성의 완성을 위한 과정이었음을 검토한 후, 당대 문학이 나아갈 바를 리얼리즘 소설의 완성을 지향하는 것이 되어야 한다는 의도에서 나온 것이었다. 근대적인 소설의 완성을 이루지 못한 채 소설이 와해되어 가는 국면에서, 그는 당대의 소설사적 과제가 '본격소설'에 놓여 있음을 분명히 한 것이다.[194]

---

191) 임화, 「현대문학의 정신적 基軸」, 『문학의 논리』, 103~112쪽.

192) 김병구, 앞의 논문, 66쪽.

193) 이러한 모순적이고 모호한 개념의 사용은 그의 이론을 정확히 파악하는 데 어려움을 준다.

194) 김남천 역시 '부르주아 시대의 서사시'라는 근대소설의 개념에서 출발하는데, 그가 제안하는 것은 '로만개조론'이다. 즉, 그는 '풍속 개념의 재인식, 가족사-연대기'를 통한 로만 개조의 길을 제시하면서, 이를 통해서 조선의 소설은 '로만의 위기'에서 벗어날 수 있다고 했다. 요컨대 그는 임화가 제기한 고전적 본격소설을 극복·지양한 새로운 소설의 형식을 추구하고 있었다.

따라서 임화는 작가들에게 자기 자신을 '사회적 추진 동력의 일부분으로, 하나의 힘의 체현자'로서 인식하라고 역설한다.[195] 그러나 본격 소설론을 사회적 추진의 동력으로 적용하기에는 현실적인 제약이 너무 많았다. 이는 그가 현실적인 제약을 충분히 고려하지 못한 채 본격소설의 기준을 서구의 19세기적 시민 소설에 두었기 때문이다.[196]

이 무렵 임화는 작가의 이상과 모순되는 현실을 정확하게 그림으로써 인생에 대한 절망적인 파악에 도달하는 소설을 바람직하지 못한 것으로 보았다. 이런 임화의 인식은 그가 내세운 19세기 서구의 본격소설이라 할 수 있는 발자크의 '리얼리즘 승리론'과 모순되는 일면을 보여준다. 이러한 임화의 모순성은 그가 19세기의 본격소설을 논하면서 사회주의 리얼리즘에의 집착을 아직도 버리지 못한 것으로 볼 수 있다.[197]

그렇지만 임화의 이런 논지는 파시즘의 강화로 인해 사회주의 사상이든 민족주의 사상이든 '사상' 그것 자체만 가지면 된다는

---

195) 임화의 본격소설론에 대해 김남천은 우리의 상황에서 얻기 어려운 서구적 개성을 본격소설을 위한 불가분의 조건으로 내세움으로써, 조선에서 본격소설의 완성은 불가능하다는 결론에 도달했다고 비판했다.(김남천, 「현대 조선소설의 이념」, 『조선일보』, 1938. 9. 11.) 그러나 임화는 우리 사회가 장차 서구적인 개성을 지향할 것이며 완성에의 이상과 가능성을 잃지 않았다고 보았다.

196) 임화의 이런 인식은 서구의 소설형을 통해 우리 문학사를 살피는 가운데 구체적인 역사적 관점에 근거하고 있다는 점과 1930년대 후반기의 혼란 속에서도 그가 여전히 리얼리즘을 견지하여 역사적 필연성을 직시했다는 측면에서 본다면, 그가 절망론에 빠졌다고 보는 논리는 타당하지 못하다. 임화의 이런 인식을 절망론으로 보는 관점으로는 이현식, 송광미, 이훈 등이 있다.

197) 강영주, 앞의 논문, 12쪽.

범주로 귀착되며, 이 범주를 위해서는 '생활의 적극성'이 작가에게 요구된다고 하였다. 그러므로 임화는 '생활에 대한 적극성' 대신 현실에 대해 고통만 그리고 있는 것을 본격성의 상실로 보았다. 이런 임화류의 '생활에 대한 적극성'은 작품에서는 인물을 통해서 나타나게 된다.

문학을 현실의 반영이라 할 때 주체와 객체의 상호 작용에 의해 현실의 본질은 파악될 수 있다. 이러한 상호 작용의 토대가 되는 것은 실천이다. 임화는 실천을 '생활적 실천'과 '예술적 실천'으로 나누고, 작가의 경우에는 '예술적 실천', 즉 작품의 창작을 통해서 현실의 본질을 파악해야 한다고 했다. 그리고 이러한 실천으로 전체 운동에 기여할 수 있다는 인식하에, 소설론을 제기한다. 임화는 생활적 실천과 세계관을 매개하는 범주로 리얼리즘 창작 방법이라는 예술적 실천을 내걸고, 이러한 실천에 의거해 현실을 '시련의 장소'로 인식했다.

> 문학에 있어 이 방법은 제 주관에 구애되지 않고 현실을 탐구하여 현실 그것이 구조로 작품을 구조하고 현실에서 체험당하는 작가 주체의 시련의 정열로 작품의 정신을 삼는 그러한 방법이다.
>
> 우리는 한 사람의 주인공이 어떠한 인물일지라도 작가가 미리 그 인물의 운명을 부여하지 않고 그 인물이 부단히 체험하는 현실과의 상관 속에 제 운명이 만들어지는 그런 작품을 인간적, 예술적 리얼리티를 가진 작품이라 한다.
>
> 리얼리티란 결코 하나의 죽은 언어가 아니다. 개인과 현실과의 항쟁의 진실성! 고조된 열도 속에 만들어지는 인간적 운명의 박진성, 그것을 리얼리티라 부른다.[198]

---

198) 임화, 「현대문학의 정신적 기축」, 『문학의 논리』, 학예사, 1940, 117~118쪽.

위의 글에는 본격소설의 핵심적인 성격인 '성격과 환경의 조화'라는 명제가 구체적으로 나타나고 있다. 이 명제는 주체 재건을 모색하는 과정에서 부각된 '현실의 의의'를 탐구하는 과정에서 얻어진 것이다. 위의 인용문에서는 예술 실천이 작가의 생활 실천의 반영으로 간주되고 있다. 그러나 이런 인식은 임화가 주체 재건의 문제 의식으로 전제한, '현재 우리 작가들이 생활실천을 통하여 주체를 재건한다는 사업이 불가능에 가까우리만치 절망적인 상황적 여건'[199]이 제대로 고려되지 않은 것이다.[200] 여기서 임화가 말하는 생활적 실천은 단지 예술적 실천의 승리를 보장하는 전제로서 기능하고 있기 때문이다.

임화가 말하는 '현실'이란 구체적 현실이 아닌 '추상적' 현실이다. 즉 1930년대 후반의 식민지 파시즘 체제라는 구체적인 시간과 공간의 현실이 아닌, 주체가 실천을 통하여 관계 맺는 보편적이고 추상적인 현실이다. '현실'이 이렇게 추상화됨으로 인해, 원래 매개 개념으로 전제되었던 예술적 실천이 생활실천에서 완전히 독립하여 자립적인 범주가 된다. 이렇게 됨으로써 예술적 실천은 소설론에서 중요한 문제점을 낳게 된다. 바로 이 점에서 소설론이 리얼리즘론에서 도출된 것이다.[201]

그러나 문제는 정작 그것의 의미보다는, 그 마지막 도달점에서 드러나는 임화가 제기한 리얼리즘론의 운명이다. 먼저 소설론 내에서의 문제를 보자. 임화가 앞서 진단한 '작가들의 현실에 대한 무력'이 작품에서는 '성격과 환경의 분열'로 나타난다. 곧, 작가의

---

199) 임화, 「주체의 재건과 문학의 세계」, 『동아일보』, 1937. 11.
200) 이훈, 앞의 논문, 38쪽.
201) 이훈, 앞의 논문, 139쪽.

문제와 작품의 문제가 일치되고 있다. 그러나 임화의 이러한 평가는 세밀한 원인 분석 끝에 내려진 결론이라기보다는, 양자를 무매개적으로 동일시하고 있다고 할 수 있다.

이와 같은 동일시는 좀더 거슬러 올라간다면, 주체 재건론으로까지 연결되고 있다. 앞서 임화는 리얼리즘적 실천을 통한 주체 재건이라는 자신의 방법론에 대하여 구체적인 실례를 제시한 바 있다.

> "예(例)하면 우리가 우리와 같은 인물을 가정하여 그 인물이 오늘의 현실 가운데 무엇을 체험하고 그 체험은 그 인물의 성격을 어떻게 개조하며 전체로서 그의 운명은 어떻게 결정되는가를 표시하는 것이 바로 우리가 주체를 문학적으로 처리하는 방법일 뿐 아니라 현실을 주체적으로 이해하는 과정이다. 왜 그러냐 하면 그런 작품은 우리의 생의 과정 그것의 반영이며 주인공의 정열은 우리 자신의 정열의 재현이기 때문이다"[202]

여기에서 '우리와 같은 인물'은 과거 사회주의 운동의 경험이 있는 인물을 가리킨다. 물론 예로서 든 소재이기는 하지만, 작가 자신과 작가의 문학하는 방법을 작중 현실로 옮겨 놓기를 바라는 임화의 의도가 읽힌다. 그것이 '묘사로서의 의식론'을 거쳐서 본격 소설론으로 나아가는 동안, '작가와 현실의 항쟁'(곧 예술적 실천)에 대한 요구는 '묘사와 의식의 통일'에 대한 요구로 이어졌다. 이 과정은 앞에서 이야기했듯이, 임화의 리얼리즘론이 구체적 창작 현실 속에 적용되어 온 과정이었다. 그러나 그 과정에서 임화의 리얼리즘론은 현저히 현실 적응력을 상실하고 만다. 그것이 두드러

---

202) 임화, 『문학의 논리』, 118쪽.

진 것은 성격론으로의 전화에서이다.

앞서 우리는 '묘사로서의 의식론'이 규범적 형상화 방법으로 전환되는 경향을 단초적으로 드러내고 있다고 평가한 바 있다. 그 경향이, 마지막 단계인 성격론으로의 전화에서 증폭되고 있다. 작가의 의식과 현실의 묘사 사이의 통일에 대한 요구가 이상적인 작품의 내적 형식에 대한 규범으로 전환되었다. 이와 같은 규범으로는 작품에 드러나는 작가의 세계관적 문제를 올바로 파악할 수도 없으며, 나아가 그것이 작가들에 대한 올바른 지도 비평을 방기하는 정반대의 결과를 야기하게 되었다.203)

이와 같은 규범화의 오류는 다른 한편으로는 작가의 무력에 대한 변호론적인 태도로 이어진다. 곧, 작가의 세계관에 책임을 물어야 할 문제를 작품 내 주인공의 문제로 떠넘겨 버리는 것이다. 본격 소설론에서 진단된 바로는, 이전의 경향문학 작가들의 적극성 결여는 심각한 것이었는다. 그런데 임화는 이를 직접적으로 비판하지 않고, 작중 성격의 결여라는 진단으로 우회하고 있다.

임화가 지향하는 본격소설은 성격과 환경 및 그 사이에 얽히는 생활의 부단한 연속에 의해 만들어지는 성격의 운명을 소설의 기본 구조로 삼는 것이다. 그리고 그 구조를 통해서 작가의 사상을 표현하는 소설이다. 임화는 본격소설론을 '성격과 환경의 조화'로, '개성적인 것과 사회적인 것의 통일'이라는 전형 개념으로, 그리고

---

203) 임화는 「본격소설론」에서도 세태와 내성에 대한 구체적인 대안을 제시하지 못하였다. 또한 「현대소설의 주인공」이란 글에서도, '성격과 환경의 조화'라는 틀을 내세워, 양자가 조화되지 않고 상극하고 있는 일군의 전향소설에 대하여 현저하게 비평적인 무기력을 드러내고 있다. 새로운 전향소설의 경향에 대한 현상 분석은 하였지만, 그 새로운 현상들에 대한 비평적 지도는 거의 방기하고 있다.

본격문학의 기초가 되는 '사상성'으로 파악한다. 임화가 강조하는 사상성은 작가 정신이다. 임화는 리얼리즘을 현실의 객관적 반영을 통한 작가의 사상적 표현으로 상정하고서, 리얼리즘을 '시대의 정신적 조류' 혹은 '문학 정신'으로 연결시켜 생각한다. 이러한 사상은 임화에게 곧 문학의 원천으로 이해된다. 세태소설에 대한 비판에서 이런 임화의 생각은 보다 분명해진다.

그러나 임화의 본격소설론은 실천적 맥락에서 분명한 한계를 지니고 있다. 즉, 실제적인 창작을 위한 구체적인 창작방법을 결여하고 있다. 따라서 사상성의 감퇴나 세계관적 문제점을 지적하고 그것에서 탈피한 본격소설을 요구하는 그의 주장은 당위론적 차원에 머물고 있을 뿐, 현실성 있는 창작 방법으로 이어지지는 못하고 있다. 임화의 소설론이 절망론으로 이해되는 것도 바로 이 점 때문이다.204)

또한 본격 소설이라는 정통적인 리얼리즘 소설을 유일한 방법으로 고집하여 그것을 준거로 함으로써, 당대의 리얼리즘적 성과였던 홍명희의『임꺽정』이나 채만식의『태평천하』같은 소설들을 세태소실이라고 지니치게 폄하하는 오류를 범하고 있다. 채만식의 풍자 소설은 임화가 설정한 본격소설의 기준으로 보면 세태묘사의 소설에 속하지만, 그와는 다른 측면에서는 당대의 중요한 리얼리즘적 성과였다. 그런데 임화는 풍자와 같은 우회적인 방법을 외면한 채, 본격소설의 모델만을 주입함으로써 절망론으로 점차 다가간다.

결론적으로 이야기하자면, 임화의 리얼리즘론은 이론적으로 달

---

204) 나병철, 「임화의 리얼리즘론과 소설론」,『1930년대 문학 연구』, 한국문학
  연구회 편, 평민사, 1993, 28쪽.

성된 성과를 구체적인 현실에 적용(비평을 통해 창작을 지도)하는 데 실패하였다고 평가할 수 있다. 그렇다고 하여 본격소설론 및 성격론의 구도가 전적으로 잘못되었다고 할 수는 없다. 오히려 소설론의 측면에서 보자면, 매우 유용한 분석 틀이 될 수 있다. 그럼에도 불구하고 문제가 되는 것은, 본격 소설들을 리얼리즘론과 결합시켜 구체적인 창작 이론과 비평 방법론으로 전화시키는 데 실패했기 때문이다. 이러한 실패는 그의 리얼리즘론이 갖는 한계와 밀접히 연관된다.

현실 적응력의 한계는 이론상의 편향과 무관할 수 없다. 임화의 리얼리즘론이 갖는 허점이 여기서 드러난다. 이처럼 임하의 리얼리즘론이 현실에 적용되지 못한 근원에는, 그의 리얼리즘론 자체에서 규정된 세계관과 현실의 의미가 충분히 구체적이지 못했기 때문이다. 현실에 대한 구체적 분석과 결합하지 않을 때, 추상성이 높은 이론은 현실을 장악하기가 어려운 법이다.

임화는 현실에 따른 구체적인 적용으로 나아갔으나, 추상적인 방법론을 규범적으로 적용함으로써 현실과의 연관성을 상실한 채 현실 적응력을 잃고 말았다. 곧, 임화의 리얼리즘론은 세계관과 현실의 결합이라는 과제를 ‘주체성’이란 개념을 통해 작가 개인에게 요구하였을 뿐, 그것이 어떻게 성취될 수 있는가에 대해서는 침묵할 수밖에 없었다. 이럴 경우 세계관은, 더욱이 ‘실천의 마당에서 산새처럼 떠나간’[205] 적이 있는 세계관은 작가들에게 유용한 길잡이가 되어 주지 못한다.[206]

---

205) 임화, 『문학의 논리』, 49쪽.
206) 신두원, 앞의 논문, 52~56쪽.

다. '성격과 환경의 조화'와 전형론

임화가 제기한 본격소설론은 또한 성격론으로 발전되었다. '성격과 환경의 조화'라는 유명한 명제로 수렴되는 성격론은 엥겔스의 발자크론에 기대고 있다. 이 성격론은 한편으로는 전형론의 구체화로 이해될 수 있으면서도, 또 다른 한편으로는 '조화'라는 단어의 이중 효과로 인하여 다양하게 해석될 수 있는 소지가 있다.207) '사상과 예술의 조화'가 현실의 내적 진행과 작가의 세계 인식의 동일성 추구로 나타난다고 했을 때, 소설 장르에서 이러한 동일성의 추구는 등장인물과 소외된 허구적 현실과의 관계 속에서 형상화 된다. 또한 그 관계성 속에서 인물의 성격 발전이 합리적으로 인지될 수 있다.

이와 같은 방식으로 창조된 성격의 형상이야말로 현실적 구조에 내재한 현실적 인물이 될 수 있다. 인물은 행위 속에서 자신의 사회적 본질을 드러내는데, 인물은 자신을 행위하게 만드는 환경의 존재 없이는 존재할 수 없기 때문이다. 임화는 이와 같은 의미에서 '성격과 환경의 조화'는 일차적으로 인물(성격) 및 그를 둘러싼 환경과의 유기적인 교섭을 의미한다고 본다. 이러한 견해는 루카치의 "행위함으로써 비로소 인간은 자신의 실제적 본질, 즉 의식의 실제적 형식과 실제적 내용을 자신의 사회적 존재를 통해서 나타낼 수

---

207) 예컨대 강영주는 '조화'라는 말의 효과를 다중적으로 해석하여 (1) 자아와 세계의 끊임없는 갈구의 표현을 소설 장르의 본질로 임화가 파악한 것, (2) 10세기 본격소설 특히 영웅 서사시적 경향의 소설을 이상형으로 생각한 것 혹은 (3) 19세기 서구의 고전적 로만을 이상시했던 것 등으로 다양하게 파악될 수 있다고 보았다.(강영주, 「1930년대 소설론고」, 서울대 대학원 석사학위논문, 1976, 16쪽.)

있다."208)는 소설 구성적 명제와 유사한 의미를 갖는다.

> 소설은 개인으로서의 성격과 환경과 그 운명을 그리는 예술이므로 서
> 구적 의미의 完美한 개성으로서의 인간 또는 그 기초가 되는 사회생활이
> 확립되지 않는 한 소설양식의 완성은 기대할 수 없는 것이다.209)

성격은 임화에게는 언제나 전형적 성격을 의미한다. 임화는 '성
격이란 언제나 전체를 일신상에 체현하는 개인'이라고 규정한
다.210) 이것은 전형적 인물을 의미한다. 임화가 모든 서술에서 성
격이라고 한 것은 대체로 전형적 인물을 가리킨다. 그러나 전형적
인물은 상황과의 관계 속에서 형성될 때만 그 전형화가 이루어진
다. 사회 생활의 본질적 법칙을 파악하고 진리를 인식하고 발견하
는 것은 전형을 통해서 가능하다.

전형은 개별을 통하여 일반을 반영하고 구체적 예술 형상을 통
하여 보편적 사회법칙을 반영한다. 진실하게 시대의 본질적 특징
을 파악하는 것은 전형적 환경을 묘사하는 데 가장 중요한 요인이
된다. 계급 사회에서 사회 발전의 본질적 법칙은 계급 투쟁에 있
으므로, 계급 사회에서 전형적 환경은 인물의 계급 관계와 계급
지위의 환경을 본질적으로 반영할 수 있어야 한다. 또한 인물의
전형성을 확보하기 위해서는 계급 사회인 전형적 환경 안에서 생
활하는 인물에게 계급성을 부여해야 한다. 어떤 계급적 문학이든
지 그 계급의 입장과 관점에서 출발하게 되며, 그들이 속한 계급
성을 지니게 된다. 그러므로 전형적 환경에서 전형적 인물을 묘사

---

208) 루카치, 반성완 역, 『소설의 이론』, 심설당, 1985, 131쪽.
209) 임화, 『문학의 논리』, 학예사, 1940, 375쪽.
210) 임화, 「소설문학의 이십년」.

하여 당대 현실의 본질적 법칙을 파악하고 사회 생활을 총체적으로 반영하기 위해서는, 전형적 인물의 계급 본질을 충분히 밝혀내야 한다. 또한 그의 계급 투쟁이 일어나는 의도와 경향을 밝혀내야 한다.

요컨대, 문학의 본질을 현실의 총체적 반영에 둔다면 리얼리즘에 입각한 소설이 되어야 한다. 그러한 소설은 인물이 작가의 주관에 구애되지 않고, 작품의 현실에서 인물이 생활하면서 겪게 되는 체험을 통해 인물의 운명이 결정되도록 묘사하는 것이다. 그때 성격과 환경의 관계는 '조화'를 이루어야 한다. 성격과 환경이 조화를 이룰 때만 당시의 소설에서 보이는 작가가 말하려고 하는 것과 그리려고 하는 것 사이의 분열을 극복한 리얼리즘 소설이 될 수 있다.

임화의 전형론이 갖는 가장 큰 특징은 '성격과 환경의 조화'를 소설론의 중심 명제로 상정하는 것이다. 따라서 그의 전형론은 기본적으로 인물과 환경의 관계하에서 이루어지는 전형성의 개념에 초정을 두면서도, 전형적 성격의 창조가 어떻게 가능한가에 더 중점을 두고 있다. 이는 과거의 카프의 문학론이 주로 성격의 창조를 핵심적인 문제로 되삼아 왔던 사실과 무관하지 않다. 즉, 과거의 문학론이 긍정적 주인공의 창조를 과제로 삼았던 데 비해, 이 시기에는 긍정적인 주인공의 창조가 가능한가 하는 점이 문제가 되었다.[211]

---

211) 예를 들어, 김남천의 경우 긍정적인 인물이 불가능하므로 과거에서 그러한 인물을 찾고자 하면서 『大河』를 집필하게 된다.(김남천, 「문학건설 좌담회」, 『조선일보』, 1939. 1. 3.) 안함광도 역시 전형론을 성격론을 중심으로 발전시키고 있다.(안함광, 「문단시평 — 성격구조와 허구성의 요구」, 『조선일보』, 1938. 12. 17)

임화에게는 전형의 창조란 개성적 인간의 전제 없이는 불가능한 것으로 받아들여졌다.[212] 그리고 그 개성적 인간은 시민사회를 전제로 하는 것이다. 임화가 '시민적 의미의 개성'을 강조하는 것은 여기서 시민적 개성을 모범으로 삼고자 하는 의도는 아니다. 시민적 의미의 개성이란 봉건적 윤리와 도덕 그리고 계층적 질서에 종속된 인간과 구분되는 개별화된 인간이라는 의미 외에 고립된 개인이라는 의미를 동시에 내포한 것이다. 그렇기 때문에 그러한 인간을 고립된 개인성에서 사회적 본질(사회성)을 파악할 수 있는 개성관과는 구분되는 것이었다. 임화는 '인물과 환경의 조화'가 이루어질 때 개성적인 것과 사회적인 것의 통일로서의 예술적 전형성이 구현될 수 있다고 보았고, 그러한 소설을 본격소설이라고 했다. 그리고 이러한 예술적 전형성은 소설 내적으로 성격(인물)과 환경이 조화를 이룰 때에만 획득될 수 있다고 보았다.

이처럼 임화는 객관적 상황이 악화됨에 따라 경향문학이 퇴조함으로써 성행하게 된 세태와 내성소설에 대한 대안으로 본격소설을 당면의 과제로 제시한다. 그리고 본격소설을 작품의 구조 측면에서 '성격과 환경의 조화'를 이룬 소설로 상정하고 있다.[213]

---

212) 루카치에 의하면 전형이란 보편자와 개별자를 유기적으로 포함하는 종합으로서의 특수성의 범주이다. 이런 전형의 개념을 근거로 한다면, 임화가 상정한 전형의 개념은 타당하다.(루카치, 이승용 역, 『미학서설』, 실천문학사, 1987, 253~264쪽.)

213) 이처럼 프로문학의 퇴조를 사실로 인정하고 제출된 본격소설을 두고 사회주의 리얼리즘론의 구체화라고 하는 것은 옳지 않다. 본격소설을 사회주의 리얼리즘으로 판단할 수 있는 근거가 너무 미약하고, 더구나 '구체화'라고까지 하는 것은 지나친 해석이다.(민경희, 「임화의 소설론 연구」, 서울대 대학원 석사학위논문, 1990, 하정일, 「30년대 후반 사회주의 리얼리즘론의 발전과 반파시즘 인민전선」, 『창작과 비평』, 1991년 봄호, 342~346쪽.)

그러므로 작가로선 환경을 충분히 묘사하면서 제 사상을 또한 부족없이 표현할 것을 고전적인 소설의 구조가 보장했다고 생각할 수가 있다. 요컨대 구조 내부에 조화가 있었다.

묘사(환경의!)와 표현(자기의!)의 하모니! 이것이 고전적 소설의 시적 기초였다면, 이 하모니의 소멸 혹은 분열과 더불어 고전적인 소설을 쓰는 작가가 다시 출현하지 않은 것은 주지의 또한 자연스런 일이라 할 수 있다.214)

위의 글은 작품 구조 내부의 조화가 작품 외부의 환경, 작가와의 분열이 생기지 않음게 함으로써, 작가의 사상이나 의도가 작품의 구조 자체 내에서 자연스럽게 실현되게 한다는 논지이다. 따라서 위의 글은 '성격(인간, 주인공)과 환경의 조화'라는 규정으로 집약된다.

임화가 말하는 '성격과 환경의 조화'는 두 가지 측면에서 이해할 수 있다. 첫째, '전형적 환경에서의 전형적 인물'이라는 리얼리즘에 대한 엥겔스의 명제를 근간으로 하여, 환경에 걸맞은 성격의 창조를 강조한 것이다.215) 그 해답은 『황혼』과 『청춘기』에 대한 임화의 평가에서 찾을 수 있다. 즉 임화는 반영론적인 관점에서 "새로운 성격의 형성을 위해서는 언제나 새로운 환경이 필요"216) 하다는 기준을 갖고, 긍정적 인물들이 현실과 대결하는 세계인 한설야의 『황혼』보다 '우수와 암담과 희망이 적은 세계'와 '무위와 피곤과 辯說의 인간들'의 세태를 우수하게 그린 『청춘기』를 고평하고 있다.217) 즉, 임화는 성격과 환경의 조화라는 틀을 갖고서 『

---

214) 임화, 「본격소설론」, 『문학의 논리』, 학예사, 1940, 367~368쪽.
215) 민경희, 앞의 논문, 54~57쪽.
216) 임화, 『문학의 논리』, 학예사, 1940, 565~566쪽.
217) 임화, 「한설야론」, 『문학의 논리』, 학예사, 1940, 568~569쪽.

황혼』을 '인간들이 죽어가야 할 환경 가운데서 인간들을 살려내어' 성격과 환경의 괴리가 발생했다고 했다.

그러나 임화의 이런 평가는 본격소설인 『황혼』을 세태소설인 『청춘기』보다 낮게 평가한 것으로, 1930년대 말의 상황에서 '성격과 환경의 생생한 갈등'을 그리는 것이 불가능하기 때문에, 본격소설을 목표로 제시하면서도 그것의 실현 불가능성을 주장하는 자가당착에 빠지고 있다.218)

이들 작품을 평가하는 데 기준이 되었던 것은 19세기 서구의 고전적 소설을 쓴 발자크에 대한 엥겔스와 레닌의 평가였다. 임화는 엥겔스와 레닌의 평가를 자신의 본격소설론에 원용하여 당시의 작품들을 평가한다. 엥겔스는 원래대로 추종하는 귀족의 몰락이 필연적임을 인식하고, 그들이 속물적인 벼락 부자들의 공격에 굴복하고 타락하는 형상을 통해 프랑스 사회의 역사를 발자크가 완벽하게 배치해 놓은 점, 더구나 그가 진정한 미래적 인간들을 당대에서 찾았다는 점에서 발자크를 위대한 작가라고 평한다. 이것을 '리얼리즘의 승리'라고 보는 엥겔스는 리얼리즘이 세부의 진실성과 함께 전형적 성격들의 진정한 재현이라고 말한다.219) 여기서 엥겔스가 발자크의 작품을 리얼리즘의 승리라고 하는 것은 작중인물을 살아 움직이게 하는 능력, 작가가 지닌 이념의 주형이 아니라 현

---

218) 이훈, 앞의 논문, 141쪽.

219) 엥겔스는 마가렛 하크네스에게 보낸 편지에서 발자크가 그의 정치적 입장이 왕당파의 옹호였음에도 불구하고 『인간희극』에서 귀족 몰락의 필연성과 미래 세계에 대한 그들의 자격 상실, 그리고 진정한 미래 인간들은 오직 당대에서 찾아질 수 있다고 파악한 것 등을 프랑스 사회의 탁월한 리얼리즘적 역사를 그리고 있다고 하면서 이를 리얼리즘의 위대한 승리라고 표현한다.(K. 마르크스, F. 엥겔스, L. 박산달, S. 모라브스키 엮음, 김대웅 역, 『마르크스, 엥겔스의 문학예술론』, 한울, 1988, 146~150쪽.)

실에서 생동하는 인간을 그려내는 능력이 당대 작가의 최고의 정치적 실천이라고 생각했기 때문이다.

이와 같이 문학 예술의 특수성을 인식한 엥겔스의 논리는 임화가 예술적 실천을 제창하는 이론적 근거가 되었다. 또한 임화는 엥겔스가 언급한 리얼리즘에서 세부의 진실성보다는 전형적 상황에서의 전형적 성격의 진실한 재현에 더 많은 비중을 두었다. 그가 본격소설론에서 중점을 둔 것은 성격이 환경의 영향을 받고, 그 성격이 다시 환경에 영향을 주는 성격과 환경의 유기적인 관계가 '조화'를 이루고, 이에 의해 '전형'이 창조되는 것이다.

둘째, '성격과 환경의 조화'는 객관적인 여건과 주체적 욕구 사이의 갈등과 조화가 변증법적으로 통일되는 것이다.220)

본격소설은 세태소설과 대비되는 의미에서 작품 속에 극적 구조를 갖는 소설인데221), 임화는 그 실례를 발자크, 졸라, 톨스토이, 디킨스의 작품에서 찾고 있다. 이러한 본격소설들은 묘사와 표면의 조화, 즉 충분한 환경 묘사와 부족 없는 상상 표현의 조화를 구조 내부에 지니고 있다는 점에서 세태소설과 내성소설을 극복하기 위해 제시된 소설 형식이었다. 임화는 '본래 구체적인 소설의 原望'은 '성격과 환경의 조화'라고 말하면서, 이것의 구체적인 형식이 본격소설이라고 주장한다.

루카치는 개인과 현실, 가치와 현실, 예술과 삶 등의 양면성으로 인해 상실한 '예전의 총체성'을 찾기 위해, 그 가능성을 '삶의 형태'를 반영하는 문학 형태, 즉 소설에 두었다. 즉, 루카치는 소설

---

220) 이훈, 앞의 논문, 141쪽.
221) 최유찬, 「1930년대 한국리얼리즘론 연구」, 『한국근대문학비평사연구』, 세계, 1988, 433쪽.

을 상실된 총체성에 대한 동경과 희구를 구체화시키는 것으로 보았다.[222] 따라서 임화의 '성격과 환경의 조화'는 루카치식의 '예전의 총체성'의 세계, 즉 서사적 세계에서 가능한 것이다. 따라서 본격소설의 본격성은 '서구적 의미의 서사시적 세계'로의 지향을 내포하고 있다. 그러므로 임화의 본격소설론에는 규범화된 양식적 틀이 내재되어 있다.

그러나 서구적 의미의 서사시적 세계에 대한 지향이 임화의 본격소설의 한계였다. 왜냐하면 이것은 조선의문학적 현상을 분석하는 준거 틀을 서구에서 가져온 것이기 때문이다. 그 결과 임화는 리얼리즘을 하나의 전범적인 형식에 고정시켰던 루카치와 똑같은 한계를 드러낸다. 그러나 이러한 임화의 한계는 임화만의 한계라기보다는 우리 문학사와 리얼리즘론의 발전 과정에서 볼 때 불가피했던 것이었다.

또한 임화가 강조한 '성격과 환경의 조화'의 총체성은 결국 작품 내의 문제로 귀착된다는 점과 세태소설과 내성소설의 지향으로 제시된 본격소설이 뭔가 새로운 모델을 제시해야 했는데, 그 모델을 조선의 전통이 아닌 19세기 서구의 소설에서 가져왔다. 이로 인해 임화의 소설론은 이식 문학적인 관점을 갖게 되었다.

임화는 성격과 환경의 조화라는 준거 틀에 의거하여 주인공이 환경을 격파하는 경우와 환경이 주인공을 압박하는 경우를 들어, 당시의 문학에 변칙적인 현상이 나타났다고 분석하였다.

> 그런데 문학이란 더욱이 소설이란 것은 부단히 구성되려고 하고, 환경과 인물이 단일한 메카니즘 가운데 결부되려 하는 것이다. 그러나 인물

---

222) 차봉희 편저, 『루카치의 변증 – 유물론적 문학이론』, 한마당, 1988.

과 환경이 조화되지 않고 상극하고 기타는 소설의 미까지를 희생하려고 들 때, 소설이 근본에서 포기되지 않는 한 변칙적인 현상이 나타난다. 가령 주인공이 환경을 격파한다든가 혹은 무시한다든가, 영웅적인 혹은 낭만적인 소설의 길을 밟기도 한다. 또한 환경이 주인공을 압박한 나머지 주인공을 환경의 조건에 부합하도록 개조한다. 이러한 두 개의 경우가 양식상으로 보면 환경과 인물의 불일치로 번뇌한 소설의 부득이한 귀결이라 하면 그 변천을 밑받히고 있는 정신과 시대의 성질이란 것도 상상할 수가 있다.[223]

임화는 '인물과 환경이 조화되지 않고 상극'한다는 것은 환경이 압도적인 영향력을 갖고 있어서, 인물이 전혀 그의 주체성을 발휘하지 못하는 것으로 본다. 이런 임화의 인식은 서사 장르의 성격상 인물과 세계의 구성적 대립이 존재하지 않고서는 이야기 자체가 이루어질 수 없다는 측면에서 타당성을 갖는다. 그러나 성격과 환경의 불일치가 작품에 나타나, 둘 중의 하나가 다른 하나를 압도하고 있는 현상이 반드시 1930년대 한국 소설안의 특유한 변칙 현상인가에 대해서는 논의를 필요로 한다.

소설은 어느 때나 인물의 예술이다. 인물과 인물의 관계가 소설의 영역(넓이-공간)이라면, 인물과 인물과의 관계의 지속과 연장은 소설의 발전(길이-시간)이다. 이 소설의 발전 가운데 인물들의 성쇠와 생애가 나타나고 인물들의 성쇠와 생애 가운데 인간의 운명이란 것이 비로소 표현된다. (中略)
그러므로 질서라든가 인간의 관계라는 것은 늘 조건과 욕구의 중화상태를 표시하는 것이다. 그러나 인간의 생애, 일생의 운명 가운데 여건과 욕구의 내적 투쟁이, 즉 질서나 사회의 주체적 측면이 표현되는 것이다. 인간은 생의 실현에 있어서 부단히 여건을 초월하고 구속을 타파하나 여

---

223) 임화, 「최근소설의 주인공」, 『문학의 논리』, 249쪽.

건은 존재의 현실에 있어 부단히 인간을 비초월적인 것, 현실적인 것으로서 지배해 간다.[224]

문학에 반영되는 현실 세계는 인간의 사회적 생활로서 생산력의 발전 정도를 기초로 한 사회적·경제적 제 관계에 의해 제약을 받는다. 현실을 문학에 형상화할 때 작가는 사회 생활의 집중된 표현인 '인간적 표상'에 중점을 두게 된다. 인물과 인물의 관계가 소설의 영역이고, 인물과 인물의 관계 지속과 연장이 소설의 발전이다. 따라서 소설의 발전 가운데 인물의 생애가 나타나고, 이 생애 안에 인물의 성격이 지닌 운명이 나타난다.[225] 인물과 인물의 관계로 인해 생활이 지속되고, 이 생활 속에 드러나는 성격의 운명이 소설의 기본 구조가 된다.

여기서 운명이란 주어진 여건에 의해 인물의 생애가 어떠한 영향을 받았다는 관념을 내포된다. 그리고 그 관념은 특정 인물이 생활하던 평생의 배경이 되고, 사회에 대한 평가와 인식의 관념, 곧 사상이 된다. 인간의 생애는 인물과 그 인물이 사는 사회와의 관계 속에서 형성된다. 인물이 사는 시대의 사회는 그 인물의 생애에 편의를 제공하기도 하고, 한편으로는 그 인물이 실현하려는 욕구를 방해하기도 한다. 인간은 자신의 생의 목표로서의 욕구를 실현하기 위해 주어진 여건의 구속에서 벗어나려는 데 반해, 여건은 현실에서 인간을 현실적인 것으로 지배하려 한다. 이러한 관계의 끊임없는 체험이 인간의 생애이고 운명이다. 그러므로 소설은 이 운명을 표현하기 위해 많은 인물들 중에서 주인공을 형상화한다.

---

224) 임화, 「최근소설의 주인공」, 『문장』, 1939. 9.
225) 임화, 「현대소설의 주인공」, 『문학의 논리』, 학예사, 1940, 411쪽.

임화가 주인공의 운명을 강조하는 것은 소설이라는 장르의 특성 자체가 내포하고 있는 본질적 성격을 인식했기 때문이다. 임화는 "인물이 부단히 체험하는 현실과의 상관 속에서 제 운명이 만들어지는 그런 작품을 인간적, 예술적 리얼리티를 가진 작품"226)이라고 지적한다. 이런 인식하에 임화는 소설에서 주인공의 운명이 소설 구조의 기축이 된다고 본다. 임화는 객관 현실을 인간과 사회가 조화와 투쟁의 관계를 맺고 있는 장으로 보았다. 그러면서 객관 현실의 예술적 반영인 소설은 인물과 환경의 조화와 투쟁을 통한 성격의 운명을 형상화함으로써 그것을 반영한다는 관점을 취한다.

임화가 강조하는 인물과 환경의 관계는 어느 한쪽이 일방적으로 규정하는 것이 아니라, 서로 조화하고 대립하기도 하는 상호 규정적이고 역동적인 것이다.227) 따라서 '성격과 환경의 조화'란 '인물(주체적 욕구)과 환경(객관적 여건) 사이의 갈등과 조화'를 의미한다. 임화는 이러한 인물과 환경의 내적 투쟁 및 상호 작용의 결과를 '운명'이라고 부르며 강조한다. 운명 속에는 당연히 사회(환경)에 대한 가치 평가와 인식(작가의 사상)이 포함되어 있기 때문이다. 이런 의미에서 그는 '환경에 즉해 있는 인물'이 아니라, '환경에 대해 있는 인물'228)이 형상화되어야 함을 강조한다.

---

226) 임화, 위의 책, 117쪽.
227) 이런 관점에서 볼 때 "임화가 말하는 인물과 환경의 조화라는 말은 인물과 환경의 상호 작용 중 환경에 의해 인물이 규정되는, 즉 성격묘사만을 의미하게 되므로 한설야는 임화의 이런 추상적인 논의를 자기 작품을 발판으로 비판한 것"으로 본 김재용의 논의는 그 타당성을 다시 검증해 보아야 할 것이다. 왜냐하면 '성격과 환경의 조화'라는 임화의 논지가 추상성을 갖고 있음에도 불구하고 성격묘사만을 의미하는 것은 아니기 때문이다.(김재용, 「카프 해소·비해소파의 대립과 해방 후의 문학운동」, 『민족문학 운동의 역사와 이론』, 한길사, 1990, 25쪽.)

임화는 주인공이 없다든가 불분명하다면, '소설의 중심(사상)'은 없다든가 분명치 않다고 말한다. 또한 주인공을 통해 운명이 표현되고 운명 가운데 관념이 함축될 때, 좋은 소설이 나온다고 강조한다. 따라서 그에 의하여 행위하는 성격이 아니라 생활하는 인물에 그친 주인공은 진정한 의미에서 성격을 갖지 못한 인물이다. 그러므로 임화가 생각하는 소설의 주인공은 개인이 아니라 개성과 보편성이 통일된 전체로서의 인간, 곧 전형이다. 이것은 전형적 성격이란 작가의 윤리나 사상이 투영된 인물의 도덕성이나 이데올로기와 분리해서 생각할 수 없다는 관점을 드러낸다. 그러므로 본격소설은 전형으로서의 주인공의 운명을 통해 작가의 사상을 표현하는 것이다.

작가의 사상은 환경과 주인공의 성격간의 유기적인 관계 속에서 형성되는 주인공의 운명을 통해서 표출된다. 성격과 환경의 유기적인 관계는 '성격과 환경의 조화'로써 표현되기 때문이다. 작가는 자기의 사상을 문학 작품을 통해 표현하는 것이 창작하는 목적이다. 사상과 문학이 조화되기 위해서는 사상을 표현할 수 있는 세계를 발견해야 한다. 세계를 발견한다는 것은 현실을 파악하는 것이다. 사상과 문학이 조화된다는 것은 작가의 세계관과 창작 방법이 조화를 이루는 것으로, 작가의 의도가 작품의 각 부분을 지배하고, 형상의 온갖 세부가 사상에 의해 영향받는 것을 의미한다. 그러므로 작품 안에서 작가의 사상이 검증되고 작품을 통해서 현실 위에 작가의 입장을 표현할 수 있기 위해서는, 새로운 사상에 맞는 세계를 파악하고, 그것에 적응하여 자기의 운명을 개척해야 한다. 따라서 사상은 문학 안에서 주인공의 운명의 길, 성격개조의

---

228) 임화, 앞의 글.

과정을 통해서 표현된다.

이처럼 인물과 환경의 역동적 상호 작용을 통해 인간의 운명을 드러내는(따라서 사회에 대한 인식을 드러내는) 소설이 임화가 말하는 '본격소설'이다. 이는 곧 본격소설이 리얼리즘 소설이라는 의미이다. 이러한 임화의 논지는 양식론적으로 볼 때, 리얼리즘 일반론이라 할 수 있다. '인물과 환경의 조화와 투쟁의 통일'이란 어떤 특정한 리얼리즘만의 고유한 특징이 아니라, 모든 리얼리즘 소설에 공통적으로 나타나는 일반적 특징이기 때문이다.229)

소설의 인물은 사회적 현실인 '여건'과 조화이건 상극이건간에 상호 작용을 통해 전형성을 획득하는 플롯을 구성한다. 그리고 주인공의 운명, 곧 주인공의 행위와 환경의 교섭 관계 속에서 드러나는 작품의 의미는 총체성을 얻게 된다. 왜냐하면 소설의 내용은 사회적 현실인 총체성의 형상화이기 때문이다. 이처럼 임화가 주인공의 운명을 강조하는 것은 소설이라는 장르의 특성 자체가 내포하고 있는 본질적 성격을 인식했기 때문이다. 인물이란 소설의 사건(행동) 주체이며, 환경이란 그 인물이 생활하는 평생의 배경으로시 인물이 죽을 때까지 기반이 된다.

임화에 의하면, 플롯이란 인물과 환경이 함께 어우러져 만들어지는 것으로, 인물의 운명적 발전 과정을 보여주는 동력이다.230) 인물-환경의 역동적 관계를 지닌 본격소설은 줄기찬 플롯을 지니는 반면, 양자가 분열된 세태·내성소설에서는 매우 약화된다. 결국 플롯이란 인물·환경의 역동적 상호 반응 속에서 나타나는 것으로, 플롯은 전형성과 더불어 본격소설의 본질적 요소가 된다. 이렇게

---

229) 하정일, 앞의 논문, 66쪽.
230) 김형숙, 앞의 논문, 62쪽.

볼 때 플롯의 논리는 임화가 말한 인간의 운명 개념과 일치하게 된
다. 양자 모두 어떤 환경 속에서 인간이 자신의 욕구와 주어진 상황
사이에서 내적 투쟁을 벌여 얻는 것이기 때문이다. 그래서 임화는
운명적 치열미를 가진 플롯을 본격소설의 요건으로 본다.[231] 인간의
운명을 표현하는 플롯은 또한 전형성을 갖는다. 운명의 필연성은 인
물과 환경의 본질적인 관계 속에서 형상화되기 때문이다.

전형적 성격과 플롯이 결여된 채, 소설이 세부묘사에 치중하면
그 소설은 세태소설이나 내성소설이 된다. 이러한 서설들에서는 환
경으로서의 세계가 자아로서의 주인공에 대해 적대적일 때, 자아와
세계의 분열이 나타난다. 이처럼 당시의 소설들이 본격적인 소설에
대한 지향을 버리고, 세태와 내성의 길로 가게 된 것에 대해 임화
는 '작가들의 달라진 현실에 대한 태도'에 의해 적극성과 희망 대
신 퇴영과 소극성과 절망의 의식의 반영이라고 하면서 이러한 태
도의 근원지는 '우리가 사는 시대의 이상과 현실이 너무나 큰 거리
로 떨어져 있는 현실 자체의 분열상' 때문이라고 했다.

따라서 이런 소설들은 '주체의 정신'에 의거할 때에만 극복될 수
있다고 임화는 보았다. 즉, 현실에 대한 부정을 통해 현실을 극복
하고자 하는 '낭만 정신'인 작가 정신이 끊임없이 이상과 현실을
주체적인 입장에서 조화시키고자 하는 예술적 실천을 통해 구현되
어야 한다. 따라서 임화가 지향하는 인물은 '성격과 환경의 조화'
에서 '생활인이 아닌 창조자'가 된다. 그러나 그가 규정한 조화의
의미가 무엇인지는 정확하지가 않다.[232]

---

231) 임화, 「세태소설론」, 『문학의 논리』, 학예사, 1940, 358쪽.
232) 본격소설을 두고 부르주아 리얼리즘 혹은 사회주의 리얼리즘이라고 하는
    논의에는 동의할 수 없다. 왜냐하면 성격과 환경의 관계를 그 역사적 내
    용에 따라 구체적으로 검토하지 않는 것 자체가 리얼리즘의 관점에서 멀

그러나 중요한 것은 우리 소설가들이 이 분열 가운데서 고통하고 발버둥치는 이외에 아무런 능력도 없다는 것이다. 다시 말하면 시대의 이상과 현실을 연결시키는 結帶는 그 시대인이며 양자의 거리를 축소시키고 나중에 이상을 현실로, 현실을 이상으로 전화시키는 오묘한 능력까지가 우리들에게 부여되어 있음에도 불구하고 우리들 자신은 현재 零點下를 上下하고 있는 것이다.[233]

주체는 현실을 이상으로 전화시킬 능력을 가진 존재임에도 불구하고, 객관 정세의 악화에 의해 주체의 힘은 한없이 약화되고 있었다. 이에 따라 현실과의 대결의지를 상실한 작가들은 현실세계와 단절된 주체 내부의 세계를 그리는 '내성소설'이나 정태적인 현실을 그려내는 '세태소설' 속을 배회하게 되었다. 이처럼 일방적으로 순응만을 강요하여 주체의 능동적인 작용을 허용하지 않는 현실에서, 주체가 세계에 대해 작용을 가하고, 그에 대해 세계가 호응하거나 적대적인 힘으로 나타나기도 하는 일반적인 주객 관계를 운위하는 것은 이상적인 현실 인식이다. 즉 본격소설은 작품 밖의 현실과 관계없이, 다만 내적 형식의 관점에서만 그 존재 가능성이 주장되고 있을 뿐이다.[234]

임화는 본격소설의 논리가 "작가들로 하여금 창작하는 붓대에 흘러내리는 산 혈액이 될 만한 것이 아니라는 것을 아무래도 부정할

어진 것이기 때문이다. 이상경은 임화의 본격소설을 부르주아 리얼리즘이라 하고 있다.(이상경, 「임화의 소설사론과 그 미학적 근거에 대한 비판적 검토」, 『창작과 비평』, 1990년 가을호, 306~307쪽.)

233) 임화, 「세태소설론」, 348쪽.

234) 이훈은 세태소설에 대한 성격규정을 리얼리즘을 척도로 하여 파악하고 있다고 비판하면서, 이때도 반영론의 시각을 의식적으로 적용하지 않은 채 작품 내적인 차원에 초점을 맞추고 있다고 비판하고 있다.(이훈, 앞의 논문, 144쪽.)

수가 없다."235)고 하여, 본격소설의 추상성을 인정하였다. 현실의
여건이 본격소설의 창작을 불가능하게 한다는 점을 그도 인정한 것
이다.

2. 김남천의 소설론

가. 모랄·풍속론 – 주체와 객체의 통일 모색

객관 세계에 대한 김남천의 인식은 주체의 분열성 초극, 즉 주
체 내부의 세계관 모순 극복때 과학적 인식을 주체의 미적 인식으
로 전유하는 과정에서 시작 된다는 것이었다. 과학의 대상은 객관
적 실재이며 객관적 진리를 그 내용으로 한다. 반면에 예술은 세
계에 대한 인식과 예술가의 자기인식이라는 체계를 가진다.236) 즉,
예술은 객체와 주체의 관계를 인식하는 것이다. 과학적 진리가 주
관성을 배제한 객관적 실재를 대상으로 하는 데 비해, 예술적 진
리는 객관 세계의 합법칙성이 주체와의 연관 밖에서 결코 드러날
수 없기 때문에 세계 인식과 자기 인식의 통일을 목표로 한다. 그
렇지만 예술적 진리가 주관적 진리를 내포하는 것은 아니다. 진리

---

235) 임화, 「사실주의의 재인식」, 『동아일보』, 1937. 10. 8~14.
236) 예술적 내용 속에는 인식과 예술가의 자기 인식이 동시에 내포된다. 이
    는 예술을 현실에 대한 인식 형식으로 보는 것이다. 이는 곧 '과학은
    개념을 통해서 인식하는 것이며, 예술은 형상을 통해 인식되는 것'이라
    는 인식론적 입장의 일면성을 극복하는 문제와 관련된다.(문학예술연구
    소, 『현실주의연구 I』, 제3문학사, 1990, 37쪽.)

의 범주는 객관적인 것을 요구하므로 예술에서 객체에 대한 주체
의 자기인식은 객관적 진리를 목표로 한다.

임화가 자아와 세계의 모순과 분열을 극복함으로써 그것에 수반
되는 여러 가지 문제를 해결하려고 했다면, 김남천은 객관 세계의
모순이나 분열의 문제에 선행하여 자기 분열이나 주체의 현실적
운명인 '자기 분열의 문제'가 선결해야 한다고 생각했다. 여기서
그가 생각하는 자기 분열의 문제란 결국은 주체의 문제였다. 그런
데 주체는 객관적 현실을 살아가는 생활인이므로, 구체적인 현실
여건에 지배를 받게 마련이다. 김남천이 현실의 역사적 상황이나
시대 의식의 각성을 통하여 주체의 확립을 주장하는 것도 바로 이
런 이유에서이다.

김남천은 소시민적 자기 분열을 관찰하고, 그것의 극복을 통해
주체를 확립할 수 있다는 신념을 가져왔다. 작품 창작을 통해 느
낀 '세계에 대한 인식이 문학 작품 속에서는 사멸한 개념의 파편
으로 나가 뒹군다는 데서 오는 불안과 불만'에 의해, 세계관을 문
학 작품 속으로 끌어들여야 할 필요성을 절감하게 된다. 그 결과
그는 모럴론 이후에는 세계관에 대한 새로운 검토를 시작하지만,
세계에 대한 왜곡된 인식으로 인해 올바른 현실 인식으로 나아가
지 못하고 관념적인 차원에 머무르고 만다.[237]

김남천이 주체 재건의 과정에 모랄 개념을 도입하게 된 것은 주
체의 자기 인식이 객관적 진리를 목표로 한다는 사실을 인식했기
때문이다. 주체 재건이 객관 현실의 형상적 반영을 위한 것이고
그 형상적 반영이 진리를 목표로 하는 것이라면, 주체와 객관 현
실을 이어주는 그 무엇이 필요하다. 김남천은 그것을 모랄로 설정

---

237) 이덕화, 「김남천 연구」, 연세대 대학원 박사학위논문, 1990. 12, 106쪽.

한 것이다. 모랄론은 작가의 태도에 관련된 것이다. 즉, 모랄론의 테마는 모랄에 의한 작가의 자기 개조에 있다.

> 과학의 대상은 진리다. 이에 대하여 문학의 대상하는 바는 일신상의 진리이다. 일신상의 진리란 과학적 개념이 주체화된 것을 말함이다. 실재의 인식을 일신상의 도덕으로 파악하고 이렇게 하여 주체화된 도덕을 객관적 인식으로 다시 교역(交易)하는 태도가 이것이다. 실천이나 행동을 거쳐서 물질적 논증을 얻은 과학적 범주와 개념을 작가 자신의 상상력이나 과장이나 시사, 상징 등등의 성능을 동원시켜 육체화시킴으로써 궁극적으로 문학적 표상에 이르는 것이다.[238]

김남천은 과학적 대상을 진리로, 문학적 대상을 과학적 개념이 주체화된 일신상의 진리로 설정한다. 그리고 문학적 진리는 객관 현실과 분리되어 존재할 수 없음으로, 일신상의 진리인 모랄은 주체의 문학적 현실을 나타낸다. 그런데 문학은 과학이 인식한 객관적 진리를 일신상의 진리로 받아들인다. 그리고 이 일신상의 진리는 작가의 모랄을 거쳐 문학적 표상에 이르게 되어 문학적 진리가 된다는 것이 김남천의 논리이다. 다시 말하면 과학적 합리성이 현상 속에 감각화되고 형상화되는 것이 문학이고, 이런 과정 속에서 그것을 자기 것으로 형상화하는 주체화의 과정이 수반되된다. 그리고 그 주체화의 과정이 모랄이라는 것이다. 따라서 문학적 모랄은 작품의 전 과정을 투시하면서 작가의 주체를 문학적 형식을 통해서 감각화하고 형상화하는 과정에서의 의식이다.

김남천은 과학적 진리가 주체를 통과하는 과정, 곧 과학적 진리가 주체의 진리로 변화하는 과정에 도덕, 모랄이 개입된다고 파악

---

238) 김남천, 「일신상의 진리와 모랄」, 『조선일보』, 1938. 4. 17〜24.

했다. 이것을 세계관과 창작 방법의 관계에서 설명하면, 세계관이 창작 방법을 거쳐서 문학적인 표상에까지 구상화되는 개념이 모랄이다. 물론 여기서의 모랄(도덕)이란 통속관념으로서의 선악판단과는 구별되는 것으로, 역사성에 있어서 하부구조 위에 건설되는 상부구조이다.[239) 즉, 사회의 물질적 근저의 역사적 발전에 의해 발생한 하나의 역사적 소산이 도덕이다. 따라서 도덕은 역사적 발전과 보조를 같이하는 것이다.

윤리학적 관점에서의 도덕은 과학에 의하여 지양되어, 비로소 하나의 사회 규범으로 파악된다. 따라서 그래서 김남천은 도덕, 모랄이 인식으로부터 출발하는 것이 중요하다고 판단했다. 모랄은 사회와 개인의 관계에서 비로소 성립되는 사회적 성격을 지나기 때문이다.[240)

김남천은 모랄론에서 과학자가 분석하는 과학적 핵심이 일신상의 진리로 변한 것을 모랄이라 설정했다. 그리고 이러한 일신상의 진리가 일상 생활 속에서 나타난 풍속을 전형적 상황에서 디테일의 진실성을 가지고 묘사하면 세계관의 문제는 자연 해결된다고 생각했다. 또 이리한 풍속이 가장 구체저으로 드러나는 가족사와 연대기를 통해 작품을 창작하면, 침체기의 문단을 구출할 수 있다는 로만개조론을 주장했다. 이런 김남천의 논지는 주체와 객체의 통일을 위한 모색이라고 볼 수 있다.

주체를 확립한다는 것은 자기 분열의 초극을 의미한다. 김남천은 주체의 문제를 두 가지 측면에서 설정하였다. 소시민 지식인 작가로서의 인텔리겐치아의 자기분열의 극복과 이 소시민지식인

---

239) 김남천, 앞의 글.
240) 김재남, 『김남천 문학론』, 태학사, 1991, 102쪽.

작가들이 자신이 처해 있는 역사적 지위를 과학적으로 인식해야 한다는 측면이다. 그는 소시민 지식인 작가들의 자기 분열의 모습을 임화의 「주체의 재건과 문학의 세계」에 대한 답변 논문인 소시민 출신 작가의 최초의 모랄이라는 副題가 붙은 「유다적인 것과 문학」(조선일보, 1937. 12. 14~18.)에서 보여주면서 주체 재건을 논하고 있다.

김남천은 이 글을 통해서 고발문학론에서 주장한 것처럼 단순히 고발·비판하는 데 그치지 않고 자신을 개조하는 데까지 나가야 함을 주장하고 있다. 그리고 예수를 팔아넘기고서 목을 매어 자기 승화를 하는 유다에게 현대 소시민과 가장 육체적으로 근사한 점을 발견할 수 있고, 그의 죽음에 소시민 출신의 작가가 제출해야 할 최초의 모랄이 있다고 주장한다.

따라서 이 시대는 자신의 문제를 해결하지 않고는 아무것도 할 수 없기 때문에, 자신 속에서 '유다적인 것'을 발견하고, 이것과 타협하지 않으면서 창조적 실천의 문제를 해결하는 것이 작가의 최초의 모랄이 된다고 주장한다. 즉, 그는 예수를 팔아넘긴 유다에 비유하여 현대 소시민 작가들에게도 자신을 매각하여 시대와 타협하는 '유다적 속성'이 있음을 지적한다. 그가 말하는 유다적 속성이란 작가가 자신의 지위에 대한 역사성을 몰각한 채, 현실과 타협하는 '자기 매각'을 의미한다.

이러한 모랄은 고리끼의 '愛와 憎'에 기초를 둔 것으로 자기 속에 깃들고 있는 유다적인 것을 적발하는 것은 끊임없이 증오하는 '憎'에 기초를 둔 것이다. 그리고 이것은 자기 자신의 인간적 개조가 가능하다고 ale는 인간에 대한 높은 사랑의 정서에 기초하고 있다고 김남천은 주장한다. 이것은 작가가 자신의 내부에 존재하는 것과의 타협 없는 '聖戰'을 통한 창조적 실천에서 그 회복이 가능하다. 따라서 예수를 팔아넘기고 끝내는 자기의 양심에 못 이겨 자살한 유다의 태도에서 현대작가가 취해야 할 모랄이 있다.

김남천은 임화가 주체 재건을 통해 자기 자신의 문제를 작가 일반의 문제로 추상하여 문학의 세계로 직행하였다고 비판한다. 김남천은 주체의 재건이 임화의 주장처럼 문학자가 세계관을 이론적으로 해득하는 것으로 해결되는 것이 결코 아니며, 또한 작가가 파악하고 있는 세계관이 그대로 개념으로 표명되는 것도 아니라고 한다. 주체 재건은 작가의 주체를 통과한 것으로 표시되기 때문이다.

그러므로 임화는 주체 재건에 있어서 반드시 한 번은 통과하여야 할 작가 주체인 자신의 문제를 이미 해명되어 버린 문제처럼 생각한 결과 개별 작가의 문제를 작가 일반의 문제로 추상하여 버렸다고 김남천은 비판한다.241) 그러나 김남천은 세계관을 이론이나 개념으로 완전히 파악하고 체득하는 것이 소시민 지식인이라는 자신의 경험에 비추어 볼 때 심히 어렵고 모순되는 일이라고 생각한다. 따라서 김남천은 세계관을 오직 진정한 의미에서의 실천을 통해시민 가능한 것이 아니라, 주체 내부의 문제로 제한되는 것으로 여긴다.

김남천이 말하는 유다적인 것의 진정한 의미는 자신이 신봉하던 어떤 사상이나 주의에서 이탈하거나 배반하는 상식적인 것이 아니라, 자기 자신의 매각, 즉 자기 자신의 개조라는 고도의 성찰과 결

---

241) 김남천의 이 같은 주장은 임화를 오해하고 있는 데서 비롯한다. 임화는 작가의 주체 재건이 세계관을 이론적으로 해득하는 것으로 해결된다고 보지 않으며, 세계관이 이미 작가에게 주체화되어 있다고도 보지 않는다. 임화 또한 이전의 프로문학의 도식성에 대한 비판으로 자신의 논의를 시작하면서 현실과의 관련에서 사상의 문제를 다룬다.

부되어 있다. 그러므로 작가 자신의 내부에서 유다적인 것을 발견하고, 이것과 타협 없는 고투에 가치를 두어야 하기 때문에, 유다적인 것에 비참하게 실패를 해서는 안 된다. 즉, 작가는 자신의 내부에 있는 소시민적인 비굴성을 철저하게 비판하여 종국에는 그런 상태를 극복하여 창조적 실천의 방향을 마련해야 한다. 바로 여기에서 모랄의 문제가 제기된다. 따라서 주체의 확립이란, 즉 소시민의 인간적 개조를 의미한다.

김남천은 이러한 소시민의 인간적 개조를 위해, 자기를 과학적 정신으로 무장하기 전에 우선 자신에 대한 정밀한 분석이 필요하다고 주장한다.[242]

> 대체 주체의 재건이 되어 있지 않고 그것을 위한 노력 가운데서 자기 자신의 문제를 완전히 河床에 던져버리는 판국에서 세계관의 공허한 염불은 어떠한 의미를 가지는가[243]

위의 인용문을 보면, 김남천은 주체 재건과 과학적 정신, 세계관이 통일된 체계를 이루지 못하고 각기 고립된 범주로 존재하고 있음을 비판하고 있다. 그러면서 김남천은 정밀한 신체 검사(소시민성 검증), 즉 주체의 재건이 필요하다는 논리를 전개한다. 그러나 그는 과학적 정신과 세계관을 별개의 체계로 상정하여, 올바른 현실 반영으로서의 리얼리즘에서 벗어나고 있다. 김남천은 끊임없이 리얼리즘을 주장하고, 또한 당대의 누구보다도 열성을 가지고 리얼리즘에 관한 연구를 성실히 했음에도 불구하고, 리얼리즘을 통

---

242) 김남천, 「유다적인 것과 문학 ─ 소시민출신 작가의 최초모랄(4)」, 『조선일보』, 1937. 12. 18.
243) 김남천, 「유다적인 것과 문학」, 『조선일보』, 1937. 12. 14~18.

해 올바르게 현실 반영을 하지 못했다.

그 후 김남천은 「자기분열의 초극-문학에 있어서의 주체와 객체」(조선일보, 1938. 1. 26~2. 2.)에서, 주체와 객체의 분열을 헤겔 미학의 변증법에 근거해서 지적한다. 또한 현대 부르주아 사회의 산문성이 주체와 객체를 분리시키고 있기 때문에, 주체의 초극이 당대의 중요한 관심사라고 주장한다. 자기 분열이란 소시민 작가가 민중에 대하여 느끼는 세계의 이원성의 결과이다. 문학의 주체인 소시민은 객관 세계의 모순이나 분열보다도 주체 자신의 타고난 운명에 의한 동요와 자기 분열에 의해 더욱더 객체와 분리된다. 이 때문에 지난날의 모든 문학적 실천의 과오와 일탈이 빚어졌으며, 객관 세계의 모순을 극복한다고 하면서는 자기 자신을 돌보지 않았던 주체가 도리어 현실의 장벽에 부딪힘으로써 모순과 분열을 겪게 되었다. 그러므로 다시 한 번 객관 세계와 호흡하기 위해서는 주체의 정립과 재건이 필수적이다.

주체 분열의 모순과 초극을 위해선 고발 정신이 필요하다. 김남천은 주체의 모순이 객관 세계의 모순이나 분열과는 상관없이 주체 자신의 타고난 운명에 의한 동요와 자기 분열에서 오는 것이므로, 주체의 정립과 재건은 필수적이라고 주장한다. 객관 세계의 모순이나 분열보다도 주체 내부의 모순 초극이 우선되어야 한기 때문이다. 그러나 주체의 분열은 객체와의 상호 교섭 없이 이루어지는 것은 아니다. 이 점에서 김남천의 논리적 모순이 드러난다. 주체의 정립을 위해선 세계관의 철저나 현실에 대한 올바른 이해가 수반되어야 하기 때문이다.

그런데도 김남천은 객체(현실)를 사회 전체의 발전적 과정으로서의 객관 현실이 아닌 문학 내의 현실로 한정시켰다. 그 결과 객

관 세계를 인식하는 데 필요한 세계관이 문학적 현실 내의 주체정
립에는 필수적인 것이 아니라는 논리를 펴게 된다. 그러나 세계관
은 올바른 현실 인식뿐만 아니라 올바른 현실인식에 의한 문학 내
의 소재와 주제 선택, 작품의 구성까지를 좌우하는 원칙으로서 주
체와 객체를 변증법적으로 통일시킨다. 따라서 그의 논리는 명백
한 한계를 보인다고 할 수 있다.

그러면 김남천은 왜 이렇게 문학 내의 주체 문제에 집착했을까?
그것은 그가 당시를 주체 정립을 위해 자기 자신 속의 모순을 돌
볼 때이지, 객관 세계를 돌볼 때가 아니라고 인식했기 때문이다.
그러기에 그는 문학 내의 주체 정립을 위해 문학적 실천론으로 넘
어간다.

> 유구한 인류의 역사가 우리에게 부과하고 동시에 만 뒷날의 행복된
> 후세인이 현 순간의 현대작가에게 요구하는 바는 시민사회 카타스트로
> 피의 시대에 있어서의 사회와 개인과의 복잡하고 격화된 분열을 광범하
> 게 개괄하는 동시에 이의 초극과 통일을 위하여 쓰여지는 노력과 고난의
> 반영을 훌륭히 담은 문화적 재산일 것이다.244)

서양 발달사에 근거해, 김남천은 일제 식민지 시대를 자본주의
시민사회로 상정하였다. 그리고 시민사회의 속성상 '운명적'으로
분열될 수밖에 없는 주체의 분열을 초극하기 위한 노력을 문학 작
품을 통해 하면 문학적 실천이 이루어진다고 인식했다. 바로 이
인식 때문에, 그는 끊임없이 주체 정립을 요구할 수 있었다. 그가
상정하는 주체정립이란 역사, 계급, 민족, 사회, 국가, 인류의 높고
깊은 문제를 현대 작가가 얼마나 절실하게 자기 자신의 절실한 문

---

244) 김남천, 「자기분열의 초극」, 『조선일보』, 1938. 1. 26~2. 2.

제로 받아들이는가와 관련된 것이었다. 시민 사회의 사회와 개인 사이의 격화된 분열의 초극과 통일을 위해 노력하는 것이 문학적 실천이며 주체 재건이 되기 때문이다.

> 문학가에게 있어 생활적 실천이란 무엇일 것이냐. 나는 이것을 문학적·예술적 실천이라 말하려 하며 또한 이것 이외에는 있을 수 없다고 단언한다. 왜냐하면 문학가는 정치가나 사회운동가가 되는 것에 의하여 그의 생활적 실천을 가지는 것이 아니라 문학적 실천·문학가적 생활에 의하여 사회에 존재하는 것이기 때문이다.[245]

작가적 실천에 대한 위와 같은 김남천의 주장은 철저한 자기 고발의 에스프리로부터 주체화까지의 과정을 거쳐야만 비로소 제기될 수 있는 것이었다. 그러나 김남천의 이러한 논지는 두 가지 측면에서 오류를 범하고 있다. 첫째, 그가 설정한 자본주의적 시민 사회라는 것은 조선의 현실을 간과한 관념적 현실이거나 서양의 보편적 현실이다. 왜냐하면 당시 조선의 현실은 일본 파시즘에 의한 자본주의와 봉건주의가 혼재한 상태에 있었기 때문이다. 그런데도 김남천은 당시 조선 사회의 모순을 일본 파시즘에 의한 것이 아닌 자본주의적인 것으로 인식 함으로써 근본적인 오류에 빠졌다.

둘째, 그의 주체 재건론을 자신이 고발문학론에서 조선의 식민지적 특수성으로 제시한 아시아적 정체성과는 배치된다. 왜냐하면 아시아적 정체성이란 아시아에는 자본주의적 맹아가 없다는 논리에서 나온 것이기 때문이다.

아시아적 정체성론은 원래 마르크스가 '아시아적 생산 양식'을 정립하면서, 동양의 자본주의 이전 단계를 지칭하는 개념으로 사

---

245) 김남천, 「자기분열의 초극」, 『조선일보』, 1938. 2. 2.

용한 것이다. 이것은 17~19세기 서양학자들이 동양을 바라보는 동양 사회관이었다. 마르크스가 정립한 '아시아적 생산 양식'의 특징은 인류 최초의 계급 형태, 토지 사유 제도의 결여, 촌락 농업 공동체의 보존, 공동체적 토지 소유제, 동양 농업에 필수적인 수리 관계 등 공공 사업을 수행하기 위한 중앙집권적 국가 권력의 지배, 가부장적 전제주의 등등이다. 물론 마르크스는 개념 정립과 문제 제기만 했을 뿐, 이에 대한 구체적 연구는 다음 세대에서 이루어졌다. 그러나 기초는 마르크스의 논리에 근거하고 있다. 마르크스의 원래 의도가 어떠했든, 아시아적 생산 양식 개념은 우리의 경우 일본에 의한 식민지 지배의 합리화를 위하여 동원된 개념이였다.[246)

결국 김남천이 이런 오류에 빠진 것은 그가 조선 현실을 면밀히 분석하지 않고, 자신이 경험한 현실에 근거하여 조선의 현실을 파악했기 때문이었다. 이러한 김남천의 오류를 이덕화는 매우 설득력 있게 지적하고 있다.

> 김남천의 단편적 실천관 (중략) 객관현실에 조응하는 이론과 실천과의 변증법적 합일과정이 아니고 볼셰비키화론 시기에는 볼셰비키화론의 과제의 실천으로, 소시민의 고발정신을 주창할 당시에는 일상 생활적 실천을 할 때라고 주창하고, 여기(모랄·풍속론—인용자 주)에서는 김남천 스스로가 설정한 주체의 분열의 초극을 위한 노력을 문학작품에 반영만 하면 되는 것이다.[247)

---

246) 아시아적 생산양식에 관한 내용은 신용하(1989)의 논의에 근거한 것이다.(신용하, 『아시아적 생산양식론』, 까치십포지엄, 1989.)
247) 이덕화, 앞의 논문, 1990. 12, 114쪽.

이념과 실천의 변증법적 통일은 실천이 객관 현실과 통합되는 과정을 통해서만 이루어질 수 있다. 이런 관점에서 볼 때, 이 당시 임화와 김남천의 예술적 실천은 매우 상이한 길을 걷고 있었다고 볼 수 있다. 임화는 「주체의 재건과 문학의 세계」에서 김남천과 똑같이 예술적 실천을 논했지만, 그는 객관적 정세로 인해 와해된 주체를 예술적 실천으로 재건하고, 또 예술적 실천에 의해 획득된 주체를 사회적 실천으로 인도하는 변증법적 지양의 관점을 취했기 때문이다.

한편 김남천은 「도덕의 문학적 파악」(조선일보, 1938. 4. 17~24.)에서 세계관의 문제를 '과학적 합리성'이란 용어로 창작방법론과 함께 검토하고 있다. 여기서 김남천이 세계관의 문제를 고찰하는 것은 고발문학론의 한계를 실제 창작을 통해서 경험했기 때문이다. 따라서 그는 세계관의 문제를 과학적 개념과, 창작방법을 문학적 형상의 문제와 관련시키고 있다. 또 과학적 개념을 모랄에, 문학적 형상을 풍속과 관련시켜 창작 방법론과 세계관의 문제를 해결하고 있다. 즉, 문학적 관념으로서의 도덕·모랄이 과학적 인식으로부터 출발하며, 합리적 핵심을 갖고 있는 과학적 개념이라고 주장한다.

김남천은 소시민 지식인으로서 작가는 자신이 처해 있는 역사적 지위를 과학적으로 인식해야 한다고 주장했다. 과학적 인식을 통해서만 현실을 정확하게 인식할 수 있다는 것이 그의 기본 입장이었다. 과학적 인식은 문학적 인식과 대립·상관되는 것으로 사용되고 있다. 그는 문학은 "객체에 대한 주체의 교섭에서 비로소 生起하는 고유의 인식목적에 도달될 수 있다."248)고 전제하고서, 주체의 영역에 창작 방법을, 객체의 영역에 세계관을 상응시켰다. 그렇

---

248) 김남천, 「도덕의 문학적 파악」, 『조선일보』, 1938. 3. 8~12.

게 해서 문학과 과학의 인식론적 방법론의 차이를 들어 주체의 문학적 인식과 객체의 과학적 인식의 변별적 특징을 설명했다.

그에 의하면 문학은 그 본질이 전형적 표상에 있는 반면, 과학은 분석에 개념에 있다. 따라서 문학은 객관적 현실을 통하여 전형성을 내포한 현상을 형상적이고도 감각적으로 반영하는 반면, 과학은 현상 각각에 대한 논리적 분석을 통해 그 특징을 규명한다. 그러므로 문학적 인식은 실재의 세계를 초월하여 가치의 영역을 지향하지만, 과학의 인식론적 범주는 객관적 실재 세계에 국한된 합리적인 이해를 목표로 한다. 그러나 현실에 대한 객관적 인식이 문학의 근본적인 토대를 이루기 때문에, 문학적 표상이 진리를 반영하기 위해서는 과학적 개념이 갖는 합리성에 의존하지 않을 수 없다. 그리고 이 관점에서 요청되는 것이 주체화의 과정이다.

> 科學에 있어서의 公式의 機能과 文學에 있어서의 性格의 機能 － 公式的 分析과 性格的 描寫 그리고 文學的 表象은 公式的 分析을 經過하여서만 正當한 性格的 描寫에 到達하나 과학적 개념은 공식에 衣한 법칙 이상에까지 그의 인식목적을 연장할 때 그것은 벌써 과학의 성능은 아니라는 것, 이리하여 과학이 이 限界를 넘는 곳으로부터 認識目的은 문학의 圈內로 延長된다는 것이다. 실로 이 과정이 다름 아닌 主體化의 과정이다.[249]

주체화란 과학적 개념이 문학적 표상으로 전환되는 과정을 의미한다. 그리고 문학은 이러한 주체화의 과정을 통하여 종국적으로 감각화되고 표상화된다. 또한 이 주체화는 세계관의 혈육화이며, 모랄의 확립이기도 하다. 그러므로 주체화란 곧 창작방법론이 되며, 모랄은 창작의 신념으로써 세계관이 창작 방법의 과정을 거쳐

---

249) 김남천, 앞의 글, 1938. 3. 11.

문학적 표상에까지 구상화될 때 설정될 수 있다. 따라서 모랄은 과학적 인식이 수행해 온 진리를 내용으로 함으로써 주체화된 객관성을 띠게 되며 세계관의 형태로 표출된다. 그러므로 모랄의 배후에는 언제나 사회나 역사에 대한 합리적이고 과학적인 인식이 수반된다. 결국 작가 주체의 세계관에 대한 혈육화의 과정, 즉 모랄의 확립을 요구하게 될 때, 세계관이 반드시 거쳐야 하는 문학적 표상으로 심화되는 과정에서 이루어질 수 있다.

그러나 김남천은 문학과 과학의 영역을 지나치게 도식적으로 연결시킴으로써, 직관에 의한 본질 파악 등 다양한 정신적 활동의 제 문제를 설명하지 못하고 있다. 모랄이 아무리 객관성을 획득하고 있다고 하더라도, 그것은 근본적으로 개인의 신념적인 요소에 근거해 있기 때문이다. 이런 김남천의 논리는 작가가 창작에 앞서 먼저 세계관을 주체적으로 파악해야 한다는 속류 유물론적인 사고의 단초를 보인 것으로, 세계관을 구체적인 현실 상황에서 획득하지 못한 것이었다.

김남천은 모랄론에서 문학과 과학의 인식 방법의 차이를 설명하면서, 고발문학론에서 등한시되었던 주체의 현실 인식 문제를 거론한다.250) 그가 말하는 일신상의 진리로서 모랄은 주체화된 문학적 현실인식이다. 그러나 김남천은 모랄론에서도 과학과 구별되는 문학적 인식의 특수성으로서의 모랄 개념에 집착함으로써, 문학적 인식이 실현되는 구체적인 과정인 미학적 선택 원리 및 현상과 본질의 변증법적 문제를 천착하지 못했다.251)

김남천은 개인을 사회과학에 의하여 사회의 특수화된 것으로 보

---

250) 김남천, 「일신상의 진리와 모럴」,『조선일보』, 1938. 4. 17~24.
251) 나병철, 앞의 책, 100쪽.

면서 '자기'의 개념을 새롭게 정립해야 한다고 주장한다. 그리고 이러한 '자기'의 일신상의 과제를 완전하게 주체화하면 도덕·모랄은 하나의 문학적 관념이 될 수 있다고 했다. 그렇기 때문에 작가가 소시민 지식인 출신이라 하여도, 그로 인해 작가는 자기 분열되지 않는다. 중요한 것은 '자기' 성찰 뒤에 과학적·합리적 핵심을 가지고 있느냐 여부라고 했다. 김남천의 이러한 주장은 다시 소시민의 자기 성찰로 회귀한 것이라 할 수 있다. 왜냐하면 모랄은 사회적 인식이나 이것을 가능케 하는 전 인류의 실험이나 실천을 무시하는, 개인주의적 협의적 자아 탐구에서는 생겨날 수 없는 일종의 행동시스템이기 때문이다. 그리고 행동 시스템으로 나타나는 모랄은 사회적 습성과 밀접한 관련을 가지고 풍속으로 나타나기 때문이다.

김남천의 모랄론은 세계관이 혈육화되는 과정에서, 작가가 자신이 속한 계급의 근원적인 한계를 깊이 인식하고 극복하는 방향을 강조하면서 풍속론으로 확대·轉化된다. 이것은 내성과 세태의 통합을 구체적으로 실현시키려는 이론적 전개 과정이다. 그는 모랄과 풍속의 관계를 다음과 같이 설명하고 있다.

> '모랄'은 어원적으로 라틴어 'mores'에서 연유된 것으로 'mores'는 慣習, 品格, 性格 등의 뜻을 가지고 있어서 모든 사물에 대한 인식을 慣習化, 性格化, 習慣化함에 의하여 一身上의 몸에 붙는 진리에까지 飛躍시키려는데 그의 내적 본능이 있다. 그런데 사회적 관습이란 풍속과 밀접한 관계를 가지고 있고 도덕이란 풍속에 이르러 완전히 구현된다고 보아 當然하다. '모랄'이 문학적으로 자기를 형상화하는 길을 풍속론에서 구현코자 한 것은 全혀 이 때문이었다.[252]

---

252) 김남천, 「風俗」, 『인문평론』 창간호, 1939, 124쪽.

김남천의 논지는 과학적 개념(세계관)이 일신상의 진리로 변할 때 모랄이 된다는 것이다. 모랄의 어원은 관습, 습성, 성격이고, 풍속은 사회적 습성과 밀접한 관련을 맺고 있기 때문에, 풍속을 고찰하면 과학적 인식도 모랄도 해결된다는 것이다. 그가 말하는 '일신상의 진리'란 과학적 개념이 주체화된 것이므로, 과학은 진리를 대상으로 하지만 문학은 '일신상의 진리'를 대상으로 한다. 풍속은 모랄의 속성인 '과학이 가지는 이론의 합리적 핵심'을 근간으로 한다. 그리고 풍속 그 탐구의 深度는 '그 토대가 되어 있는 생산제 관계를 顯現'253)하는 데까지 이르러야 한다.

> 풍속이란 사회적 관습과 밀접한 관계를 갖고 있다. 그리고 사회적 習慣 習俗은 사회의 生産機構에 甚한 인간생활의 각종 양식에 의하여 종국적으로 결정을 본다. 이리하여 이것은 일방으로 '制度'를 말하는 동시에 他方으로 '제도의 習得感'을 의미한다. 風俗은 생산관계의 양식에까지 顯現되는 일종의 제도(예컨대 가족제도)를 말하는 동시에 다시 그 제도내에서 배양된 인간의 제도 습득감(예컨대 가족적 감정, 가족적 윤리의식)까지도 지칭한다.254)

모랄은 體得에 의하여 一身化되지만, 그 체득의 과정은 풍속의 영향과 깊게 관련되어 있다. 김남천이 말하는 풍속은 제도 자체뿐만 아니라, 제도로 인해 작용되는 인간의 사상, 감정, 의식까지도 포함한다. 도덕·모랄이란 완전히 주체화되어 일신상의 근육으로 감각화된 사상이나 세계관의 형상으로, 모랄은 인정, 인륜, 도덕, 사상이 가장 감각적으로, 물적으로 표현된 풍속·세태 속에서 나

---

253) 김남천, 「모던문예사전-풍속」, 『인문평론』, 1939. 10, 125쪽.
254) 김남천, 「一身上의 진리와 모랄」, 『조선일보』, 1938. 4. 17~24.

타나고 복장과 취미에까지 나타나야 한다.

따라서 김남천이 주장하는 모랄은 통속적·상식적 관념이나 윤리학에서 말하는 모랄이 아니라, 사회의 물질적 근저에 토대를 두고 발생한 하나의 역사적 소산이라고 할 수 있다. 과학과 문학이 다르듯이 사회적 관념으로서의 도덕은 문학적 관념으로서의 도덕과는 다르다. 그러나 문학적 모랄 개념은 순전히 자기 성찰이나 자아 탐구의 의미가 아니라, 일신상의 진리로 化한 모랄, 즉 혈육화된 세계관을 의미한다. 그리고 이 문학적 모랄은 과학적 개념이 문학적 표상에 이르는 과정에서 반드시 거쳐야 할 중간 단계이다.

이런 관계 설정은 작가가 창작하기에 앞서 세계관이 선험적으로 주체화되어 있어야 함을 전제하고 있다.[255] 따라서 풍속은 우리가 인식할 대상, 즉 과학적 보편성이 인간 사회 속에 관습화되어 풍부하게 스며 있는 객관적 대상이 됨과 동시에 주체가 과학적 보편성을 모랄화하여 사회적 습성 속에 일신화하고 표상화하는 방법 혹은 결과물이 된다.

그러나 김남천의 이러한 시각은 작가가 우선적으로 세계관(과학적 개념, 진리)을 '일신상의 진리'로 구체화한 뒤에라야 비로소 객체와 교섭할 수 있다는 논리이다. 그러나 그의 논리이다. 작가 주체에게 미치는 현실, 대상과의 역동적인 관계를 간과한 것이다. 그의 이런 인식은 진리가 과학적 진리와는 달리 작가 자신의 과제, 즉 일신상의 문제로 비약되어야 하며, 문학이 도덕, 모랄을 주체적으로 파악함이 없이는 리얼리즘의 전진은 공허한 구호에 불과하다고 말하는 데서도 잘 드러난다. 김남천이 풍속론을 주장하게 된 이유는 그가 그토록 원했던 '세계관의 주체화, 일신상의 진리'가

---

255) 이상갑, 앞의 논문, 52쪽.

근원적으로 불가능했기 때문이다. 따라서 김남천의 풍속론의 주장은 주체에서 객체로의 중심 이동이었다고 할 수 있다.[256]

김남천은 풍속을 제도를 말하는 동시에 제도 내에서 배양된 의식이나 습득감을 의미하는 것으로 보았다. 경제에서 인간의 의식까지를 포괄한다. 그런데 풍속은 주체와 객체가 교섭하는 사회의 생산 관계에까지도 현현한다. 풍속에 이르러 완전히 구현되는 도덕은 사회적 생산 관계의 산물이며, 생산 관계를 반영하고 있기 때문이다. 이러한 생산 관계를 반영하는 제도 내에서 그것의 습득감까지 포함한다는 것은 인간의 행위를 다루는 원리가 거기에 있음을 의미한다. 달리 말해서, 주체 행위를 규제하는 세계관이 거기서 형성되는 것이다.

그래서 김남천은 과학적 개념이 갖는 합리적 핵심을 잃지 않고 과학의 기능이 달성한 진리를 일신상의 도덕으로 파악하여, 그것을 풍속 가운데서 문학적으로 표상하려는 것이 모랄이라고 주장한다. 이는 곧 과학적 세계관이 주체의 모랄을 거쳐 구체적으로 문학적 형상에 이르러야 함을 강조한 것이다.

그러나 풍속 개념을 도입하여 통일하고자 한 주체와 객체의 교섭문제를 김남천이 정당히 해결했다고 볼수는 없다. 왜냐하면 리얼리즘적 형상화 방법이란 현실인식의 깊이와 폭의 새로운 가능성을 열어주는 데 있기 때문이다. 그런데 김남천은 문학적 형상화의 방법을 이해하는 과정에서 세계관의 규제성을 간과함으로써, 리얼리즘에 대한 올바른 인식을 하지 못하고 있는 것이다.

풍속이란 단순히 제도적 차원에 국한되어 있는 것이 아니고 삶에 대한 본질적인 인식의 입장까지도 포괄하는 개념이다. 따라서

---

256) 이상갑, 앞의 논문, 53쪽.

풍속은 역사적 전통을 지니고 있는 사회적 규범인 동시에 국민성
이라는 개념으로 포괄되는 사상적 본질까지도 포용한다. 그런데
이러한 개념이 문학적으로 사용되기 위해서는 불가분 世態에 의존
하지 않을 수 없다. 세태는 삶의 본질과 현상이 혼합된 채 일상화
되어 나타나는 생활의 場으로서, 문학적 형상화의 본질적인 대상
이기 때문이다. 그러나 세태가 문학적으로 형상화되기 위해서는
그 본질과 현상을 구별하고 질서화하는 작업이 필요하다. 사실을
사실 이상으로, 세태를 세태 이상으로 파악할 수 있어야만 풍속은
비로소 문학적 관념이 될 수 있다.[257]

　이런 김남천의 견해는 임화의 견해와는 크게 다르다. 임화는 세
태 묘사를 현상적인 것에 집착한다고 비판했지만,[258] 김남천은 '사
실의 재편성'을 통해 세태를 풍속의 차원으로 높일 수 있다는 견
해를 드러낸다. 디테일의 진실성이란 사실을 克明하게 그리되, 사
실을 사실 이상으로 파악함으로써 가능하다.[259] 즉, 디테일의 진실
성이란 일상 사실-세태를 버림으로써 가능한 것이 아니라 오히려
그것을 통해 가능하다.

　모랄 개념의 발전된 형태인 풍속의 개념 역시 현실의 생생한 내
용적 본질을 고려하지 않은 채 성립된 것이었다. 풍속이란 과학적
세계관이 모랄을 거쳐 감각적·물적으로 풀어진 것으로[260], 구체적
인 문학적 형상을 갖는다. 다른 한편으로 이것은 세태가 모랄을
통해 풍속으로까지 지양된 것이다. 세태가 주체에 의해 매개되지
않은 관조주의의 양상이라면, 풍속은 모랄을 통해 주체에 의해 매

257) 김남천, 「사실의 재편성」, 『동아일보』, 1939. 5. 17.
258) 임화, 「사실주의의 재인식」, 『동아일보』, 1937. 10. 8~14.
259) 김남천, 「세태와 풍속」, 『동아일보』, 1938. 10. 25.
260) 김남천, 「세태 풍속 묘사 기타」, 『비판』, 1938. 5.

개된 문학적 형상이다(모랄은 현실을 인식하는 세계관의 주체적 측면으로서 그것이 세태를 지양하는 과정은 현실을 세계관에 의해 매개하는 것과 같은 것이다).

그러나 세태와 풍속이 확연하게 구별되는 것은 아니다.261) 풍속에 세태에 질서를 부여함으로써 문학적 개념으로 승화된 것이지만, 그 질서는 근본적으로 인간 삶의 양식에 바탕을 두고 있다. 세태 역시 사회적 관습의 기본적인 틀에서 행해지는 삶의 자연스런 표출의 양상이다.

김남천은 전형적 요소들이 충실하게 내포되어 있다는 점에서 풍속에 의미를 부여했다. 그가 풍속의 개념을 바탕으로 하여 로만개조론을 전개시킨 것은 '사실의 재구성'을 통한 풍속을 통해 전형성의 창조가 가능하다고 생각했기 때문이다. 그리고 이 전형의 창조로 상실한 소설성을 다시 획득할 수 있다고 그는 생각했다.

김남천은 풍속론을 통해 세태소설론을 문학적 현실로 인정하고, 세태를 스스로 개념화한 풍속으로까지 끌어올려야 한다고 했다. 그리하여 김남천은 풍속론에서 '이데로 된 인물'이 아니라, '인물로 된 이데'를 주장한다. '인물로 된 이데'는 세계관이 혈육화된 구체적인 형상이다. 김남천은 스스로 끊임없이 세계관을 주체화하려고 했지만, 자신이 생득적으로 지닌 소시민성과 함께 실천상의 제약으로 말미암아 한계를 드러낼 수 밖에 없었다. 주체에서 객체로의 중심 이동이라는 특징을 지닌 풍속론을 통해 김남천이 로만개조론의 단초를 마련하는 데는 이론적 모랄, 즉 주체화된 세계관을 드러낼 수 있는 가족사 연대기 형식이라는 내적 계기를 갖고 있었기 때문이다. 그 결과 그는 구체적 현실 내에 존재하는 인간

---

261) 안함광, 「김남천론: 문학의 주장과 실험의 세계」, 『비판』 10권 7호, 1939. 7.

들, 즉 세계관을 주체적으로 체득하고 있는 인물인 '인물로 된 이
데'를 창조할 수 있었다.

 '인물로 된 이데'를 강조하는 김남천의 인식은 그 당시 유행하
던 세태소설을 현실의 분열에 의해 '말하려는 것과 그리려는 것의
분열'로 보고, 극복하려고 했던 임화의 관점과는 대비되는 것이다.

> 사실을 사실 이상으로 세태를 세태 이상으로 현실을 현실 이상으로
> 파악함으로써 풍속은 비로소 문학적 관념으로 된다.
> 이렇게 된 풍속은 정황 정세 묘출의 대상이고 풍속에 대한 고현학 이
> 상의 연구관찰은 능히 '데텔의 진실성'을 확보할 수 있을 것이다.262)

 김남천은 주관을 객관 현실에 종속시켜 디테일의 진실성을 얻으
면, 이것을 리얼리즘의 성취라고 생각했다. 즉, 그는 디테일의 진
실성을 하나의 제재에 대한 구체적, 묘사의 관점에서 파악하며, 풍
속을 전형적 상황으로 끌어올려 그것을 구체적으로 묘사하면 디테
일의 진실성이 확보되는 것으로 생각하고 있다. 이런 그의 논지는
두 가지 측면에서 오류를 범하고 있다. 첫째, 엥겔스의 전형적 상
황과 전형적 인물을 자의적으로 해석하여 일신상의 과제가 주체화
되어 현현된 풍속을 전형으로 상정한 있는 점이다. 즉, 주체 내부
의 분열이라는 일신상의 과제를 개인적 차원의 전형으로 논하고
있는 것이다. 전형성이란 개별자와 보편자를 매개해 주는 핵심적인
개념인데도 불구하고, 분열된 자기를 주체화하여 드러내 주는 풍
속을 전형으로 상정하는 오류를 범하고 있다. 그러기에 그는 분열
을 문학적 현실로 인정하고서, 세태를 스스로 개념화할 수 있었다.

---

262) 김남천, 「세태와 풍속」, 1938. 10. 14~25.

둘째, 디테일의 진실성을 잘못 인식하고 있는 점이다. 디테일의 진실성이란 전체에 대한 부분, 하나의 구체적 사실을 묘사하더라도 그 속에 발전하는 전체 현실이 집약적으로 묘사되지 않으면 구체적인 진실성을 획득하기가 어렵다. 그런데 김남천은 디테일의 진실성을 주체에 대한 구체적 묘사로 축소시킴으로써, 작품에서의 올바른 현실 반영의 길을 놓치고 있다.263) 따라서 그의 작품 『大河』에서의 풍속 묘사는 인물의 의식과는 전혀 교섭함이 없이, 세태 묘사에 치우침으로써 디테일의 진실성을 놓치고 있다.

김남천은 조직의 해체와 조직 확대를 위한 실천을 할 수 없게 되었을 때, 모랄·풍속론에서 문학적 실천을 주장했다. 이때의 문학적 실천이란 물론 창작 행위로, 그가 내세운 주체 정립을 작품 속에서 어떻게 형상화하느냐와 관련된다. 그리고 그 형상화에 대한 해결책으로 제시된 것이 '묘사'였다.

그 당시 프로작가로서 유일하게 소설적 성공을 거둔 작가가 이기영이었는데, 김남천은 이기영 소설의 성공을 생활의 묘사 때문으로 인식했다. 이런 인식 때문에 고발문학론 이후 김남천이 제기한 창작 방법론은 풍속론을 통해 '묘사'의 문제에 집중되고, 이후 로만개조론으로 이어진다.

로만개조론은 모랄의 확립, 정황의 전형적 창조, 생기발랄한 인물의 창조, 지적 관심의 고양 등을 내용으로 하면서,264) 풍속의 문학적 개념을 근본적으로 전제하고 있다. 그가 가족사 연대기 소설을 통해 전형성과 과학적 합리성을 구현하려고 했던 것은 구체적

---

263) 이 점에서 본다면, 김남천은 세부의 진실성에 초점을 두어 성격의 운명을 통해서 사상을 표현하는 성격의 역할에 대해서는 간과했다고 할 수 있다.(이덕화, 앞의 논문, 119쪽.)

264) 김남천, 「현대 조선소설의 이념」, 『조선일보』, 1938. 9. 18.

인 장르를 통해 로만개조론을 실천하려는 의욕의 소산이었다. 요컨대 김남천은 로만 개조의 방향을 상정된 이념형에서가 아니라, 그 반대의 방향인 개별성에 대한 천착에서 시작하고 있다. 김남천이 개별성에서 시작하여 풍속을 통해 포착하고자 한 것은 바로 전형적 정황의 형상화였다.[265]

나. 로만개조론 - 가족사 연대기 소설론

고발문학론에서 김남천은 주체가 객관 현실을 올바로 반영하도록 하기 위해 주체 재건을 꾀하였다. 그러나 주체의 세계관 문제에 관심을 집중한 나머지 창작 방법의 문제를 소홀히 하였다. 이 해결하기 위해 그는 모랄 개념을 도입하였다. 그럼에도 불구하고 그는 객관현실의 형상화에 기여하는 세계관의 규정성을 올바로 인식하지 못했다. 모랄이란 포즈, 자기 고발 등의 개인적 신념에서 발전된 것이기 때문에 근본적으로 주관성을 초극할 수는 없는 것이다. 합리적이고 과학적인 객관적 인식이 결여될 경우에, 모랄은 언제나 '私事'로 전락할 가능성을 내포한다.

점차 노골화되어 가는 세계의 파시즘화와 함께 조선의 객관적 현실이 신체제론의 등장으로 악화 일로를 걷고 있는 상황에서, 김남천의 로만개조론은 이러한 객관적 현실을 문학적 실천을 통해 극복하기 위해 제기된 것이었다. 김남천은 로만개조론을 통해 주체가 인식하고 파악하는 객관 현실을 정당히 반영하고자 했다. 로만개조를 통해 객관 현실이 정당히 반영되는 것은 김남천이 고발

---

265) 김상욱, 「1930년대 후반 소설론의 구도와 쟁점」, 『국어국문학』 110, 1993. 12, 202쪽.

문학론에서 강조한 리얼리즘을 구체화하는 것이기 때문이다. 또한 리얼리즘의 전형성은 장편 소설에서 가능하며, '거대한 역사적 흐름의 광범한 기념비적인 존재'[266]를 소설화하기 위해서는 장편소설이 요구되기 때문이다.

따라서 김남천이 제기한 '로만개조론'은 세태소설이 아닌 고발문학의 내성적, 자기 성찰적인 작품 경향을 주체화된 세계관으로 발전시키고, 내성과 세태의 통합을 꾀한 것이었다.[267]

> 리알리즘을 실제에 있어서 생각해 보고 타방 손수 단편에 손을 대어 온 나로서는 지금까지 연구된 범위에 있어서 리알리즘이 가장 훌륭하게 구현될 수 있는 문학 형태는 오직 장편소설이라는 지론을 주장해 오지 않을 수 없었다.[268]

위의 글에서 알 수 있듯이, 김남천은 장편소설이 리얼리즘을 가장 훌륭하게 구현할 수 있는 것으로 보고서, 문단의 침체를 극복하기 위해 본격적으로 장편소설에 대한 탐구를 시작한다. 김남천이 잡다한 현실에서 본질적인 것과 현상적인 것을 변증적으로 파악하여, 현실의 총체적 구조에 접근할 수 있는 소설 양식에 관심을 갖게 된 소설만이 리얼리즘에 대한 인식의 깊이와 폭을 잴 수 있는 양식임을 로만개조론에서 보여주고 싶었기 때문이다.

그러나 김남천은 장편소설이 지니는 리얼리즘적 성격에 중심을 두기보다, 실제 창작 과정에서 나타날 수 있는 제반 이론에 보다 많은 관심을 기울였다. 실제로 그의 이론은 창작 과정과 연관하여

---

266) 김남천, 「외관사실주의」, 『조선일보』, 1937. 11. 7.
267) 강영주, 앞의 논문, 21쪽.
268) 김남천, 「장편소설에 대한 나의 이상」, 『청색지』, 1938. 8, 26~27쪽.

리얼리즘과 장편소설의 핵심적 범주, 즉 묘사의 문제, 전형성의 문제, 소설의 전체성 문제에 집중된다. 이와 같은 그의 인식은 실제적인 작업이 오히려 소설의 회복을 위해 절실한 것으로 생각했기 때문이다.

한편 그는 이러한 제반 연구의 과정을 통해, 조선에서 가능한 장편소설의 개조 문제를 탐구하게 된다. 그는 조선에서 장편소설이 침체된 원인을 살펴보고, 그런 현실에서 장편소설의 방법을 찾고자 했다. 이를 위해, 그는 먼저 현재 조선 소설의 현상을 진단하한다.

김남천은 임화가 세태소설과 내성소설의 극복으로 제시한 본격소설을 개인으로서의 성격과 환경 및 그 운명을 그리는 예술로 규정했다. 그러면서 그는 서구적 의미의 완미한 개성으로서의 인간 또는 그 기초가 되는 사회생활이 확립되어 있지 않으면 본격 소설 양식의 완성은 기대할 수 없다고 했다. 따라서 세태소설과 내성소설을 극복하고 양자의 융합을 통해서 '로만' 개조의 방향을 취하는 것이 당면의 방향이라고 주장한다. 김남천이 강조한 로만개조론은 임화의 세태·내성소설의 타개책으로써, '본격적·고전적 소설'은 구체적 대책이 되지 못한다는 관점에서 나왔다. 김남천은 로만개조론을 개괄하기 전에, 먼저 단편소설의 양식을 고찰한다.

> 種의 정황과 인물성격을 창조하려 할 때 단편소설의 구성상 사상을 단순화시키고 간결하게 과장함이 피할 수 없는 제약으로 된다. (中略) 인물을 다른 인물과의 복잡한 관계성에서 포착하지 못하고 정황을 다채로운 모순 속에서 개괄하지 못하는 탓에 창조된 성격이 우리의 광범하고 뒤엉킨 실사회의 것과는 여간 동떨어진 것으로 안될 수가 없다.269)

김남천은 단편의 양식인 노벨과 장편의 양식인 로만을 구별하며, 전형적 상황에서 전형적 인물을 추구하는 리얼리즘 문학에서는 단편의 양식보다는 장편의 양식이 적절한 양식임을 천명한다. 장편소설은 사회 생활의 종단면을 취하여 비교적 긴 역사 과정을 서술할 수도 있고, 그것의 횡단면을 취하여 광활하고도 복잡한 생활을 다각적이고도 구체적으로 묘사할 수 있다. 또한 다채로운 현실 생활을 심각하게 제시할 수도 있고, 비교적 복잡한 사회적 관계와 계급적 모순을 제시할 수도 있다.270) 따라서 '로만'은 시민 사회의 특수한 여러 모습을 담기에 가장 적절한 표현형식이다.

이처럼 김남천이 장편의 양식을 구체적인 대안으로 삼은 것은 당시의 문단 침체 현상을 가장 효과적으로 극복할 수 있는 양식상의 질적 우수성 때문이었다. 장편은 묘사를 통해 사회의 전체상을 반영할 수 있었고, 리얼리즘을 확실하게 견지할 수 있었다.271)

로만'개조'라는 말은 기존의 로만이 지니고 있는 문제점에 대한 인식을 내포하고 있다. 그리고 장편소설이 리얼리즘의 실현에 가장 적합한 양식이라는 명제와 당대 작품의 문제점에 대한 인식을 기반으로 하고 있다. 그 당시는 문단 침체의 타개책으로 전 문단에서 장편소설에 대한 활발한 논의가 활발히 진행되었다. 김남천이 루카치나 헤겔의 이론을 원용해서 소설이 자본주의의 전형적 양식임을 거듭 천명할 때도, 장편소설의 양식을 문단 침체의 타개책으로 본 것이었다. 염두에 두고 있었다. 김남천의 장편 소설론은 조

---

269) 김남천, 위의 글, 1938. 8.
270) 누시노프·세이트린, 백효원 역, 『사회주의 문학론』, 과학과 사상, 1990, 80쪽.
271) 정희모, 「1930년대 후반 김남천의 장편소설론 연구」, 한국문학연구회 편, 『1930년대 문학연구』, 평민사, 1990, 42쪽.

선의 사회적 기초와 장편소설의 발전이 불가분의 관계에 있다는 인식에 그 토대를 두고 있다. 이는 소설이 '자본주의 사회의 전형적인 문학 장르이며, 전형성 창조의 유일무이한 장르'라는 헤겔에서 루카치로 계승된 명제에 그 근거를 둔 것이다. 또한 장편소설이 리얼리즘의 실현에 가장 적합한 장르라는 인식을 근거로 하고 있다. 이를 바탕으로 하여 김남천은 조선에서의 소설 발전과 그 장르사적 의미를 탐구하면서, 조선에서 장편소설이 발달하지 못한 이유를 다음과 같이 설명한다.

첫째, 장편소설의 미발달은 사회적 제 관계의 기형적인 발전과정의 반영 때문이다. 조선의 소설은 아시아적 정체성으로 인해 정상적인 근대 사회로의 발달 단계를 거치지 못했고, 몰락기에 있는 자본주의를 받아들임으로써 기형화되었다. 즉, 조선의 사회적·경제적 발전은 서구와 같이 순서상 단계적인 것이 되지 못하고, 질병적이면서도 기형적인 것이었다. 이로인해 사회적 토대 위에 건축되는 여러 이데올로기 현상들이 불과 일이십 년 내외에 혼효된 상태에서 생겨났다. 그 결과 장편소설이 발생할 태반인 문학적 유산이 거의 없었다.

둘째, 조선의 장편소설은 대부분 저널을 통해서 발표되었기 때문이다. 이러한 풍토에서 장편소설은 신문을 통해서만 발표되었고, 이로 인해 신문이 지니는 상업주의에 의한 일상성과 통속성을 극복할 수 없었다. 그 결과 장편소설은 오히려 타락의 방향으로 가게 되었다.[272]

이런 현상으로 인해 로만 개조의 필요성이 대두된다. 그리고 위대한 리얼리스트는 현대가 시민작가의 손에 의해 로만이 붕괴되는

---

272) 김남천, 「조선적 장편소설의 일 고찰(완)」, 『동아일보』, 1937. 10. 23.

시대인 것을 알고, 로만이란 장르 자체의 변화와 개조에 노력해야
한다. 아울러 저널리즘도 나름대로 로만의 발전을 위해 노력해야 한
다. 이러한 김남천의 논지는 임화의 논리와 일맥상통한 것이었다.

> 소설은 개인으로서의 성격과 환경과 그 운명을 그리는 예술이나 서구
> 적 의미의 완미한 개성으로써의 인간 또는 기초가 되는 사회생활이 확립
> 되어 있지 않는 한 소설양식의 완성은 기대할 수 없다.
> 이런 의미에서 진정으로 개성이기에 다분히 봉건적인 신문학, 또는 개
> 성이기보다는 지나치게 집단적인 경향문학은 결국 조선에 소설양식을 완
> 성할 수 없었다.[273]

위의 글에서 알 수 있듯이, 김남천과 임화는 둘 다 소설의 장르
적 특성을 서구적 의미의 개성 발휘에서 찾았다. 그리고 조선에서
소설이 침체 된 원인을 근대적 전통의 결여로 보았다. 그러나 해
결방법은 두 사람에게서 상이하다. 임화가 문학적 실천의 목적을
문학을 통한 현실인식에 두면서 리얼리즘의 정도를 견지하는 반면,
김남천은 문학적 실천의 목적을 주체 재건에 두었기 때문이다. 이
로 인해 임화의 소설론은 '주인공 – 성격 – 사상'으로 나아간 반면,
김남천의 소설론이 '세태 – 사실 – 생활'로 나아가게 되었다.

임화는 세태소설론에서 소설 양식에 대한 내재적 분석을 통해
조선 소설의 현재를 진단한다. 그는 이 글에서 당대 소설들의 공
통된 특징으로 '사상성의 감퇴'를 들고, 소설을 내성소설과 세태소
설로 구분한다. 서로 대비되는 이 두 소설 경향이 같은 시기에 나
타나게 되는 원인을 임화는 "작가의 내부에 있어서 말하려는 것과
그것을 그리려는 것과의 분열"[274]로 파악했다. 창작 심리의 분열

---

273) 임화, 「본격소설론」, 『문학의 논리』, 1940, 375쪽.

과 성격과 환경의 분열이 이러한 결과를 낳게 되었다. 임화는 이러한 현상의 구체적인 예로 박태원의 『천변풍경』과 이상의 『날개』를 들고 있다. 이 두 작품이 모두 리얼리즘과는 거리가 멀다는 것이 임화의 평가이다.

그런데 일찍이 최재서는 이 두 작품을 분석하면서, 『천변풍경』은 객관적인 대상을 객관적인 눈으로 관찰하였기 때문에 리얼리즘이 확대된 것이고, 『날개』는 고도로 지식화된 소피스트의 주관 세계를 객관적으로 관찰함으로써 리얼리즘이 심화된 것으로 평가한다.[275]

최재서의 이러한 소설 평가에 대해 김남천이 정작 반론을 제기한 것은 최재서가 아니라 임화였다. 김남천은 임화가 창작 심리의 분열과 성격과 환경의 분열이라는 두 계기를 포착하여 그 사회적 근거를 명백히 한 노력은 인정되나, 그 결론은 비관주의적 태도에 불과할 뿐임이어서 장편소설 발전에 기여할 수 없는 것이라고 했다.[276] 김남천의 지적을 받고 임화는 장편소설의 정당한 발전을 위한 구체적 방향을 설정하게 된다. 임화는 세태소설과 내성소설이 조화를 이룰 때 본격소설이 기대될 수 있는데, 작가의 자기 무력으로 인해 작품이 통속에 함몰되고 있음을 지적한다. 따라서 장편소설은 세태소설이 아니면 통속소설이 될 뿐이다. 통속소설에서는 묘사가 부족하고 세태소설에서는 전형적 성격이 결여되어, 두 소설 경향은 플롯이 미약하고 구성력의 결여 되어 있다. 따라서 당연히 이 시기에는 19세기 서구의 고전적 로만과 같은 본격소설

---

274) 임화, 「세태소설론」, 『동아일보』, 1938. 4. 1~6.
275) 최재서, 「천변풍경과 날개에 관하야 – 리얼리즘의 심화와 확대」, 『조선일보』, 1936. 10. 31~11. 7.
276) 김남천, 「세태와 풍속」, 1938. 10. 14~25.

이 요망된다.

그러나 김남천은 고전적 로만과 같은 본격소설이 장편소설의 전망을 말하는 것일 수는 없다고 했다. 서구적 의미의 완미한 개성으로서의 인간이나 그 기초가 되는 사회 생활이 조선에서는 확립되어 있지 않았기 때문이다.277) 즉, 김남천은 서구적 의미의 완미한 개인이나 사회 생활이 조선의 현실에 그대로 부합되는 것은 아니라고 보았다.

김남천은 장편소설의 개조 방향을 세 가지로 제안했다. 에스프리나 지성·사상을 제시하는 것, 장르사적 고찰에 의해 소설 형태의 개조를 꾀는 것, 저널리즘 현상을 기조로 신문 소설과 순수 소설을 분화하는 것 등이 그것이다.278) 이러한 대안들은 조선의 현실적 상황을 고려하여 창작가의 입장에서 실천적이고 구체적인 방향을 모색하는 과정에서 나온 것이다. 그렇지만 김남천 이러한 대안들이 당시의 객관 상황에서 가지는 기능과 그 미학적 대해서는 언급을 하지 않았다.

모랄론과 풍속론은 김남천이 스스로의 한계로 인식한 세계관의 문제를 창작 방법론에 대한 고찰을 통해, 개인 내부의 문제를 해결하려는 내성소설과 시정의 풍속을 형상화한 세태소설로 바꾸려는 의도에서 나온 것 었다.279) 그러므로 김남천은 "금일에 있어 시민 작가가 인텔리겐치아로서 양심을 지키는 것은 현실을 사태적으로 보고 그 한계를 지키는 것이 가장 평탄한 길이요 또 범죄를 범하지 않는 유일한 길"280)이란 논리를 펼 수 있었다.

---

277) 김남천, 앞의 글.
278) 김남천, 「현대 조선소설의 이념」, 『조선일보』, 1938. 9. 10~18.
279) 이덕화, 앞의 논문, 124쪽.
280) 김남천, 「소설의 운명」.

김남천이 현실을 사태적으로 본 것은 자본주의화 과정에서 몰락의 길을 걷고 있는 세계의 파시즘화에 대한 관망에서 나온 것이다. 이러한 관망을 통해 김남천은 파시즘화 되고 있는 상황에서 문학이 위기 극복을 위해 '로만개조론'을 주장하게 되었다. 그러나 '로만개조론'은 내성·세태소설로 흐르는 문단의 현실을 일단 인정하고, 문단 침체를 극복하기 위한 대안으로 제시한 것이었다. 그러나 세계관의 문제나 현실 반영의 문제를 문학을 통한 실천으로써가 아닌, 과학의 힘으로써 해결하려는 오류를 범했다.

김남천은 과학과 문학이 둘 다 현실의 본질 인식이라는 점에서는 동일하지만 문학은 형상에 의한 인식이고 과학은 개념에 의한 인식이란 점에서 차이가 있음을 주장한다. 문학과 과학의 교섭점은 합리적 핵심이며, 이 합리적 핵심이 아니면 문학적 형상은 올바른 현실 반영을 할 수 없다. 문학적 형상의 핵심은 자연과학이나 사회과학이 갖는 이론적 범주의 합리성과 직접적인 관계를 갖기 때문이다. 과학이 도달한 합리적 핵심(진리)이 모랄을 통해 주체화되는 과정에서 작가의 세계관이 작용하는 것을 김남천은 사회과학자나 자연과학자가 분석한 합리적 핵심에 근거해 설명한다. 이에 의해 그는 주체와 현실의 교호작용에서 생성되는 세계관을 외부에서 선취되는 것으로 인식한다. 따라서 김남천은 "과학적 개념이나 세계관이 주체화되려면 일신상 진리로서 파악하여 그것을 풍속 속으로 끌고 들어가야만 비로소 개념은 문학적 표상을 얻는 것"281)이라는 논리를 편다. 그러나 이런 그의 논리는 과학자에 의해 도출된 과학적 핵심을 세계관으로 삼자는 것으로, 작가 주체의 인식을 배제하는 비변증법적인 태도를 드러낸다. 과학의 합리적

---

281) 김남천, 「현대 조선소설의 이념」, 『동아일보』, 1938. 9. 10~18.

핵심을 일신상의 진리로 삼아 풍속 속으로 끌어갈 때, 주체는 작가가 되고, 풍속은 사회 현상이라고 된다. 그런데 김남천에 의하면, 풍속은 "사회의 생산 기구에 기초한 인간 생활의 각종의 양식에 의해 종국적으로 결정을 본 것으로, 사회의 물질적 구조상의 제 계단을 하나로 일괄한 공통적인 사회현상"282)이기 때문에, 풍속만을 묘사한 문학은 전형적 상황에서 디테일의 진실성을 추구하는 리얼리즘과는 상관없는 세태묘사가 된다. 풍속만을 묘사한 문학 리얼리즘과는 상관없는 것이므로, 풍속에 의한 김남천의 소설론은 한계를 갖게 된다.

그후 김남천은 풍속에 근거한 로만개조론을 더욱 구체적인 전형적 상황의 묘사로 발전시키기 위해 가족사 소설, 전체적 발전 과정을 그리기 위해 연대기 소설들에 대한 논의로 천착해 간다. 이러한 천착은 풍속을 통해 그 속에 내재된 모랄을 전형적 정황과 합치시키려는 것이었다.

풍속을 가족사로 끌고 들어가면 우리 작가가 협착으로밖에 살펴보지 못하던 넓은 전형적 정황의 묘사가 가능할 수 있으리라고 생각한 때문이고, 그것을 다시 연대기로써 파악하자는 생각은 우리의 정황묘사를 전형화하고 그 묘사의 핵심에 엄밀한 합리성과 과학적 정신을 보장하겠다는 심사다. 다시 말하면 작가의 지적 관심을 높이겠다는 심사다. 한편 우리가 현 순간에서 발견하지 못하였던 발랄한 생기있는 인물로 된 이데아를 현세의 생성과정에서 잡아보려는 야심을 일으키어 현세인 그 자체에 대한 새로운 발견이 가능하지 않을까.283)

---

282) 남천, 「일신상의 진리와 모랄」, 『조선일보』, 1938. 4. 22.

283) 김남천, 「현대 조선소설의 이념 – '로만' 개조에 대한 일(一) 작가의 각서 –(7)」, 『조선일보』, 1938. 9. 18.

위의 인용문처럼, 김남천은 과학적 개념이나 세계관이 주체화되어 도덕, 사상 또는 모랄을 일신상의 진리로 파악하여 그것을 풍속 속으로 끌고 들어가야만 비로소 개념이 문학적 표상을 얻을 수 있다고 있다. 그리고 이러한 문학적 표상의 방법을 세가지로 제시한다. 첫째, 풍속을 작품화하기 위해서는 풍속을 가족사를 통해 구현시켜 나감으로써 폭넓은 정황을 묘사할 수 있다. 둘째, 연대기적 파악을 통해 정황의 묘사를 전형화하고 그 핵심에 과학성과 합리성을 부여할 수 있다. 셋째, 조선에서 시민 사회의 발흥기에 해당하는 개화기를 무대로 함으로써, 현대에서 찾기 어려운 발랄한 인물을 창조하고, 이에 따라 사회와 개인의 발생·生長·소멸을 그 전체적 발전의 모습으로 형상화할 수 있다.

이러한 방법들을 제시하면서, 김남천은 작가의 사상이나 주관을 작중인물 위에 덧붙여서, 그의 행동이나 자유를 구속하지 않고 사상－현실에의 지적 관심과 분석을 문학적 표현에까지 이르게 하기 위해서는, 생기발랄한 작중인물의 행동에서 명확한 형상성을 확보하는 것이 필요하다고 주장한다. 그 결과 발랄하고 생기 있는 '인물로 된 이데'를 프로문학 운동을 담당했던 지식인의 형성과 성장 과정에서 찾을 수 있고, 전형기에 처한 지식인 자체에 대한 새로운 발견을 할 수 있다고 한다. 다시 말하면 발랄한 생기 있는 인물로 된 이데를 창조하기 위해서는 사회와 개인의 생장, 성장, 소멸의 과정을 그 전체적인 발전의 모습으로 형상화해야 한다는 것이다.

한편 김남천은 장편소설론에 대한 다른 논자들의 의견을 다음과 같이 비판한다. '이야기로부터 로만에의'를 통해 장편소설론에 대한 논의를 전개한 한설야에 대해서는 이야기와 로만의 시대적·작품적 개념의 불명확함을, 백철의 신장편소설론에 대해서는 세태 묘사와 심리 묘사를 그대로 방임한 채, 순수소설과 통속소설의 구별에 머무름으로써 새로운 방법적 제시를 하지 못한점을, 임화의 세태소설론에 대해서는 최근 조선소설계의 세태 묘사, 심리 묘사의 분열과 형태상의 붕괴 내지 변형을 초래한 채 비관주의적 태도 이외의 아무것도 제시하지 못하였음을, 매일 쓴 1회분을 완결에 가깝게 써서 이를 종합하여 하나의 장편을 만들자는 이원조의 신문소설 분화론에 대해서는 신문소설의 상식, 도덕의 입지를 먼저 근본적으로 생각하여야 됨에도 이를 무시하였음을 각기 비판하였다.284)

그러면서 김남천은 로만 개조의 기본 내용으로 모랄의 확립, 전형적 정황의 묘사, 생기발랄한 인물의 창조, 지적 관심의 고양 등을 설정하였다. 그리고 이것들이 상실된 소설성을 회복할 수 있으리라는 기대를 걸고 있다. 그리고 총체성을 지향하는 리얼리즘의 기본 요소인 세계관, 전형적 인물, 전형적 상황이 로만 개조라는 김남천의 논리는 사실을 사실 이상으로, 세태를 세태 이상으로 묘출하여 세태 묘사가 단순한 기법, 수법, 기술의 차원이 아닌, 문학 정신, 또는 관념 수준인 풍속의 차원이 되어야 함을 강조한다.

김남천은 자연주의의 위험성을 경계하면서 리얼리즘의 전형화를 위해 디테일의 진실성과 전형적 정세의 묘출을 강조한다. 김남천은 성격 창조의 면에서 통속소설의 특징을 성격과 환경의 갈등에서 빚어지는 사건이나 행동을 묘사한 것이 아니라, 성격을 일방적으로 설명하는 것으로 본다.285) 과학적 개념이나 세계관이 주체화

---

284) 김남천, 「세태와 풍속」,『동아일보』, 1938. 10. 14~25, 「소설의 당면과제」,
  『조선일보』, 1939. 6. 23~25.
285) 김남천, 「十一月 創作評, 通俗小說에의 誘惑 ─ 함대훈과 이선희」,『조선
  일보』, 1938. 11. 10.

하려면, 모랄을 일신상의 진리로 파악하여 그것을 풍속으로 끌고 들어가야한다. 그래야만 비로소 과학적 개념을 문학적 표상을 얻게 된다. 특히 풍속을 가족사 연대기 소설로 끌고 들어갈 때, 전형적 정황의 묘사가 가능하다. 그러나 김남천은 당대의 현실에서 '생기 발랄한 인물'의 창조가 어떻게 가능한가에 대해서는 구체적인 언급을 하지 못했다. 또한 전형적인 정황의 묘사나 디테일의 진실한 묘사가 세태와는 질적인 차이가 있으면서도 공통점을 지닌다고 하면서 '세태를 풍속에까지 높이자'고 했는데, 그 방법에 대해서는 구체적인 논의를 하지 못한 한계를 갖는다.

모랄론에서 풍속론, 로만개조론까지 이어지는 행로는, 김남천의 세계관이 불철저하더라도 객관적 현실만 철저히 연구하면 리얼리즘의 승리를 가져올 수 있다는 엥겔스의 발자크론이 전제로 깊이 깔려 있다. 또한 하나의 체계를 가지고 있는 것 같으면서도 과학적 핵심으로 이해된 세계관이 풍속이나 가족사를 통해 전형적 상황을 묘사할 수 있다는 로젠타의 창작방법론, 즉 창작방법과 세계관이 모순될 수 있다는 이론에 근거하고 있다. 일제의 파시즘에 의해 객관적 정세가 악화되던 상황에서, 문학 정신을 구현하고 소설 완성을 위한 로만개조의 방향은 리얼리즘에로 나아가는 길밖에 없었다. 김남천은 로만의 장래에 대한 이론적 바탕을 루카치에게서 원용하면서, 졸라 시대를 전환점으로 하여 시민 장편소설이 하나는 제임스 조이스에 이르는 소설 형식의 붕괴 방향으로, 다른 하나는 고리끼를 통해 고대 서사시와의 형식적 접근을 이루려는 발전적 방향으로 나아갔다고 여겼다.[286] 이러한 인식하에 김남천은 세태와 내성을 함께 지양하여 풍속에까지 나아가, 종국에는 가

---

286) 김남천, 「소설의 운명」, 앞의 책, 12쪽

족사와 연대기로 들어가는 장편소설 개조의 방안을 제시하게 된다.

> 현재 우리 문학이 도달한 모든 성과를 자신의 체질로써 섭취하고 이 것을 들고 곧바로 장편소설 개조의 방향을 찾아보자는 것이다. 약 일년 동안 내가 우리 작가에게서 배운 것은 좋은 의미에서의 풍속세태의 문학 적 가치다. 또한 외국문학에게 내가 친히 섭취하려 하는 것은 가족사나 연대기에 관한 것이다.[287]

김남천이 장편소설 개조의 방향이 가족사나 연대기로 현현되는 소설에 있음을 말한 것은 사회와 인물을 생장과 소멸, 즉 전체적 발전에서 묘출하고자 했기 때문이다. 김남천은 소설이 가족사나 연대기로 현현될 때, 다시 말해서 가족사나 연대기로 장편소설 개 조가 이루어질 때, 정황의 묘사가 전형화 될 수 있다고 했다. 김남 천이 가족사나 연대기로 들어가고자 한 이유는, 이러한 소설들이 객관현실의 정황을 진실하게 반영할 수 있으리라 보았기 때문이 다.[288] 따라서 김남천의 입장에서 볼때, 가족사 연대기 소설은 전 형성을 가장 잘 드러낼 수 있는 양식이 된다. 가족사 연대기 소설 은 가족 구성원 간의 갈등과 몰락으로 단순화된 것이 아니라, 당 대 사회를 구성하는 상호간의 갈등과 대립 양상을 과학성과 합리 성의 토대 위에서 형상화하기 때문이다.

김남천이 과학자에게 떠맡긴 현실에 대한 분석은 사회에 대한 과학일 뿐, 그 자체가 문학가의 세계관이나 일신상 진리는 아니다. 즉, 김남천이 과학적 핵심으로 이해한 현실에 대한 분석은 작가에 게 올바른 현실 반영을 위한 하나의 계기가 될수는 있지만, 그 자

---

287) 김남천, 「장편소설에 대한 나의 이상」, 『청색지』, 1938. 8.
288) 김남천, 「현대 조선소설의 이념」, 『조선일보』, 1938.

체가 세계관이 될수는 없다. 왜냐하면 세계관은 총체적인 사회 현실에 대한 계급적 태도이기 때문이다. 세계관은 문학적 실천을 포함한 모든 사회적 실천에 의해서 형성된다. 그렇기 때문에 과학자의 사회적 분석이나 풍속의 관찰을 통해 주체를 재건하는 모랄의 확립은 이루어지기 어렵다.

작가의 세계관 형성 과정에서 근본적인 중심이 되는 것은 총체적인 사회적 현실이지, 작가가 묘사하는 객체인 현실의 일면이 아니다. 세태소설이나 내성소설의 극복을 위해 김남천의 로만개조론을 내놓은 것은 극복해야 할 전체적 현실보다는, 문학적·단편적 현실을 문제 삼은 맹점을 지닌다. 그렇기 때문에 전형적 상황은 풍속이나 가족사로 묘사되어야 할 문학적 현실로 바뀌게 된다.

필자는 여기서 문학의 목적에 대한 근본적인 질문을 새삼 다시 할 필요를 느낀다. 객관적 현실의 올바른 반영으로서 리얼리즘 문학은 인식 작용과 함께 실천 작용까지 포함한 것이기 때문이다. 리얼리즘 문학은 현재의 세계에 대한 올바른 인식과 함께 더 나은 세계를 지향하는 실천성을 갖기 때문이다. 그러나 김남천이 지향하는 로만개조론은 전체적·역사적·합법칙적 발전에 대한 대응을 하기 보다는 문학 현실을 개조하려는 노력, 즉 작가들이 로만개조를 통해 문단의 침체기를 극복하기만을 바랄 뿐이다. 따라서 김남천의 로만개조론은 가족사·연대기 소설로써 사회와 인물을 전체적 발전의 과정에서 형상화하는 새로운 로만장르를 생성시킬 수 있다고 보았지만, 그것이 구체적으로 어떤 형태가 될 것인지에 대해서는 언급을 하지 못했다.

물론 김남천은 '사실을 사실 이상으로, 세태를 세태 이상으로, 현상을 현상 이상으로 파악'하려고 한다. 그리고 이렇게 파악함으로써 풍속이 문학적 관념이 된다는 인식을 통해 전형적 환경을 고려했다. 그렇지만 풍속이 전체를 대표하기 위한 문학적 장치에 대해서는 거의 언급을 하지 못한 채, 다만 풍속이 연대기로 표현될 때 전형화될 수 있고 현상을 현상 이상으로 파악해야 한다는 당위론만 펴고 있을 따름이다.

이와 같은 한계에도 불구하고, 서구적 지향을 보여준 임화와는 달리 김남천의 로만개조론은 19세기적 서구의 고전적 로만을 그대로 조선소설의 지향점으로 삼을 수 없음을 인식하고 장르론에 천착하였다는 의의를 갖는다.

다. 관찰 문학론과 전형론

모랄론과 풍속론을 통해 김남천이 획득하고자 했던 것은 세계관과 현실의 연계였다. 김남천은 점차 노골화되어 가는 세계의 파시즘화와 함께 조선의 현실 또한 파시즘의 본격화, 신체제론의 등장 등으로 어렵게 되자 '로만개조론'을 주창한다. 김남천은 로만개조론을 기점으로 하여 "세태 혹은 풍속과 함께 당해 사회의 세계사적 이념까지를 과학적으로 소상히 알아 놓지 않고는 소설가는 당해 시대의 어떠한 인물, 어떠한 사건에 대해서도 아름다운 묘사를 보여줄 수 없다."[289]라고 하였다. 이는 작가의 세계관보다는 객관 현실의 내재적인 힘을 더 강조한 것이다.

소시민 작가가 지닌 내면의 한계와 외적 상황의 제약 때문에, 김남천은 자신이 끊임없이 추구해 오던 세계관의 혈육화 문제를 오직 현실 속에 내재한 전형적인 요소에서 재확인하고자 했다. 현

---

289) 김남천, 「創作餘墨 – 성격창조에 대하여」, 『동아일보』, 1939. 2. 2.

실의 본질과 현상을 통합하는 예술적 형상화는 인물의 성격화를 구체적 방식으로 전형화함으로써 가능하기 때문에, 소설의 예술화 방법은 성격론을 통해 구체화된다. 이런 측면에서 본다면, 김남천이 인물의 성격화를 탐색하려 했던 것은 나름대로 의미를 지닌다.

김남천은 객관적 현실의 문학적 실천을 위해 묘사의 정신 내지 관찰의 정신인 관찰 문학론을 주장한다. 관찰 문학론의 기본 명제는 '객관에 주관을 철저히 종속시키는' 발자크류의 묘사의 정신과 전형의 문제이다. 김남천은 「시대와 문학의 정신-'발자크적인 것'에의 정열-」(『동아일보』, 1939. 4. 29~5. 7.)에서, 당시가 발자크의 웅대하고 치밀한, 티끌 하나도 용서하지 않는 가혹한 묘사 정신에 정열을 기울일 때이며, 이것은 역사의 필연이라고까지 강조한다. 김남천이 이런 생각을 하게 된 이유는, 고발문학론 이후 소시민적 세계관을 인정하고, 그 한계 안에서 현실과 대응하는 길은 리얼리즘 방법에 의해서만 가능하다고 생각했기 때문이다.

김남천은 관찰 문학론을 두 방향으로 모색한다. 한 방향은 발자크 연구를 통해 관찰의 탐구를 시작하는 것이고 또 한 방향은 장편소설에 대한 장르적 고찰을 통해 세계를 전망하는 것이다. 관찰 문학론은 더 이상 진보적인 세계관을 견지할 수 없는 시대적 한계 상황을 인정하고, 그러한 상황에서 소시민 지식인 작가로서 할 수 있는 최소한의 문학적 실천을 제시하고 있다. 그러나 이 관찰 문학론은 비평의 지도성을 포기하고, 순수 창작 방법의 이론으로 회귀한 것이었다.

김남천이 관찰문학론에 보여주고자 한 것은 장편소설이 전체성을 문제 삼는 장르라는 점, 그 전체성은 묘사를 통해서 인물의 행위와 상황을 사회 전체와 대면시킨다는 점, 그리고 그것이 바로

산문 정신이라는 점이었다.[290]

관찰문학론에서 중심이 되는 것은 전형의 문제이다. 즉 '전형적 상황에서의 전형적 인물의 형상화'에 관한 문제이다. 가족사 연대기론에서, 김남천은 '인물로 된 이데'를 찾기 위해서는 인물과 정황을 창조할 때, 작자의 관념이나 도식이 현실을 왜곡하지 않아야 하며, 사상－현실에의 지적 관심이 문학적으로 표현되어야 한다고 했다. 또한 생기발랄한 작중인물의 행동은 명확한 형상성을 확보하는 것이 필요하다고 했다. 이러한 주장은 1930년대 후반기의 리얼리즘론에서 노출된 성격과 환경의 분열을 극복하려는 의도였다.

김남천이 "사회 기구의 본질이 표면화된 것이 풍속이다."[291]라고 했을 때, 거기에는 풍속 현상에서 사회의 본질적인 것을 찾고자 하는, 즉 '典型'을 찾고자 하는 시도가 있었다. 김남천의 전형론의 출발점은 발자크 연구에서부터인데, 그는 작가의 사상이 주인공이 아닌 작품 전체 구조 속에서 구현되어야 한다고 생각했다. 즉, 김남천은 인물의 성격이 어떤 강력한 사상을 담보해야 한다는 안함광, 임화와는 달리 사회의 모순을 그대로 첨예하게 반영하고 있는 상황 및 인물을 '精髓' 혹은 '凝縮'의 방법으로 제시해야 한다고 생각했다. 따라서 그는 '속물성을 비웃는 인간이 아니라 속물 그 자체를 강렬성에서 구현하고 있는 인물'을 그리는 것으로 엥겔스의 전형론을 이해했다. 이런 김남천의 전형론은 현실적 전형성이 단일한 인물을 통해 현상되는 것이 아니라, 상호 역동적인 다양한 전형들의 체계 속에서 형성된다는 점, 주제는 전형적 인물들의 행동과 이를 중심으로 형성되는 풍속묘사, 세태상에 의해 환기

---

290) 김남천, 「관찰문학소론－발자크 연구노트 3」, 『인문평론』, 1940. 4.
291) 김남천, 「현대 조선소설의 이념」, 『조선일보』, 1938. 9. 10∼18.

된다는 점, 그리고 전형적 인물들이 구성되는 형식성은 '응축과 정선'의 방식을 취한다는 점 등을 단편적으로나마 이해한 것이다. 따라서 김남천 전형의 창조가 창조된 인물이 사회적 환경 또는 생활 환경을 얼마나 적절하게 드러낼 수 있는가에 달려 있다고 본다.

김남천은 풍속을 작품화하면 전형적 묘사가 가능하고, 그것을 가족사 가운데서 구현하여 연대기로 파악하면 정황의 묘사를 전형화할 수 있다고 파악했다. 이에 의해 그는 전형의 창조 방법을 위해 전형적 인물(성격)에 대한 탐구에 들어간다. 연대기에서 시간의 진행은 행동의 강도에 의해서 결정되지 않고 규칙적이며, 사건은 무차별적으로 기록된다. 따라서 작가는 각 인물에 대해서 객관적일 수 있고, 사건을 전체적으로 조감할 수 있다. 이러한 기술의 객관성, 진행의 규칙성이 묘사의 전형화 및 합리성을 가져올 것으로 김남천은 이해했다.[292]

김남천은 전형론의 전개를 발자크 연구에서부터 시작했다. 김남천의 발자크 연구는 4부로 나뉘어 구체화되었다.[293] 이것은 임화의 본격소설론과 최재서의 전형론, 자신의 로만개조론등이 성격에 대해 투철한 사상이나 수법을 논의하지 못한 채 심리주의적 경향을 보인 것에 대한 반성의식에서 나온 것이었다. 따라서 그는 이러한 논의들을 좀더 복잡하고 다양하게 연구하려는 작가로서의 진지한 노력의 일환으로 발자크에 대한 연구를 하게 되었다.[294] 김

---

292) 최유찬, 「1930년대 역사소설론 연구」, 연세대 대학원 석사학위논문, 1983, 67쪽.
293) 김남천, 「발자크 연구노트 1 – 고리옹과 부성애, 기타」, 『인문평론』, 1939. 10. 「발자크 연구노트 2 – 성격과 편집광의 문제」, 『인문평론』, 1939. 12. 「발자크 연구노트 3 – 관찰문학소론」, 『인문평론』, 1940. 4. 「발자크 연구노트 4 – 체험적인 것과 관찰적인 것」, 『인문평론』, 1940. 5.
294) 김남천, 「발자크 연구노트(2) – 성격과 편집광의 문제」, 『인문평론』 3, 1939.

남천이 발자크 소설을 분석하면서 느꼈던 점은 세부 묘사에서의 치밀함이었다. 그는 세부 묘사의 풍부함이 다양한 성격을 창조하고, 그 환경 속에서 인물의 운명이 그려짐으로써 소설의 전체적인 주제가 형상화됨을 인식하였다. 그런데 이런 부분들은 세부 묘사에서부터 사회적 구체성과 폭넓게 결합하고, 이를 연속·확장함으로써 전형적 환경 속에 전형적 인물을 형성해 가게 된다.

김남천은 발자크 소설의 명석성을 '환경의 치밀한 묘사와 성격적 전형의 창조, 근대 사회생활의 전 조직을 흐리고 있는 원천의 해명'295) 등으로 요약하였다. 그 결과 그는 개별성, 특수성, 보편성의 상호 작용 체계를 해명할 가능성을 보여주었다. 김남천이 발자크 연구를 통해 전형 창조의 이론을 수립하려고 한 것은 엥겔스의 명제인 '전형적 환경에서의 전형적 성격'을 발자크의 작품을 통해서 실증적으로 분석하고 이해하기 위해서였다.

김남천이 발자크에 대해 매력을 가진 것은 엥겔스와 엥겔스의 이론을 그대로 이어받은 로젠탈이 '세계관과 창작 방법이 모순될 수 있다'는 이론의 전범으로 발자크를 지적했기 때문이다. 그러나 누시노프는 「세계관과 창작방법론에 대한 문제의 검토」에서 로젠탈이 세계관을 이분법적으로 이해하고 있다고 비판했다. 그런데 김남천도 로젠탈처럼 세계관과 현실의 이분법적 분리를 보여준다.296) 왜냐하면 예술 창작 방법은 작가가 연구하고 묘사하는 대상이나 현상에 의해서 직접적으로 규정되는 것이 아니라, 모든 사회적 현실이나 계급적 실천에 의해서 규정되는 것이기 때문이다.

12, 80쪽.

295) 김남천, 「'고리오 영감'과 부성애, 기타-발자크 연구노트 1」, 『인문평론』, 1939. 10.

296) 루나찰스키 외, 김휴 역, 『사회주의 리얼리즘론』, 일월, 1987, 61쪽.

또한 작가는 그 계급의 세계관으로 현실을 조명하고 폭로하기 때문이다.[297]

김남천은 발자크 소설의 특징을 작가가 몰아성과 객관성을 保持하여 '환경의 세부 묘사'를 치밀하게 함으로써, 자본주의 사회의 본질을 분명하게 보여주었다는 점에서 찾는다. 이것이 가능했던 것은 악당이나 편집광을 자본주의 사회의 구조적 모순의 산물이라고 생각하고, 이들의 성격을 전형화했기 때문이라고 본다. 결국 김남천이 발자크 연구를 통해서 배운 것은 '환경의 세부 묘사'이고, 이를 가능케 한 것은 작가가 그의 주관을 가능한 배제하고 현실을 날카롭게 관찰하여 아무 관련도 없어 보이는 다양성을 무수한 통합의 통일로써 제시했다는 점이다. 이렇게 함으로써 현실 사회의 구조적 모순과 역사의 필연성을 소설 속에 담아낼 수 있었다는 점이다.

김남천은 작가의 사상이 주인공이 아닌 작품 전체 구조 속에서 구현된다고 생각했다. 즉, 김남천은 인물의 성격이 어떤 강력한 사상을 담보해야 한다는 안함광, 임화와는 달리, 사회의 모순을 그대로 첨예하게 반영하고 있는 상황 및 인물을 제시해야 한다고 생각했다. 김남천은 당시 문단에서 경험되고 있는 인물의 성격화가 이념을 구호적으로 전달하는 차원에 머물러 있음으로 말미암아 인물의 '생기발랄성'을 상실하고 있다고 보았다.

---

297) 김남천의 고발문학론 이후의 창작방법론이 엥겔스의 이론에 기초했기 때문에 비판적 리얼리즘이라고 주장하는 것은 무리가 있다. 왜냐하면 엥겔스가 말하는 발자크의 세계관과 창작 방법의 모순은 작가의 세계관과 예술작품의 창작 방법이 서로 모순되어 형상화될 수 있다는 의미인 데 반해서, 김남천의 창작 방법론은 세계에 대한 잘못된 인식, 세계관을 이데올로기의 도식과 동일시하는 데서 빚어진 오류이기 때문이다.

이런 인식은 '사상성의 감퇴'를 임화가 전형창조의 실패로 본 반면에, 김남천은 '소설성의 상실'로 보았기 때문이다. 이러한 현상은 '인물로 된 이데-'[298]를 창조하려 하지 않고 '이데-'를 인물에다 겹쳐 붙이든지 '이데-'를 누적하려는 태도에서 기인된 것이라고 보면서, '이데-'를 오직 사상가나 사회 운동가를 주인공으로 하여 전달하는 태도로 인해 작품은 더욱 경직된다고 비판했다.[299] 따라서 그는 '속물성을 비웃는 인간이 아니라 속물 그 자체를 강렬성에서 구현하고 인물'을 그리는 것으로 엥겔스의 전형론을 이해했다. 다음의 인용문은 이러한 김남천의 입장을 함축적으로 보여주고 있다.

> 김희준은 사상을 말하고 고민도 하고 사회적으로 좋은 일도 한다. 그러나 이 인물 속에는 구현된 작가의 사상이란 지극히 안일한 것이다. 그것은 대부분 배운 사상이고 얻어드린 사상이고, 입술만의 사상인 때문이다. 그러나 사상도 짖거리지 않고 도박만 하고 술만 먹고 다니는 '돌쇠'가 인물로서는 생채가 있고 살아 있다. 이것은 인물로 된 이데-이다. 당해 시대의 시대정신을 듬북이 몸과 행동에 지니고 나와 다니는 인물이다.[300]

위의 글은 이기영의 『고향』과 『鼠火』의 주인공의 성격화를 비교하고 있다. 『고향』의 주인공 김희준은 많은 학식과 사상을 지니고 있는 당시의 지도적 인물인 반면, 『서화』의 주인공 돌쇠는 배운

---

298) '인물로 된 이데-'란 발자크가 스탕달의 작품을 논하면서 사용한 개념이다. 이것은 단순히 구호적인 차원에서 전달하는 인물이 아니라 사상과 이념 및 세계관이 그대로 성격화되어 인물의 행동을 통해 풍겨 나오는 것을 의미한다.
299) 김남천, 「현대 조선소설의 이념」, 1938. 9. 10~18.
300) 김남천, 앞의 글.

것도 없고 방탕하게 살아가는 하층 인물이다. 그러나 전자의 경우는 작가의 의도가 주인공의 생활과 행동에 용해되어 자연스럽게 표출되지 않고 관념적이고 도식적인 차원에서 드러나고 있기 때문에, 인물의 생기나 발랄성이 상실되어 있다. 반면에 후자의 경우는, 비록 하층 인물로 도박과 음주에 탐닉하지만 시대 정신이 그의 행동 속에 완전히 용해되어 있어, '인물로서는 생채가 있고 살아' 있는 '인물로 된 이데-'이다.

이런 김남천의 관점은 고발문학론에서 김희준을 양심적 지식인의 전형적인 타입으로 평가하던 것과는 다른 것이다. 이러한 시각 전환의 배경에는 소위 지킹켄 논쟁이 중요한 위치를 차지한다. 이 논쟁의 핵심은 전형성에 관련되는 것인데, 이 논쟁에서 마르크스와 엥겔스는 무엇보다 '살아 있는 생생한 개인'의 창조를 중시한다. '살아 있는 생생한 개인'은 김남천의 표현대로라면 '인물로 된 이데'이다. '인물로 된 이데'는 전형적 성격을 갖는다. 김남천은 '돌쇠'가 이러한 '인물로 된 이데'에 부합된다고 보았다.

이러한 관점에 의해 김남천은 '인물로 된 이데-'를 통해서 반드시 사상가나 사회 운동가로 그려지는 주인공에 의존하지 않더라도, 신분에 상관없이 작가의 의도를 성공적으로 구현시킬 수 있다고 보았다.301)

---

301) 김재용은 김남천의 "고발문학론은 과거 프로문학이 지녔던 도식주의를 비판하는 데 그치지 않고 프로문학의 핵심이었던 그리하여 새로운 리얼리즘에서도 이어받아야 할 노동자계급 당파성을 부정하거나 해소하는 데까지 이르게 되었다."라고 비판하였다.(김재용, 「중일전쟁과 카프 해소·비해소파」, 『민족문학운동의 역사와 이론』 2, 한길사, 1996, 121쪽.) 연구자가 보기에도 김남천이 당파성과 사상성보다는 생활의 실천으로 나아간 것은 객관 현실의 악화와 비판적 리얼리즘을 내세웠기 때문이라는 김재용의 견해는 상당한 타당성을 지닌다.

이러한 (영웅적 인물이나 사상가 - 인용자 주) 한 사람의 주인공의 운명을 통해서만 사상을 읽으려 하지 말고 역사적 전환기가 출산하는 각층의 대표자의 개별적 성격적 창조를 통하여 역사적 법칙의 폭로에 도달하는 문학의 법칙을 배워야 한다.[302]

위의 글은 전형적 성격 내지는 타입이란 것을 한 사람의 '피라미드' 상층으로 이해하지 말고, 당해 시대가 내포하는 각층의 타입으로 파악할 필요가 있음을 말하고 있다. 그렇게 함으로써 각 인물은 생기발랄함을 얻게 되고, 그들 상호간의 제 관계 속에서 사회의 진정한 모습이 드러날 수 있다는 것이다.

그러나 이러한 관계를 포착하기 위해서는 '묘사의 정신'과 '관찰'이 필요하다. 묘사란 문제를 배제하고 단순히 객관세계에 몰입하는 것을 의미하는 것이 아니라, 주체화 과정을 통하여 문학적 인식을 형상화시켜 가는 방법을 말한다.[303] 김남천은 '발자크적인 것에의 정열'이 곧 강렬한 묘사의 정신이라고 주장하며, 다음과 같이 부언하고 있다.

문학정신이 자가적 주관을 완전히 버리지나 이니할른가? 사색을 統히 잃어버리지나 아니할른가? 자기성찰을 그대로 망각해버리지나 아니할른가? - 이러한 擧皆의 畏懼는 지금에야 말로 불필요하다. 왜냐하면 발자크적인 것은 고발문학의 우에 서 있는 것이니까. 그것은 적건 크건 '모랄'을 거쳐왔고, 자기고발을 경과하였으니까, 사색은 준비되었다. 인제 그것은 관찰하지 않으면 안된다.[304]

---

302) 김남천, 「성격의 피라밋드설 - 전형창조의 이론과 실제」, 『조선일보』, 1940. 6. 11~12.
303) 김남천, 「소설의 당면과제」, 『조선일보』, 1939. 6. 23~25.
304) 김남천, 「시대와 문학의 정신 - 발자크적인 것에의 정열」, 『동아일보』, 1939. 5. 7.

이런 김남천의 인식은 이 시기 각 논자들의 '주인공＝성격＝사상'의 공식에 대한 거부의 태도와 관련된다. '주인공＝성격＝사상'이란 사상과 시대 정신을 체현한 자, 영웅, 천재, 사상가만이 주인공이 될 수 있다는 논리이다. 임화는 작가가 소설에서 유일하게 자기를 중심으로 구성할 수 있는 것은 인물밖에 없다고 생각하고, 작가의 사상이나 세계관이 드러날 수 있는 장치로 인물을 인식한다. 이에 대해 김남천은 "소설문학의 사상이나 모랄이란 것은 그러나 주인공으로 나타난다든가 덕목, 도덕률, 설교, 교훈, 연설, 선전 등으로 나타나는 것이 아닌" 것으로 보고[305] 이에 대비되는 '세태＝사실＝생활'의 탐구라는 관찰문학론의 논리를 내세운다. 이는 주체가 완전히 현실에 종속되어 버린 상태를 전제한 것이다. 또한 이것은 현실 속에서 어떻게 전형을 찾아낼 것인가에 초점이 맞추어진 것으로 당파성이 제거된 것이었다.

김남천은 임화의 「문예시평－최근소설의 주인공」(『문장』 8, 1939. 9.)과 최재서의 「성격에의 의욕－현대작가의 집념」(『인문평론』, 1939. 10.) 영웅, 천재, 사상가 등 시대 정신을 대표하는 자만이 주인공이 될 수 있고, 성격의 기저에 깔린 자들은 성격이 될 자격이 없다고 전형을 설정함으로써, 영웅, 천재, 사상가 등이 없는 현금의 문학이 결과적으로 '가공할 절망론'에 빠지게 되었다고 비판한다.[306] 그 이유는 적극적 주인공은 시민 사회의 문학 형식인 소설의 미학적 본질로 전혀 부당한 것이기 때문이다.

김남천은 이런 맥락에서 성격의 피라미드의 기저에 깔린 자들,

---

305) 김남천, 「세태·사실·생활－'토픽' 중심으로 본 己卯年의 散文文學」,
  『동아일보』, 1939. 12. 22.
306) 김남천, 앞의 글.

즉 악당이나 편집광도 주인공이 될 수 있다고 주장한다. 김남천은 이러한 자신의 변화를 주관적인 자기 성찰의 문학에서 리얼리즘 본래의 길로 들어선 것으로 생각한다. 과거에는 추상적으로 배운 이데나 사상의 눈을 통해 현실을 도식화했다면, 이제는 자신의 눈을 통해 오직 생활 현실 속에서 사상을 배우고자 한다. 이런 주장의 배경에는 사상, 관념, 이데올로기의 불신과 붕괴가 자리잡고 있다.

  이러한 김남천의 논리는 체험적인 것과 관찰적인 것에 연결된다. 김남천이 후자를 주장하면서 근거로 삼은 것은 마르크스가 라쌀레에게 보낸 편지에 나오는 '주관의 전성기'가 되어서는 안 된다는 언표와 엥겔스의 경향문학론이다.

  그러나 '주인공＝성격＝사상'론의 배제는 김남천에게 일반성을 띠고 있지 않는다. 즉, '시민 사회의 우수한 리얼리스트가 장편소설에서 적극적인 성격을 창조하려 하였을 때는 훌륭한 진리'[307]가 될 수 있다고 김남천이 주장한 것은, 그가 단순히 '주관의 전성기'를 배격하고 있는 것만은 아니라는 점을 보여준다. 그는 '주인공＝성격＝사상'에 대해서 장·단편을 문제 삼지 않고 논해서는 안 된다고 말하고 있다.

  이제 문학은 사상이나 관념에 대하여 상당한 경계를 하지 않으면 안 되게 되었다. 관념에 비하야 생활이 언제나 우위라는 것을 진심으로 깨달아야 할 시기에 이르러 있다. (중략) 사상, 관념, 이데올로기의 불신과 붕괴가 치성히 불리워지고 있는 지금 예술가가 의탁할 곳은 생활 그 자체임을 망각하여서는 아니된다.[308]

---

307) 김남천, 「주인공·성격·사상-'토픽' 중심으로 본 己卯年의 散文文學」, 『동아일보』, 1939. 12. 21.
308) 김남천, 앞의 글.

위의 인용문에서, 김남천은 이미 형성된 어떤 이데올로기로도 현재를 감당할 수 없음을 말하고 있다. 또한 그러한 사상을 갖고 살아온 자기 자신을 포함한 동류의 인간에게 갖는 불신도 함께 보여준다. 김남천이 소위 양심적 인간에 대한 거부를 하고, 새로운 긍정적 인물유형의 창조에 대한 욕구를 갖고, 임화의 주인공론에 대해 그토록 민감하게 대응하는 것은, 그가 사상, 이데올로기에 대해 과민성을 갖고 있음을 보여준다.309) 즉, 김남천은 임화의 성격론(전형론)이 "한 시대를 대표하는 전형적 성격"을 고집함으로써, 그것이 불가능할 때 소설은 포기될 수밖에 없다는 '가공할 절망론'에 도달할 것을 우려한 것이다.

작가가 사상이나 이데올로기를 가질 수 없는 시대, 만약 가질 수 있다면 '신체제'에 영합하는 것이기 때문에, 주인공을 '시대정신의 傳聲器'로 인식한 '주인공 - 성격 - 사상'은 '가공할 절망론'에 빠질 수밖에 없다는 것이 김남천의 인식이었다. '주인공 - 성격 - 사상'이라는 공식이 '문학에서의 사상 내지는 예술방법으로써의 리얼리즘을 적지 않게 왜곡'하고 있기 때문에, 이것은 아이디얼리즘 경향에 흐르기 쉽다는 것이다. 김남천이 현순간의 우리에게는 '세태 - 사실 - 생활'이 더 절실하고 가당하다고 본 것은, '관념에 비하여 생활이 언제나 우월하다는'310)인식론적 입장에서 생활적 실천에서부터 시작하는 리얼리즘이 현실의 본질을 왜곡 없이 보여줄 수 있다고 믿었기 때문이다.

그러나 문학적 실천이 인식론적 문제일 뿐만 아니라 가치 정향의 문제임을 고려한다면, 이러한 김남천의 논지는 현실을 보여주

---

309) 채호석, 앞의 논문, 65~68쪽.
310) 김남천, 「주인공 - 성격 - 사상」, 『동아일보』, 1939. 12. 21.

기만 하면 문학적 실천이 이루어진다고 하는 인식론 편향의 흔적을 보여준다. 또한 김남천이 상정하고 있는 현실이란 자연 세계와 맞서 싸우는 또 하나의 자연 존재인 인간의 주체적 실천활동이 아니라, 관념의 외부에 있는 하나의 객관일 뿐이다. 반면에 서구 지향의 본격소설론을 제기한 임화류의 시각을 주체적으로 비판하면서 장편소설 양식의 본질론에 접근하였다는 점에서 김남천의 소설론은 나름대로의 타당성을 지닌다.

> 소설성이란 과연 무엇을 말함이냐 이것을 설명하려면 장황을 면할 길이 없으나 그것을 로만 발생의 사적 고찰로 보아서 과학적 합리적 정신에 의한 개인과 사회의 모순의 문학적 표상이라고 말할 수가 있다고 하자. 이렇게 본다면 인물과 정황의 창조에 있어서 작가의 관념이나 도식이 현실을 왜곡되게 재단하는 것을 우선 극력으로 배격하여야 할 것이다. 사상이나 작가의 안일한 주관을 작중인물 위에 덧붙여서 그의 행동이나 사유를 구속하는 것이 아니라 사상, 현실에의 지적 관심과 분석을 문학적 표상에까지 이르게 하기 위하여 생기발랄한 작중인물의 행동에서 명확한 형상성을 확보하는 것이 필요하게 될 것이다.311)

김남천이 창조하고자 히는 전형적 인물이란 생기발랄한 인물로, 발자크가 스탕달에서 보여준 '인물로 된 이데아'에 상응한다. 발자크 연구를 통해서 김남천이 확인한 전형적 성격(인물)은 악당과 편집광이다. 이런 인물을 주인공으로 하면, 시대 정신을 잘 구현할 수 있고 작가의 이념도 잘 전달할 수 있다고 김남천은 생각한다. 가령, 이기영의 『고향』에 나오는 김희준이 사상을 말하고 고민도 하지만, 김희준에 구현된 작가의 사상은 지극히 안일한 것이다. 오

---

311) 김남천, 「현대 조선소설의 이념」, 『조선일보』, 1938. 9. 10~18.

히려 『서화』의 돌쇠가 인물로서는 生彩가 있어 당 시대의 정신을 듬뿍 몸과 행동에 지니고 있는 '인물로 된 이데아'이다.312)

이런 관점에서 김남천은 전형적 인물을 작가의 사상을 대면하는 긍정적인 인물뿐만 아니라, 역사를 추동시킬 수 있는 적극적 성격을 지닌 인물로 파악한다. 그러나 당시 파시즘이 극심한 시대에 이러한 인물을 창조하는 것은 사실상 불가능한 것이었다. 그리하여 김남천은 조선의 현 단계를 객관적 본질에 맞게 제시하려면 부정적 인물을 부정적으로 포착하는 사상적 고려가 요구되며, 역사의 진보적 흐름을 파악하는 작가의 안목이 부정적 묘사의 이면에 구현되어야 한다고 생각한다.

김남천은 발자크의 소설에 다양하게 나타나는 편집광과 악당이 적어도 전형적 성격이라고 불릴 만큼의 특질을 형성하고 있음을 인정한다. 즉, 편집광이나 악당이 전형적 성격은 아니더라도 적어도 전형적 성격이라고 불릴 특질을 형성하고 있는 것은 사실이며 '전형적 성격'과 편집광, 강렬성 등은 하등의 모순이 없다고 한다. 전형적 성격이란 전형적 인물인데, 전형적 인물은 선명하고 독특한 개성을 가지며, 특정한 계급, 계층, 사회 집단의 본질적 특성을 반영하거나 사회 생활의 본질적 법칙을 드러낸다.313)

따라서 전형적 인물을 창조하는 데는 인물의 개성 특징을 묘사하는 것이 중요한데, 개성은 인물의 표면적인 공통특징을 묘사하는 유형과는 다르다. 김남천은 이런 점에서 악당과 편집광이 전형성을 구현하는 데 전형적 특질을 형성하고 있는 것으로 보며 전형적 성격의 창조는 사회 집단과 불가분의 관계에 있음을 인식한다.

---

312) 김남천, 앞의 글.
313) 허자강 외, 임춘성 역, 『문학이론 학습』, 제3문학사, 1990, 154쪽.

즉, 집단을 형성하는 개개의 인간이 중요한 것이 아니라, 그 집단의 근본적 본질에 접근할 수 있는 인간을 창조하는 것이 전형성을 구현하는데 중요함을 인식하고 있다.314)

그런데 전형적 인물은 민족, 국가, 계급 등 근본적인 동향 및 본질적인 특성을 한 몸에 구비하고 있는 대표적 인물이어야 한다. 이러한 인물이 창조될 때, 그 인물이 관계하는 사회의 본질적 의미도 자연 드러나게 된다. 김남천이 개인을 하나의 개성이라고 했을 때, 그것은 그 개인이 처해 있는 사회적 지위, 역사 조건, 주위 환경 등의 차이에서 형성되는 개개인의 독특한 사상, 감정, 심리, 습관 등의 성격 특징을 강조한 것이다.315) 개성이란 개인이 속한 집단의 성격을 대표할 뿐만 아니라, 그 집단의 계급성까지도 지니는 특질이기 때문이다. 그러므로 전형은 특정한 사회성을 구비하였다거나 계급성을 포함하고 있다고 해서 이루어지는 것이 아니다. 계급성과 사회성이 유기적 결합 관계로 인물에 체현되어 나타날 때, 비로소 전형적 인물이 창조되는 것이다. 이런 인식하에 김남천은 무리하게 적극적 주인공을 창조하려는 노력은 전형화가 아닌 유형화로 전락하거나, 현실의 왜곡을 초래하거나, 또는 '극의 미학에 준거하여 서사성을 구속'316)함으로써 '가공할 절망론'에 빠졌다고 본다.

김남천은 전형적인 인물과 환경 묘사의 가능성을 계속해서 탐구하고 있었기 때문에, 풍속으로부터 사회·역사적인 전형을 찾기가 쉽고, 풍속을 가족사로 연결시켜 가족 제도나 가족적 감정, 성·윤

---

314) 김남천, 「소설문학의 현상」, 『조광』, 1940. 9.
315) 허자강 외, 앞의 책, 155쪽.
316) 김남천, 「소설의 운명」, 『인문평론』, 1940. 11, 10쪽.

리 문제 등에서 구체적인 전형 묘사가 가능할 것으로 생각했다. 그가 연대기적 파악이 필요하다고 제안한 것은 정황 묘사를 전형화하고, 생기발랄한 '인물로 된 이데아'를 과거에서 잡아보려는 계획이었다.

그러나 김남천이 제안한 로만개조론은 서구 이론의 영향 밑에 있었다. 풍속-가족사-연대기는 발자크의 『인간희극』을 모범으로 한 이론이었다. 그는 여러 평론에서 자신의 문학적 스승은 발자크라고 공언한 바 있다. 따라서 거대한 풍속의 연대기인 『인간희극』에서 김남천의 로만개조론이 나온 것은 자연스러운 일이었다. 김남천은 로만개조론이 20C의 구라파적 소설 형태인 '시민사회의 서사시'로서의 로만을 위기에서 구출할 것이며, 새로운 로만 장르 탄생의 단초가 될 것이라고 했다. 이것은 이 평론이 나온 2년 뒤 시대적 전환기를 맞아 장편소설의 연대별 진행 공식에 따라 장편소설이 붕괴되고 새로운 양식이 기대된다는 평론들과 논리적으로 연결된다. 결국 김남천은 환경과 성격을 연계시키려는 모색을 '조선적'인 것으로 이끌지 못하고, 루카치·헤겔·발자크의 문학 이론과 문학 작품을 우리 문학에 직접 대입하는 태도를 보였다.

로만개조론에서 전형론이 차지하는 위치를 검토해 볼 때, 김남천은 발자크의 '스땅달론' 중 '인물로 된 이데아는 보다 높은 예술이다.'라는 명제에서 자극을 받아, 인물 창조의 적극성 여부가 긍정적 리얼리즘이냐 혹은 부정적 리얼리즘이냐, 통속소설이냐, 순수소설이냐를 판가름하는 관건이 될 수 있다고 규정했다. 그는 '인물로 된 이데'를 사상가나 사상을 말하기만 하는 인물도 아니고, 통속소설에 저급하게 표현된 양심적 인물도 아니며, 생기 있는 인물 또는 자기 분열을 겪지 않은 건강한 소년과 같은 인물이라고 규정했다.317) 그리고 자기 소설인 『소년행』, 『남매』, 『누나의 사건』, 『무자리』에 나오는 소년을 예로 들었다.

김남천의 로만개조론은 풍속·가족사·연대기의 전형적 상황에서 '인물로 된 이데'인 성격을 묘사해서 환경과 성격의 연결과 조화를 시도한 것이었지만, '인물로 된 이데＝최고의 예술적 가치'라는 등식을 만들었다. 그로 인해 인물로 된 이데를 근거로 하여 소설에 대한 가치판단을 내리게 되었고, 이후에 환경과 성격의 조화보다는 성격론만으로 중사되었다.318)

관찰문학론에서 또 하나 중요한 문제는 문학인의 사회적 존재방식에 관한 것이다. 김남천은 「발자크 연구 노트(4)-체험적인 것과 관찰적인 것-續 관찰문학소론」에서 체험적인 것과 관찰적인 것을 구분하여 논의한다. 이렇게 두 방향으로 나눈 것은 '체험적인 것과 관찰적인 것을 절대로 대립하는 두 개의 개념으로서 설정'하고자 했기 때문이 아니다. 그보다는 '자신의 문학적 행정(行程)에 대한 비교적 편의한 표현으로서 설정'한 것, 즉 자신의 문학적 행정을 간명히 표현하려고 할 때 체험과 관찰로 나누어 설명하는 것이 편의적이라고 생각했기 때문이다.

김남천은 "체험적인 것이 어느 때에나 관찰적인 것 가운데 혈액의 한 덩어리가 되어 있을 것"을 믿고서, 체험과 관찰은 서로 대립하는 개념이라기보다는 '체험의 揚棄된 것으로 관찰을 상정'하

---

317) 김남천은 부정적 리얼리즘의 예로, 「天下太平春」의 인물들을 들었다. 이 인물들은 풍자성을 띰으로써 부정적 인상을 주며, 동경유학생인 종수가 긍정적이나 등장하지 않는 인물이므로 의미가 없다고 했다. 그리고『고향』의 김희준도 도식성·관념성으로 인해 생기 있는 인물이 아니라고 했다.

318) 조계숙, 앞의 논문, 25〜28쪽.

는 것이 정당하다고 말한다.[319] 이러한 대비에서 문학가의 사회적 존재 방식에 대한 그의 견해가 명징하게 드러난다. 체험적인 태도는 작가의 사상이나 세계관을 작품에 담고자 하는 것으로 자기 도야 및 자기 개조를 제 1의적인 것으로 보고, 문학을 일개 수단으로 여긴다. 반면에 관찰적인 태도는 작가 자신을 대상에 몰입하여 투철한 통찰과 용서 없는 가혹한 관찰로써, 사회의 전체—'사회의 모순과 갈등과 길항과 기만의 상모'—를 티끌 하나 놓치지 않고 묘사하는 가운데 자기의 사회적 존재 이유를 발견하려는 것이다.

이와 같은 체험에서 관찰로의 이동은 그가 노정한 '경험적 실천론'에서 관찰문학론으로의 이동과정이기도 하다. 김남천은 체험적인 태도를 지닌 문학가의 예로써 톨스토이와 이광수를 들고, 관찰적인 태도를 지닌 작가의 예로 발자크와 홍명희를 든다. 전자의 경우 작품은 개인적인 행동, 즉 작가의 체험으로부터 분리될 수 없는 반면, 후자의 경우 개인의 행동을 떠나서도 문학은 존재한다. 작가는 자기 자신을 '無'로 하여 대상에 침잠한다. 또한 전자의 경우 문학을 떠나서도 작가는 도덕가, 사상가로서 존재할 수 있지만, 후자의 경우 문학을 제외하면 작가는 하찮은 존재에 불과하다. 발자크의 경우 문학을 제거하면 속물에 지나지 않는 것이다.

체험적인 태도의 경우 작가의 주관이 강하게 개입하기 때문에 주관의 변화에 따라 현실이 마음대로 왜곡될 가능성이 크지만, 관찰적인 태도의 경우 주관이 아무리 변화하여도 작가는 자신을 '무'로 하여 대상 자체에 몰입하기 때문에 현실 왜곡의 가능성이 적다. 따라서 관찰적인 태도는 리얼리즘에 보다 가깝다.[320] 체험적인

---

319) 김남천, 「발자크 연구노트(4)－체험적인 것과 관찰적인 것－續 관찰문학
소론」, 『인문평론』 8, 1940. 5, 49~50쪽.

것과 관찰적인 것의 대비에 대해 절대적으로 체험과 관찰이 대립
하는 것은 아니라고 김남천은 말하고 있지만, 이러한 대립에 대한
김남천의 의식은 명확하다. 문학가는 문학하는 것에 자신의 모든
것을 걸어야 한다는 것, 자기 자신의 전 존재를 걸 수 없는 인간
은 문학을 하지 말아야 한다는 것이다. 그리고 이때 그 문학은 인
간을 개조한다든가 또는 무엇을 한다든가 하는 수단이 아니라 그
자체로서 존재하는 것이며, 단지 현실의 본질, 필연성을 주관에 의
한 왜곡 없이 드러내 주는 것일 뿐이다.321) 이제 단지 충실한 반
영만이 존재하는 것이다.

　이렇게 됨으로써 김남천은 주체와 객체, 현실 모사와 내용적 진
리성의 소설적 특수성에 대한 진정한 미학적 원리에는 도달하지
못한다. 김남천은 체험적인 것과 관찰적인 것의 통일을 가장 이상
적인 문학으로 생각하고서 파시즘에 직면한 환경에서 사회의 구조
적 모순을 가능한 왜곡 없이 그려내기 위해서는 체험보다 관찰이
효과적이라고 여겼다. 그러나 이것은 사상적으로 보면 순응주의의
한 유형이라고 할 수 있다. 관찰이란 본래 비판을 뜻하는 것이므
로, '진정한 관찰자는 언제나 아름답고도 엄격한 비판자'이기 때문
이다. 자신은 '풍속의 관찰자이고 동시에 그의 비판자'였다고 하면
서 김남천이 관찰과 비판을 연관지어 설명하고 있지만 그의 태도는
세계관이 제거된 다분히 관조주의적인 것이었다.322)

---

320) 김남천, 「발자크 연구 노트(4) −體驗的인 것과 視察的인 것−續・視察文
　　學論」, 『人文評論』, 1940. 5.
321) 김윤식은 김남천의 관찰문학론을 "주관이나 사상이나 이데올로기를 가
　　질 수 없는 시대, 파시즘에 직면한 시대에서 상처 입지 않고 문학을 할
　　수 있는 유일한 길"이었다고 규정한 바 있다.(김윤식, 『한국근대문학사
　　상사』, 한길사, 1984, 240쪽.)
322) 김남천의 관찰문학론이 '다음에 올 시대적 기대치에 대한 전환기적 유

결국 김남천의 관찰문학론은 주관에 대한 철저한 배제, 있는 그 대로의 현실반영, 객관성의 관철 등 실천적 주체의 문제를 의식적 주관의 문제로 바꾸어, 세계관의 역할을 배제한 것이었다. 그것은 '외부 세계와의 길항에서 패배한 산문 정신'이 배제된 것으로, 궁극적으로 도달해야 할 지점은 아니었다. 또한 이런 김남천의 문학론은 이념의 부재, 전망의 부재로 귀결되어, 창조 주체 정당한 세계관이 살아나지 못한 것이었다.

이러한 김남천의 관찰문학론은 장편소설이 시민사회의 제 모순을 표현하는 양식이며, 인간 사회를 전체성의 관점에서 묘사하고, 사회 전체를 대면시키는 것이라는 인식으로 귀결된다. 이런 인식은 김남천이 초기에 가졌던 당파성, 비평의 지도성이 거세된 것으로 장편소설에 대한 이론이 가장 세밀하게 확대된 비판적 리얼리즘 형태로의 도달 과정이었다고 할 수있다.

3. 안함광의 소설론

1938년에 안함광은 문학 운동이 지도성과 사상성을 상실하였다고 진단하면서, 조직적인 문화 투쟁이 불가능한 상태에서 문학의 현실정합성에 대한 최소한의 대응책을 강구한다. 그 결과 주체가 구체적 문학 창조 과정에서 어떤 역할을 하는가에 대한 논의를 통

보이거나 이데올로기의 철저한 내재화'이기 때문에, 그의 관찰문학론을 탈이데올로기적 문학론으로 볼 수 없다는 김춘섭의 논리는 재고를 요한다.(김춘섭, 앞의 글, 25쪽.)

해 리얼리즘의 실현과 문학 내적인 원리에 대한 천착으로 나아갔다. 문학 내적인 원리에 대한 천착은 픽션론과 성격론(전형론)으로 나눌 수 있다. 픽션론은 '전망'으로서의 가능성의 세계가 문학적으로 형상화되기 위해서는 필연적으로 허구성을 요망하게 된다는 것이며, 전형론은 전형적 상황에서의 전형적 성격에 대한 탐구를 통해 소설의 형상화 원리에 대한 천착을 보인 것이다.

가. 사실 문학론과 초극의 의식론

「조선 문학정신 검찰」에서 주체 건립의 방안을 모색한 안함광은 주체가 구체적 문학 창조 과정에서 어떤 역할을 하는가로 논의의 초점을 옮긴다. 그는 「불안, 생의 사상, 지성 – 사실이냐, 낭만이냐」[323] 에서 지성과 문학적 형상화의 원리를 고구하면서, 경향문학이 퇴조한 이후의 시대적 정황은 주체가 와해되고 파시즘의 강화에 의한 절망적 분위기라고 진단했다. 이런 절망적 분위기에서 조선의 불안 정신이 배태되고, 불안정신은 문학에서 순수한 낭만주의로 현현되었다고 보았다.

불론 이때 그가 말하는 낭만주의는 카프 초기의 정치적 과제와 결합하려는 리얼리즘 발전적 단계로서의 낭만주의나, 사회주의 리얼리즘의 한 속성으로서의 의식의 능동성에 입각한 혁명적 낭만주의와는 질적으로 다른 것이었다. 여기서 말하는 낭만주의는 낭만주의 자체의 주관적, 관념 편향으로서의 낭만주의이다. 따라서 이성보다는 본능에 의거하는 이러한 낭만주의는 건전한 리얼리즘의 발원인 지성으로 대체되어야 한다. 지성은 역사적·시대적 규정을

---

323) 안함광, 「불안, 생의 사상, 지성 – 사실이냐, 낭만이냐」, 『비판』, 1938. 11.

받는 개념이기 때문에 리얼리즘으로 발전한다는 것이다. 지성이 리얼리즘으로 발전할 수 있는 까닭은 비합리적 현실에 대한 초극의 합리적 정신이 되고, 현실에 대한 직관적 태도가 되기 때문이다. 직관적 태도라 함은 현상 속의 본질과 진리를 탐구하는 태도이다. 그러나 그가 말하는 지성이 어떻게 건전한 리얼리즘적 문학 작품을 산출할 것인가에 관한 해명을 하지는 못했다.

「시대의 특질과 문학의 태도」[324)에서 안함광은 조선 경향문학이 작품 실천에서 어떠한 실패를 하였는가를 구체적으로 지적한다. 경향문학은 작가 주체와 작품 내의 주인공이 모두 '집단성의 이상적 인간'이 되는 것을 요구하였는데, 그러한 요구는 실패하였다고 평가하였다. 경향문학의 문학적 실천은 개성을 통하지 못하고 '소기의 이념적 형상화'를 달성하지 못한 채, 이상적 인간의 창조는 '유형'이 되고 작가의 주체 건립은 색다른 염불에 그치고 말았다고 비판한다. 그러나 안함광은 경향문학이 단순한 수동적 환경 철학을 초극하여 의식의 능동성에 의한 모사론의 원리를 지향했던 점은 시대적 의의가 있다고 지적했다.

또한 그는 이상주의 문학과 사실문학을 대비시키면서, 과거의 경향문학이 개인과 사회의 분열, 이상과 현실의 상극을 고차의 집단적인 의식으로 통일하기 위하여, 그에 상응한 이상적 인물을 창조하는 허장성세의 작위적 트릭에서 자유롭지 못했다고 한다. 그로 인해 문학 내부적으로는 자아응결적 분위기와 수동적 유약에 침잠하게 되었다고 보았다. 이런 경향문학의 현상을 문학에서 이념이 후퇴한 데서 기인한 것으로 보고, 이렇게 이념이 후퇴되고 분열된 문학적 상황을 타개하기 위해선 문학이 성격, 현실의 능동

---

324) 안함광, 「시대의 특질과 문학의 태도」, 『동아일보』, 1939. 6. 20~7. 6.

적 반영에 기초하여 '사실 문학'으로 나아가야 한다고 생각했다. 그 후 1939년에 안함광은 당시의 조선 문학이 현실을 대해야 하는 태도로 '사실 문학론'을 제출했다.

안함광은 '사실 문학론'을 제출한 이유를, "어느 시대를 불문하고 문학은 인식의 산물이고 인식된 현실을 토양으로 한 개화일 때에만 구체적 힘을 가지기 때문이"325)라고 설명했다. 그러면서 사실 문학이란 현재 분열된 시대 정신과 현대 의식의 갈등을 육체적 생활의 논리를 찾는 현실 인식의 문학이며, 시대적 정신의 분열을 분열된 채로, 현대 의식의 갈등을 갈등된 채로 반영·격투하는 문학이라고 했다. 따라서 사실 문학은 사실 세계를 검찰하는 정신의 개화를 꾀하는 문학으로, 생활적 현실의 솔직한 시인으로 나타내어진 주체의 사실 인식과 그것의 문학화를 의미한다.

또한 안함광은 사실 문학이 시정 문학과는 그 성격이 다른 것임을 강조하면서, '시대적 사실'과 '그 시대의 시정적 쇄말사'를 구분하고 있다. 이러한 구분은 환경과 주체의 상호 관계에 대한 이해를 바탕으로, 예술은 환경에 의하여 영향받는 한편, 환경 그 자체에 영향을 주는 것이 그 본래의 성격임을 그가 인식하고 있었음을 드러내 준다. 시정적 쇄말사가 환경에 대한 수동적 태도만을 의미하는 것이라면, 시대적 사실은 환경에 대한 주체의 능동적인 계기를 포함하는 것이다. 따라서 안함광이 주장하는 사실 문학은 단순히 사실을 그대로 그려내는 것 이상의 의미를 담고 있다.326)

---

325) 安含光, 위의 글.
326) 바로 이 점에서 1930년대 후반 안함광의 문학론이 사상성을 유보하고 있다는 논리에 대한 반론의 근거가 설정된다.

나는 여기에서 '事實'과 '事實精神'을 구별하여 '事實'에 臨하는 '事實精神'이라는 것을 생각한다. '사실정신'이란 '사실'의 존재현상으로서의 정신을 말함이 아니라 '사실'의 존재이유에 대한 便宜的 言表이다. 이러한 의미로서의 '사실정신'만이 '사실'에 대하여 자신을 구별할 수 있는 것은 두 말할 필요도 없다. '사실'의 존재이유는 언제나 顯現되어지는 '事實' 그 자체에 矛盾을 성립시킨다는 의미에서 그는 質料的이고 그를 止揚한다는 의미에서 그는 이데적이다. (중략) 이리하여 '사실의 정신'을 갖고 '사실'에 임하는 것은 (중략) 현존하는 것의 모든 것은 역사적으로 발전되어지고 내재적 모순을 갖고 있다는 창조적 자각의 필요를 의미한다. 그렇기 때문에 '사실'에 임하는 '사실의 정신'이란 간단히 말하면 환경에 대한 수동이 아니라 그와는 반대로 능동을 그 본래의 성격으로 한다.[327]

사실 문학이란 '사실의 정신'으로 '사실'에 임하는 문학이다. '사실의 정신'이란 사실에 임하는 태도로써, 있는 사실의 제 현상을 그대로 받아들여 그 지양태를 추구하는 것이다. 또한 사실의 존재이유를 역사의 발전성에 의거해 파악하는 능동적인 정신 태도이다. 즉, '사실'의 존재 현상이 아닌 그 이유를 중요시하는 태도이며, 환경을 능동적으로 반영·극복하는 정신으로 사실에서 출발한다. 그리고 현실 자체가 내재적 모순을 갖고 있다는 인식하에 역사적 발전에 대한 창조적 자각을 만든다.

따라서 안함광이 말하는 사실 문학은 시정의 전말사(顚末事)를 세세히 기록하는 시정 문학이 아니다. 안함광이 강조하는 사실 정신은 현실을 추종하고 영합하는 태도가 아니라, 현실에 대해 '고차의 지점'을 확보하려는 능동적 태도의 정신이다. 즉, 좀더 넓은 안목과 호흡으로 사실의 세계를 검찰하는 정신적 태도를 꾀하는 것이다. 결국 사실 문학론은 이상주의 문학에 대한 안티테제로서의

---

327) 安含光, 「시대의 특질과 문학의 태도」, 『동아일보』, 1939. 7. 6.

의미를 갖는 것으로, 문학이 지니는 인식론적인 성격을 강조한 것이라 할 수 있다. 그러나 이런 관점은 객관적 진리로서의 단순한 사회적 현상, 이데올로기적 현상의 하나라는 인식 수준을 넘어서, 현실을 인식하고 반영하는 특수한 형식에 대한 일면을 보여준다.

이것은 현상의 밑에 흐르고 있는 본질적인 흐름을 인식하여 형상화하는 리얼리즘의 인식론적 미학 원리에 부합되는 것이다.[328] 이런 논리는 안함광이 주체화의 문제를 주체를 포섭하지 못하는 일체의 추상적인 것에 대한 거부로 보는 태도와 일치한다. 즉, 이 문제는 개별 주체의 분리와 추상화된 사상의 독주를 일삼거나, 혹은 가치의 평등성을 유일한 인식 태도로 보는 경향에 대한 비판으로 제기된 것이다.[329] 그러나 환경에 대한 능동성을 그 성격으로 하는 '사실 정신'의 구체적 실체가 무엇인가에 대한 언급이 없다.

---

328) 이런 안함광의 인식을 세계관과 사상성의 유보라는 근거 틀에 의해 단순히 환경에 대한 능동적인 태도라고 보아 올바른 의미에서의 리얼리즘이 아니라고 본 구재진의 논리(구재진, 앞의 논문, 51쪽)는 타당성을 잃는다. 왜냐하면 안함광은 가치평가적 태도에까지는 나아가지 못하고 있지만 인식론적 관점을 보여주고 있기 때문이다. 한편, 이현식은 안함광의 「시대의 특질과 문학의 태도-사실에 임하는 사실의 정신」에 대해 1930년대 후반 그의 리얼리즘 문학론의 정점에 서는 글이라고 하면서, 환경에 대한 능동성을 강조한 안함광의 사실문학론이 임화의 본격소설론에 비해 상대적으로 현실에 대한 변증법적인 인식을 획득하고 있다고 평가하고 있다. 그러나 이 시기에 임화가 본격소설론을 통해 올바른 문학사적 인식 및 당대 실천 과제에 대한 인식을 보여주었다는 점을 중시한다면, 이현식의 논리는 안함광의 '의식의 능동성' 면을 고평하고자 하는 의욕이 앞선 평가라고 할 수 있다.(이현식, 「1930년대 후반 사실주의 문학론 연구」, 연세대 대학원 석사학위논문, 1990, 39쪽.)

329) 안함광은 작가가 사상을 개념적으로 이해하는 데 그쳐서는 안 되며, 당면한 현실을 생활적으로 인식한 기반 위에서 현실을 미래에 현재화할 수 있는 사상이 중요하다고 본다.(安含光, 「조선문학의 진로-문학과 생활」, 『동아일보』, 1939. 11. 30~12. 8.)

이로 인해 그는 현실 인식과 그 현실에 대한 가치 평가를 간과하고 있는 오류를 범하고 있다.

그러면 당시에 안함광이 사실 문학을 강조한 이유는 무엇 때문이었을까? 그 이유는 조선의 경향문학의 주체가 세계관을 주체화하지 못하고 현실과 이상, 개인과 사회의 분열을 집단적 이상으로 통일시키려 했던 오류를 경계하고자 했기 때문이다. 또한 문학은 그 토대가 철저히 현실에서 출발해야 한다는 점을 강조하고자 했기 때문이다. 아울러 객관적 정세의 악화에 의해 현실적으로 미래에의 변혁을 꾀하기 힘든 전망의 한계를 느꼈기 때문이다. 그가 느낀 전망의 한계는 유물론적 변증법에 입각해 세계관을 문학적 실천으로 형상화하기가 어려운 시대적 상황에서, 변혁에의 인식이 결국 초극의 논리로 귀결되어 열망으로 끝날 수밖에 없음과 관련된다. 더욱이 조선문학은 작가들이 의욕하는 바와 생활하는 현실이 괴리되어 있어서, 문학이 사상을 상실하는 경향을 드러내고 있었다.

이런 문제점을 극복하기 위해 새로운 현실 속에 대처할 올바른 사상을 발견하고, 창조하는 모멘트로서 지성이 필요하다는 것이 안함광의 논지이다. 왜냐하면 지성은 현실을 인식하는 행위이고, 현실을 인식한다는 것은 실천을 통해서만 가능하기 때문이다. 그러나 조선의 현실은 그 실천이 불가능한 상황이었기에, 현실을 관찰하는 고차의 능동적 세계로 지성을 전화시켜야 한다는 것이다. 이것이 바로 '사실'과 '사실 정신'을 구별하는 기준이다. 결국, 안함광이 말하는 사실 문학이란 현실에 임하는 정신의 태도와 전망의 한계에 대한 인식의 산물이라 할 수 있다.

그러나 사실 문학론은 현실적으로 작가들에게 실천적인 방향을

제시해 주지 못했다는 결정적인 한계를 가진다. 따라서 사실문학
론은 그가 지속적으로 견지해 온 의식의 능동성이 시대적 한계 상
황에 의해 후퇴한 일면을 드러낸 것이었다고 평할 수 있다. 이런
한계로 인해 그는 현실의 역사적 인식을 간과하여 총체적 인식의
획득에는 실패함으로써, 프로문학의 계급성과 당파성에서 후퇴하
는 듯한 면모까지 보여준다. 진정한 리얼리즘은 현실의 객관적 반
영의 실천적 인식인 역사 인식과 함께 미래에 대한 전망을 전제로
해야 하기 때문이다. 그리고 의식의 능동성을 강조하는 '사실정신'
을 통해 사상의 주체화를 언급하면서도 그 사상의 내용적 질을 고
려하지 않은 점은 역설적인 그의 면모를 보여준다.330) 한편, 사실
문학론은 1939년에는 시대적 상황에서의 최소한의 양심적 실천 원
리로써 전형의 창조를 위한 개성과 보편성을 논의하면서 소설론
(픽션론과 전형론)으로 전화한다.

나. 픽션론

안함광은 현실 극복을 위해 '사실에 임하는 사실의 정신'을 주
장하는 동시에, 그것이 소설 속에서 구현될 방법론을 모색하였다.
그 결과 그는 '사실 문학론'에서 강조했던 환경에 대한 의식의 능
동성을 '픽션론과 성격론'을 통한 소설론으로 전화하였다. 그는 그
간의 사회주의 리얼리즘론이 주로 문예학 원론이나 창작 방법 일

---

330) 이현식은 이 점에 대해 안함광이 후일 일제의 대동아 공영권에 결탁하
　　 는 근거가 되었으며, 이로 인해 안함광의 리얼리즘론이 급반전되었다고
　　 평했는데, 타당한 견해라고 할 수 있다.(이현식, 「1930년대 후반 사실주
　　 의 문학론 연구 — 임화와 안함광을 중심으로」, 연세대 대학원 석사학위
　　 논문, 1990.)

반론의 차원에서만 맴돌았다고 판단했다. 그 결과 김남천의 '고향
론'331)을 넘어서는 구체적인 논의가 드물었던 상황에서 성격론과
픽션론을 통해 소설론 논의의 추상성을 뛰어넘으려는 의욕과 이론
적 진지함을 보여주었다.

안함광은 1938년에 창작의 주체 건립에 관심을 보인 후, 1939년
에 이르러서는 작품 내적 원리로서 형상332)의 문제에 관심을 옮겼
다. 이런 관심의 전이는 문단 평론의 중심이 소설론에 집중되었다
는 외적 요인과 안함광 자신의 내적 필연성에 기인한다.333) 즉,
1930년대 후반의 상황적인 제약성으로 말미암아 공공연하게 사상
성이나 당파성을 운위하면서 리얼리즘론을 펼 수 없었던 외적인
상황과, 좀더 문학 내적인 논리 속에서 자신의 리얼리즘론을 구체
화하려는 방향으로의 전환이라고 할 수 있다. 그는 주체 건립의

---

331) 김남천, 「현대 조선소설의 이념」, 『조선일보』, 1938. 9. 10∼18.
　　이 글에서 김남천은 '인물로 된 이데'를 통해서 반드시 사상가나 사회
　　운동가로 그려지는 주인공에 의존하지 않더라도 신분에 상관없이 작가
　　의 의도를 성공적으로 구현시킬 수 있다고 보았다.
332) 문학 예술에서의 형상은 문학 예술이 지니는 구체성이라고 볼 때, 이것
　　은 생활 속의 형상과 일치한다. 그러나 문학예술에서의 형상은 생활 속
　　의 형상과 같을 수는 없으며, 그것이 지니는 의미는 생활 속의 형상보
　　다 더 풍부하고 복잡하다. 첫째, 생활 속의 형상은 모두 구체적인 실물
　　이 있어서 우리의 감각의 대상이 되지만, 문학 예술 속에 나타난 형상
　　은 반드시 구체적인 실물로 우리 감각의 대상이 되지는 않는다. 둘째,
　　생활 속의 형상은 모두 생활 속에 실존하며 감소하거나 증가하지 않는
　　다. 그러나 문학 예술 가운데 나타나는 형상은 작가의 개괄·집중 등의
　　작업을 거쳐 작품 속에 새로이 창조된 것이다. 그러므로 문학 예술의
　　형상은 비록 생활의 감성적 형식을 지니기는 하지만, 그것은 실제 생활
　　형식으로 존재하지 아니하고 현실을 반영하는 문학 예술로서 존재한
　　다.(蔣孔陽, 김일평 역, 『형상과 전형－진실한 생활로부터 예술적 형상
　　에 이르기까지』, 사계절, 1987, 8쪽.)
333) 엄현영, 앞의 논문, 1990, 49쪽.

문제를 문학 이전의 정열과 생활적 근거의 결합에서 찾았지만, 1930년대 후반의 암담한 시대 속에서 최소한의 양심을 유지할 수 있는 범주의 모색 속에 창작의 실체에 관심을 옮길 수밖에 없었다. 따라서 그가 지향한 바는 문학 장르론으로서 소설론이었다.

장르의 이론은 작품을 완벽하게 형상화하려는 작가의 개인적인 노력과 미학의 궁극적 문제를 보편화한 일종의 공식 사이의 사고를 매개하는 중간 영역이다. 그런데 단편소설은 단일성을 그 본질로 함으로써 총체성을 지향하는 대서사 양식인 영웅 서사시나 장편소설과는 구별된다. 단편소설은 사회적 현실의 전체를 형상화할 것을 바라지 않으며 또한 바라기 어려운 장르이다. 바로 이러한 이유로 인해, 1930년대 후반에 장편소설의 장르 문제가 논의의 초점이 되었다.

안함광이 픽션론과 전형론을 다룬 대표적인 글로는 「문학과 성격」, 「문학의 진실성과 허구성의 논리」, 「로만논의의 제과제와 ‘고향’의 현대적 의의」 등이 있다.

안함광은 「문학과 성격」334)에서 문학 작품의 형상화 문제에 이론적 접근을 보이면서 소설론을 전개해 나갔다. 이 글에서는 소설의 성격과 픽션, 전형의 문제, 구성의 문제를 고구하였다. 안함광은 주체 건립론을 통해 실천을 위한 생활적 근거가 확립되지 않음을 인식하고서, 예술적 실천을 통한 리얼리즘의 형상화로 나아간 바 있다. 성격과 픽션에 대한 그의 기본 전제는 의식의 능동성과 수동성의 상호 변증법적 작용이었다. 즉, 인물과 환경의 상호 영향 관계, 인간의 실천을 매개로 한 현실과 이상의 상호 영향 관계를 바탕으로 리얼리즘론의 구체화인 픽션론과 성격론(전형론)을 전개한다.335)

---

334) 안함광, 「문학과 성격」, 『조선일보』, 1938. 12. 17~23.

성격 창조란 '작품 가운데 등장하는 인물의 행동, 즉 인간과 환경의 관계를 전제'로 한 성격의 본질적 창조이며 이때의 성격은 행동적 인물의 발전적 성격이다. 행동적 인물은 현실 생활과 인물이 상호 교섭하는 과정에서 이루어진다. 행동적 인물이 놓이는 세계는 성격 대 성격, 성격 대 환경이 타협할 수 없는 충돌·갈등의 세계로 특히 경향문학에 잘 나타난다.

　　문학에 있어 성격의 창조라는 것은 두말할 것도 없이 성격의 발전적 창조라는 것을 의미하는 것이며, 이 성격의 발전적 창조라는 것은 작품 가운데 등장되는 인물의 행동, 즉 인물과 환경의 관계를 전제로 하게 된다.[336]

안함광은 인물과 환경과의 관계를 전제로 한 성격의 발전적 창조라는 기준에 의해 이전의 문학을 두 가지 유형으로 구분하여 설명했다. 즉, '조화의 의식' 문학과 '초극의 의식' 문학이다(초극의 의식은 의식의 능동성과 같은 의미이다). 조화의 의식 문학에서는 발전이 주관, 곧 성격에만 한정되어 나타나고, 환경은 설명되는 것으로만 나타난다. 여기에는 이광수를 필두로 하는 일련의 민족주

---

335) 1930년 후반 소설론에 대한 여러 논자들의 천착에 대해 구재진은 "마르크스 레닌주의 소설 미학에서의 중심 범주인 전형의 문제를 심도 있게 천착하기에는 이들의 신념이 이미 동요하고 있었고, 그들의 리얼리즘론이 탄탄한 논리로 뒷받침되고 있지 못하였다."라고 하였다. 그러나 필자가 보기에는 임화, 김남천, 안함광 등이 엥겔스와 루카치의 이론에 근거하여 전형론을 논의한 점과 암담한 현실에서 현실 대응의 논리로 리얼리즘의 구체화인 소설론을 전개하였다는 점 등을 감안한다면, 구재진의 논리는 1930년대 후반의 소설론을 지나치게 폄하하는 태도를 볼수 있다.(구재진, 앞의 논문, 52쪽.)

336) 安含光, 「문학과 성격－성격 구조의 허구성의 요구」, 『조선일보』, 1938. 12. 17.

의 계열 작가들이 작품이 속한다. 초극의 의식 문학은 성격의 발전이 환경, 즉 객관적 현실의 발전과의 연관에서 창작된 작품으로, 환경의 초극을 테마로 한다. 안함광은 경향문학을 초극의 의식 문학으로 파악하면서, 여기에는 세계관의 참여, 이상이 전제되어 있다고 보았다. 세계관을 '한 그룹(대부분의 경우 사회계급)의 구성원들을 결합시키고 그들을 다른 그룹과 대립시켜 주는 동경, 감정, 사상의 총체'337)라 할 때, 경향문학은 세계관이 적극적으로 구현된 문학이다.

이러한 인식을 바탕으로 하여, 안함광은 경향문학과 이에 대질적인 문학의 특성을 대별시키고 있다. 둘 다 갈등의 세계를 취급하지만, 성격 창조의 면에서는 상이한 특질을 드러낸다고 하였다. 그는 경향문학의 특질을 다음과 같이 규정하였다.

첫째, 성격의 발전은 환경, 즉 객관적 현실의 발전과 연관 속에서 이루어진다. 환경에 의해 영향 받은 성격이 동시에 환경 그 자체에 작용을 가하면서 발전한다. 둘째, 성격의 발전은 환경의 발전과 함께 창조되기 때문에, 성격은 환경을 초극하고 평가한다. 셋째, 환경에 대한 초극은 새로운 질서의 세계를 창조하게 되는데, 이 세계는 의욕의 세계일 뿐 실제의 현실은 아니므로 픽션이 요구

---

337) L. 골드만, 송기형 · 정과리 역,『숨은 신』, 연구사, 1986, 22쪽.
　　　한편 오프스야니코프는 "세계관이란 세계에 대한 특정한 종류의 견해이며, 세계를 다면성 속에서 반영하는 예술가의 철학적, 정치적, 도덕적, 종교적, 미적 이념의 총체"라고 하였다.(오프스야니코프, 진중권 · 이승숙 역,『마르크스 레닌주의 미학원론』, 이론과 실천사, 1990, 213쪽.) 그리고 에르하르트 욘은 "세계관이란 다만 정치적 세계관에 한정되는 것이 아니라 정치적, 법률적, 철학적, 도덕적 이념들과 이데올로기적, 즉 지적, 도덕적, 미적 감정들과 견해들의 복합적 체계"라고 규정하였다.(에르하르트 욘, 임홍배 역,『마르크스 레닌주의 미학입문』, 사계절, 1989, 53쪽.)

된다. 안함광은 이러한 경향문학의 특질을 제시하면서, 경향문학의 성격 창조를 픽션의 논리로 연결시킨다. 그리하여 '의식의 능동성'은 '의욕의 세계'를 창조하기 위해 허구적 성격을 필연적으로 요구하게 됨을 강조한다.

> 언제나 성격창조는 내면세계의 특질적 부면과의 교섭에서만 가능하다는 것을 부인할 수 없는 것이 사실이라고 하면, 보다 우수한 역사적 의미의 성격창조는 초극의 의식의 문학에서만 비빗드하게 살려질 수 있다. 한데 이 경우에 있어서 문학적 창조는 필연적으로 픽션을 요구하게 된다. 왜냐하면 환경에 대한 초극이라고 하는 것은 반드시 새로운 질서를 요망하는 세계이고 이 새로운 질서의 세계는 하나의 의욕의 세계일 뿐으로 결코 가시의 현실은 아니기 때문이다.[338]

안함광은 경향문학이 보여준 성격 창조의 양식을 계승하는 초극의 의식을 가진 문학의 창조를 주장한다. 이 초극의 의식은 소설에서 환경과 인물 사이에서 환경을 초극하는 인물의 성격 창조를 필요로 하는 픽션의 논리로 이어진다. 환경의 초극은 새로운 질서의 세계를 요망하는데, 이는 의욕의 세계일 뿐 가시의 현실은 아니기 때문에, 초극의 의식은 '의욕의 세계'를 형상화하는 픽션이 되어야 한다.

안함광의 픽션론은 객관 현실의 가치를 결코 도외시하지 않는다. 픽션의 논리는 창작 방법이자 세계에 대한 태도 내지는 인식이며, 관념에 대한 생활의 우위에 대한 자각이다. 그러므로 픽션의 논리는 인물의 행동, 사색, 정서, 심리 등을 포함한 전 생활을 통하여 어떤 관념이나 사상을 전개하는 경우에 요청된다. 픽션은 '리

---

338) 安含光, 「문학과 성격－성격 창조와 허구성의 요구」, 『조선일보』, 1938. 12. 17.

얼리즘이 포섭하는 낭만적 모멘트'339)이며, 이에 의해서만 '평판적 리얼리즘의 군림'을 초극할 수 있다.

안함광은 가시의 세계만을 그리는 세태소설을 철저하게 부정하는 입장에서, 의욕의 세계인 새로운 질서의 세계를 창조하기 위해 소설의 허구성을 논의하고 있다. 이것은 역사적 허구성에 의해서만 역사 발전 법칙에 따른 새로운 세계를 창조할 수 있다는 논리이다.340) 즉, 세계관이 참여하는 세계 혹은 모종의 이상을 전제로 하는 세계를 문제 삼는 인식의 태도를 가져야 하고, 이러한 태도에 입각해서 적극적인 주인공을 통해 역사 발전 법칙의 전망을 '역사적 허구성'으로 제시해야 한다.341) 이런 안함광의 논리는 역사 발전의 합법칙성 속에서 특수성으로서의 자신의 존재 가치를 실현하며, 가치 정향의 체계를 구현하는 문학의 기본 사명에 대한 고구라고 할 것이다.

이런 인식 아래 안함광은 이기영의 『고향』에 반영되어 있는 노농 동맹의 문제를 하나의 픽션으로 가능한 의욕의 세계, 즉 전망

---

339) 安含光, 「문학의 진실성과 허구성의 논리」, 『인문평론』, 1939. 12, 94쪽.

340) 안함광은 19세기의 설 개념이 아닌 가능한 의욕의 세계를 창조한 문학으로 한설야의 『청춘기』를 평가한다. 그는 한설야의 『청춘기』의 서평에서 "문학의 유행(세속)성과 문학의 인습상(19세기적 소설적 개념의 무비판적 연장)이 대세인 와중에 있어 언제나 치열한 전통적 의욕을 갖고 창조의 세계를 보여주고 있는 氏의 앞에 우리는 믿음과 기쁨을 가져온 것도 사실이다."라고 말하고 있다.

341) 안함광은 '조화 의식'의 문학을 '관찰의 태도'에 의한 문학으로, '초극 의식'의 문학을 '인식의 태도'에 의한 문학으로 구분하고 있다. 안함광은 '관찰의 태도'가 인식의 전 단계에 머물기 때문에 '사실의 파악'에 그치지만, '인식의 태도'는 특정한 이상을 전제로 하기 때문에 '진리의 탐구'에 이를 수 있다고 본다. 이런 인식하에 안함광은 김남천의 관찰 문학론을 비판했다.(안함광, 「문학의 기둥을 어디다 세우나?」, 『조선일보』, 1938. 12. 20.)

을 담아낸 것으로 본다.342) 안함광의 '픽션의 논리'는 "가시적 현
실과 의욕적 현실과의 연관에서 새로운 세계를 창조케 하는 하나
의 유조(有助)한 연장"343)이었다. 즉 허구성의 논리로 역사 발전의
추동력인 문학의 진실성을 표현하려고 한 것이었다.

안함광의 픽션론은 리얼리즘 '외적' 논리로 '의식의 능동성'을
구현하려는 혁명적 낭만주의의 흔적을 남기고 있다. 의식의 능동
성은 사회주의 리얼리즘 '자체'의 근본 원리이지, 리얼리즘 바깥에
존재하는 어떤 것이 아니다. 따라서 픽션이란 것도 사회주의 리얼
리즘이 자신의 인식론적 원리의 하나인 의식의 능동성을 구현하기
위해 사용할 수 있는 문학적 수법의 하나 혹은 양식적 원리의 하
나에 불과하다.

그러나 안함광은 픽션이 마치 사회주의 리얼리즘 문학에 없어서
는 안 될 필수요건인 것처럼 말하고 있다. 즉 하나의 '수법' 혹은
'양식'에 불과한 픽션을 '방법적 원리'로까지 승격시키고 있다.344)
의식의 능동성은 사회주의 리얼리즘뿐만 아니라 리얼리즘 일반의

---

342) 이 문제에 대해 유보선은 안함광이 "『고향』 중 가장 구체적 현실성을
    상실한 관념의 결과로 모든 논자가 비판한 희준과 갑숙의 '노농 제휴'
    를 단지 픽션이 가미되었다는 이유만으로 고평"했다고 보았다.(유보선, 「
    안함광 문학론의 변모과정과 리얼리즘에 대한 인식」, 『관악어문연구』
    제15집, 1990, 117쪽.) 한편 김재용은 "안함광이 『고향』의 노농동맹을 강
    조한 것은, 이광수의 『흙』과 이기영의 『고향』이 다른 이유가 전자가 조
    화 의식의 문학이며, 후자의 『고향』에서 초극 의식의 문학을 가능하게
    해 준 것은 다름 아닌 노농 동맹의 부분이라는 점을 이해시키기 위해
    서"였다고 본다.(김재용, 『민족문학운동의 역사와 이론 2』, 한길사, 1996,
    97쪽.)
343) 안함광, 「문학의 진실성과 허구성의 논리」, 『인문평론』 3, 1939. 12, 97쪽.
344) 하정일, 「해방기 민족문학론 연구」, 연세대 대학원 박사학위논문, 1992,
    77쪽.

근본원리인데, 의식의 능동성을 사회주의 리얼리즘만의 원리로 격
상시키고 있다. 이러한 논리는 사회주의 리얼리즘에 대한 교조주
의적인 천착을 보여주기까지 한다. 또한 프로문학의 고유한 특질
로써 픽션이라는 용어를 사용하고 있는데, 이 의미에서의 픽션이
구체적으로 어떤 것인가를 지극히 모호하게 설명하고 있다. 다만
이기영의 『고향』의 끝 부분에서 나타나는 노농제휴를 픽션의 예로
들고 있을 뿐이다. 이를 통해 안함광이 상정하는 픽션이란 현실에
서는 실현되기 어려운 일을 문학 작품에서 그리는 것임을 알 수
있다.

  이와 같은 오류는 안함광이 '새로운 질서의 세계'를 단지 '의욕
의 세계'로만 보고, '가시의 현실'은 아니라고 본 데서 기인한다.
그러나 사회주의 리얼리즘은 '가시의 현실'에서 '의욕의 세계'를
발견하는 것이다. 예술적 당파성이 사회주의 리얼리즘의 근본 원
리이다. 당파성이란 원래 이데올로기적이며 예술적 범주이다. 따라
서 예술적 범주로서의 예술적 당파성은 예술의 진실성과 결부된
것이다.345) 그렇지만 이러한 예술적 범주로서의 당파성에 대한 인
식이 부족했던 안함광은 픽션을 방법적 원리로까지 승격시킴으로
인해 리얼리즘, '외적' 논리로 '의욕의 세계'를 상정할 수밖에 없
었다.

  그러나 1938년 이후 안함광이 문학의 허구성과 픽션에 대해 강
조한 것은 당시 많은 구카프 논자들이 리얼리즘 일반의 문제로 빠

---

345) 당파성이란 예술의 일반적인 계급적 성격에 대한 의식적이고 직접적이
  며 공공연한 인정, '사회주의 승리를 위한 노동자 계급의 투쟁에 대한
  지지', 그리고 예술을 통한 그 표현이라고 할 수 있다.(L. 박산달, 「사회
  주의 현실주의에 대하여」, 운학예술연구소 엮음, 『현실주의연구 Ⅰ』, 제3
  문학사, 1990, 131쪽.)

지거나, 혹은 새로운 리얼리즘을 주장하면서 정작 자연주의로 전락한 것에 대한 강한 거부라는 점에서 그 의의를 가질 수 있다.

「문학의 진실성과 허구성의 논리」[346)에서 안함광은 자신의 소설론의 핵심인 픽션론과 전형론(성격론)에 대한 요체를 보여준다. 안함광은 이 글에서 진실성을 포함하지 않은 단순 허구적인 일체의 문학을 거부하였다. 그리고 허구성이 진실성과 결합하는 문학이 리얼리즘임을 전제로 하면서, 허구성과 진실성의 연관 관계를 해명했다. 또한 정치적 로맨티시즘과 리얼리즘은 둘 다 광범한 외향적 의욕을 가질 때 그 질의 차이는 있을망정 픽션의 논리를 요청한다고 하였다.[347)

안함광은 로맨티시즘에서의 픽션의 논리와 리얼리즘에서의 픽션의 논리를 구분하면서, 로맨티시즘에 있어서의 픽션의 요구가 '신화'를 창조하기 위한 것이라고 한다면, 리얼리즘에서의 픽션의 요구는 일정한 이념상의 미래를 현재화할 수 있다는 역사적 전망의 세계를 창조하는 것이다. 그런데 모사론의 능동 면과 수동 면의 변증법적 통일 때문에, 고도의 낭만적 모멘트를 리얼리즘 가운데에 포섭할 필요가 대두된다. 모사론의 능동 면은 리얼리즘이 포섭하는 낭만적 모멘트인데, 이 낭만적 모멘트가 허구성의 문학화를 요청하는 것이며, 곧 그것이 픽션의 요구이다.

또한 이 글에서 안함광은 혁명적 낭만주의를 리얼리즘이 포섭하

---

346) 안함광, 위의 글, 1939. 12.
347) 픽션의 논리는 작가의 주관적 의욕으로 낮추어진다. 「문학과 성격」에서 픽션의 논리는 가시적 세계가 아니라 의욕의 세계이기는 했지만, 역사의 필연적 법칙 위에 기반을 두기 때문에 객관성을 갖는다. 그러나 안함광은 로맨티시즘과 리얼리즘이 둘 다 픽션의 논리를 요구한 함으로써, 그리고 역사의 필연적 법칙을 윤리적 의욕으로 대체시킴으로써 픽션의 논리를 주관적 의욕으로 제한하였다.

는 낭만적 모멘트로 이해하는 것이 더 타당하다고 주장하면서, 사회주의 리얼리즘과 혁명적 낭만주의의 관계에 대한 새로운 해석을 시도한다. 그는 과거의 작가들이 가시적 현실을 사실 이상으로 덮어놓고 추화한 반면에, 의욕적 현실을 필요 이상으로 덮어놓고 미화하려 함으로써 현실의 추상화에 빠지고 말았다고 비판한다. 따라서 문학의 목표는 주체적 진실이 객관적 진리와 합일되는 것, 보편자와 연관 맺는 것이다. 여기서 말하는 객관적 진리란 역사의 합법칙적 발전이나 물질의 선차성과 관련되는 것은 아니다. 요컨대, 현실의 객관성에 더욱 충실해야 한다. 이는 리얼리즘 미학의 일반 원리에 접근하려는 의식의 소산을 보여주는 것이었다.[348]

그러나 안함광은 낭만적 계기를 리얼리즘의 내부에 존재하는 것이 아니라, 여전히 리얼리즘의 외부에 있는 현실과 동떨어진 초월적인 요소로 간주했다. 따라서 그의 픽션론은 현실에서의 발전적인 계기에 대한 어떠한 언급도 없으며, 존재하는 현실의 역동성에 대한 인식도 찾아볼 수 없다.

> 진리란 그것이 진실이 아니고 진리인 한에 있어서 보편자와의 연관에서만 포착되어진다. 따라서 수체적 진실이 보편자와 교섭함에 의하여, 그 객관적 진리를 문학적으로 진리화할 것이 요청되어진다. (중략) 그러나 보편자와의 관련이란 것을 사회적 관련에서만 생각할 필요는 조금도 없다. (중략) 정히 픽션의 논리야말로 가시적 현실과 의욕적 현실과의 관련에서 새로운 세계를 창조케 하는 하나의 有助한 연장임이 不外하다. 말하자면 고도한 의미의 문학적 실천과 불가분의 관계를 맺고 있는 것이 허구성의 논리다.[349]

---

348) 하정일, 앞의 논문, 75쪽.
349) 안함광, 앞의 글, 1939. 12.

위 인용문에서, 안함광은 '보편자와 관련을 맺는 진리'를 주장한다. 그것은 여전히 특수한 구체성, 곧 존재하는 현실성과 일정한 거리를 유지하고 있다. 더군다나 그 보편적 진리는 사회적 관계와 무관한 것으로까지 인식되고 있다. 이런 인식은 모든 종류의 반영이 개별성과 보편성 그리고 특수성의 관계 속에서 행해진다는 점을 고려한다면, '가시적 현실과 의욕적 현실과의 연관'이 다만 당위적 차원에서만 언급되고 있을 뿐이다. 개별성과 보편성은 언제나 특수성 속에서 지양된 모습으로 나타나야 하기 때문이다. 그러므로 안함광이 강조한 보편자는 현실성을 상실한 것으로 의욕적 현실을 형상화한 것이었다고 할 수 있다.

그러면서 안함광은 여전히 문학의 보편성을 강조하는 시각에서, 당 시대를 '추화하고 허위에 충만한 시대'라고 규정한다. 그리고 주체적 진실만을 유일의 기준으로 하면, 문학의 사회적 의미는 애초에 사라진다고 하였다.

> 진리란, 그것이 진실이 아니고 진리인 한에 있어서 보편자와의 연관에서만 보족되어진다. 따라서 주체적 진실이 보편자와 교섭함에 의하여 그 객관적 진리를 문학적으로 진실화할 것이 요청되어진다. (중략) 그러나 보편자와의 연관이란 것을 사회적 관련만에서 생각할 필요는 조금도 없다. 과거의 리얼리즘 해석의 옹색한 점이 여기에 있었다. 발자크적인 길을 걷거나 도스토예프스키적인 길을 걷거나, 그는 전혀 작가의 자유다. 문제는 보편자와의 관련에서 진실이 진리에로까지 앙양되는, 그러한 우수한 의미의 문학적 진실에 당면될 때에만 우리의 인식적 요구는 만족될 것이다.[350]

---

350) 안함광, 앞의 글, 94쪽.

안함광은 구체적 진실이 진리로 승화해야 함을 주장하면서, 문학이 실현해야 할 진리와 보편성은 '인간의 정화와 해방의 기원'이라고 했다. 그리고 픽션의 논리를 가시적 현실과 의욕적 현실과의 연관에서 새로운 세계를 창조케 하는 연장이라고 주장했다. 그러나 그 기반은 역사의 필연적 법칙에 따른 새로운 질서의 세계가 아니라, 인간의 정화와 해방을 기원하는 윤리 의식, 휴머니티이다.

진실이 진리로까지 앙양되기 위해서는 보편자와의 교섭을 통하여 가능한데, 보편자와의 관련은 꼭 사회적 관련에서만 생각할 필요는 없다. 그러나 안함광은 진리나 보편자가 구체적으로 무엇인가에 대한 자세한 언급을 하지 않은채 보편자와의 관련을 꼭 사회적 관련에서만 생각할 필요가 없다고 인식했다. 이러한 그의 인식은 그가 계속적으로 견지해 온 의식의 능동성과 초극적 전망을 상실한 것이었다고 할 수 있다. 따라서 이 시기에 안함광은 사회주의 리얼리즘을 더 이상 견지할 수 없게 되자, 리얼리즘 일반으로 나아갔다고 평가할 수 있다.

그 결과 안함광은 픽션의 논리와 구성의 논리로 나아간다. 작가가 픽션의 논리를 체현하기 위해 희구하는 인간은 현실적으로 가능한 인간형이어야 한다. 따라서 그는 소설 창작에서의 구성의 원리로서 픽션을 설명한다.[351]

---

351) 이런 안함광의 논리는 자신의 소설론을 일반론으로 후퇴시킨 것으로,「문학과 성격」에서 픽션의 논리가 구현된 소설의 예로『고향』을 제기하면서 그것이 표현하고 있는 '노농제휴의 가능성'에 대해서 높게 평하던 태도와는 완전히 달라진 것이었다. 이런 그의 인식 변화는 의식의 능동성과 초극의 의식을 내세우던 전망의 방식과는 달라진 것이다. 이 점을 지적한 구재진과 엄현영의 진술은 많은 타당성을 지닌다.(구재진, 앞의

　　일견 철학과는 거리가 먼 작품일지라도 작품 전체를 관류하고 있는 작가의 의지, 사고, 말하자면 인생에 대한 태도란 것이 있다는 것을 부인할 수 있는('없는'의 오기인 것 같다 - 인용자 주) 것이다. 이 인생에 대한 태도란 곧 작품의 구성으로 전화되는 문제이며, 작품의 구성은 곧 픽션의 논리를 요청하는 세계이다. (중략) 그(구성 - 인용자 주)는 부분과 부분, 부분과 전체와의 관련의 문제이다. 실재적인 것을 소재로 하여 필연적인 내면적 논리의 세계를 창조할 뿐이다. 그러기 때문에 현실에 실재한 조건을 의욕적으로 개변하기 위하여 관찰 이상의 인식을 문학세계 가운데에 용해할 자유와 권리를 향유케 되는 것이다.[352]

　안함광은 문학적 진실이 구성을 통해 픽션의 논리에 도달한다고 본다. 즉, 구성을 통해 작가는 자신의 의지를 실재적인 것을 소재로 하여 필연적 논리로 재창조하고, 그렇게 함으로써 현실 속에서 새로운 보편자를 창조한다. 이런 관점하에서, 그는 픽션론을 성격론에 적용하여 '個에서 全으로의 성격창조'와 '全에서 個에로의 성격창조'를 구분한다. 그리고 전자보다는 후자가 픽션의 논리를 보다 더 잘 구현할 수 있는데 그것은 후자가 좀더 미래를 더 많이 그릴 수 있기 때문이라고 했다.

　그의 픽션론과 성격론이 진정으로 특정의 사상성을 전제로 한 리얼리즘적 소설의 기법에 대한 논의로 발전하기 위해서는, 소설의 내용에 대한 분석과 그 의미에 대한 평가가 뒷받침되어야 했다. 그러나 안함광은 구성을 통한 창작 원리가 작품 속에서 드러나고 있는가의 여부에만 관심을 집중할 뿐, 그것이 가지는 내용적 의미에 대해서는 고려하지 못했다. 이런 인식 때문에, 안함광은 1930년대 후반의 변화된 현실에서, '초극의 의식'과 같은 1930년

　　논문, 58쪽, 엄현영, 앞의 논문, 59~63쪽.)
352) 안함광, 앞의 글, 97쪽.

대 전반에나 가능했던 방법들로 논의를 환원시킴으로써, 사회주의 리얼리즘론을 실현 가능한 창작 방법론으로 만들지는 못했다.

결국, 안함광이 소설론에서 허구성을 강조한 것은 사회주의적 세계관을 소설 속에 전망으로 제시하기 위한 의도에서였다고 할 수 있다. 프롤레타리아의 승리와 혁명적 세계관을 소설의 전망으로 제시하기 위한 문학적 장치가 허구였기 때문이다. 그러므로 안함광이 말한 '새로운 질서를 요망하는 세계'란 사회주의가 실현된 사회이고, '의식의 능동성'이란 임화가 말한 '위대한 낭만적 정신'과 동궤에 놓인다.

따라서 이 시기 안함광의 픽션론은 객관 현실의 악화를 문학 내적으로 충분히 반영하지 못한 미학적 교조주의를 노정하고 있다고 평할 수 있다. 또한 이러한 주관주의적 편향으로 말미암아 현실과의 결합도는 긴밀하지 못한 채, 유리된 추상성의 차원에 머물고 말았다.

다. 성격론과 전형론

안함광이 그의 소설론에서 강조하는 픽션은 단순한 허구의 개념이 아닌, 역사의 필연적 법칙 위에서 창조되는 현실성을 갖는 '역사적 허구성'이다. 환경을 초극하는 발전적 성격은 역사의 필연적 법칙에 기반을 둔 새로운 세계이지만 의욕의 세계일 뿐이므로, 실재의 현실이 아닌 가능성의 세계를 창조하는 픽션과 결합되어야 한다. 이렇게 볼 때, 역사적 허구로서의 픽션은 새로운 질서의 창조라는 의미에서 전망과 전형적 성격을 창조하는 전형성을 갖게 된다. 초극의 의식을 극복하고, 지성과 감성의 통일을 구현하기 위

해 안함광이 소설론에서 도달할 수 있었는 길은 전형 창조의 길이 었기 때문이다.[353]

그러면 여기서 잠깐 예술에서의 전형에 대해 살펴보자. 사회의 발전은 자연의 발전과 달리 자각된 인간의 의지에 의해 촉진된다. 역사의 추진자로서의 계급 혹은 민족 그 자체도, 또한 그들 인간 집단의 구성원인 개인도 똑같이 예술적·형상적으로 인식된다. 예술적 인식의 대상인 사회적 현실의 생활 형태란 인간의 생활 형태 이기 때문이다.

엥겔스는 1888년 4월에 마가레트 하아크네스에게 보낸 편지에서 다음과 같이 전형에 대해서 언급하고 있다.

> 리얼리즘이란 내 생각에 의하면 디테일의 성실성 외에도 전형적인 환경에서 전형적인 성격을 충실하게 재현하는 것을 의미합니다.[354]

엥겔스의 이러한 언급은 '전형적인 환경에서의 전형적인 성격의 충실한 재현'이 리얼리즘이라는 정의를 내리는 것으로 풀이된다. 그런데 예술은 사회적 현실의 생활 형태에 대한 형상적 인식이다. 그리고 계급 그 자체나 계급적 인간도 인식의 대상으로서 존재하며, 계급 일반과 계급적 인간 사이에는 보편과 특수의 유기적인 관계가 존재하고 있기 때문에 전형적인 환경과 전형적인 인간의 창조는 예술가의 노력으로 당연히 도달해야 할 하나의 결과이다. 따라서 전형의 창조는 리얼리즘의 핵심 범주가 된다. 전형의 창조 는 "민족 민중 계급의 근본적인 동향 및 본질적인 특징을 한 몸에

---

353) 이현식, 앞의 논문, 1990, 53쪽.
354) 伊東 勉, 서은혜 옮김, 앞의 책, 1995, 68쪽에서 재인용.

구비하고 있는 대표적인 인물을 창조하여, 그 개인의 생활 형태의 형상적 인식을 통해 그가 대표하는 인간 집단을 구체적으로 인식하려고 하는 시도"355)로 이루어진다.

예술은 언제나 구체적 상황들 속의 구체적 인간들과 이들이 매개하는 구체적 대상들, 이들이 표현하는 구체적 감정들을 형상화한다. 따라서 예술은 인간과 상황(환경) 속의 전형적인 것을 생생하게 상징화하는 일을 목표로 해야지 순수한 전형 그 자체를 대상으로 삼아서는 안 된다. 왜냐하면 전형을 이루는 작업은 개별적인 형상 자체에서나 이들 상호간의 결합상태들에서나, 모두 개별적 계기들의 연관 관계들이 형성하는 구체적이고 역동적인 체계 속에 위치하기 때문이다.

또한 전형은 그 위계 체계를 지닌다.356) 모든 예술에서 단 하나의 고립된 전형적 형상은 등장할 수 없으며, 더욱이 모든 전형적 특징들을 단 하나의 모습으로 나타낼 수도 없다. 그와는 반대로 중요한 예술 작품에는 언제나 다양한 전형들이 성격이나 운명 등의 유사성, 평행관계, 대립관계 등으로 인해 서로를 밝혀 주며, 예술적으로 비로소 생명력을 갖게 된다.

이러한 '전형'의 여러 특성들에 비추어 볼 때, 안함광은 엥겔스의 논지를 받아들여 자신의 체계를 세운 것으로 보인다. 안함광은 개성과 보편성의 문제, 즉 개성을 통한 보편적 세계의 획득문제를 제기한다. 그는 진정한 자아 확충이 주체 내부로 향하는 데서 생기는 것이 아니라, 개성이 보편성과 교섭함에 의해 현실에서 모랄을 탐색할 때 가능하다고 말한다. 그러면서 그는 보편적 가치의

---

355) 伊東 勉, 위의 책, 61쪽.
356) 게오르그 루카치, 홍승용 옮김, 앞의 책, 실천문학사, 1987, 270쪽.

개성적 방법에 의한 창조와 실현, 즉 전형의 문제를 제기했다.

안함광이 말하는 전형성의 본질은 작가의 개성이 추상적 보편성에 매몰되지 않고 개별적인 본질성을 유지하는 것이다. 작가는 보편을 단순히 수용하는 것이 아니라, 새로운 보편 세계와 새로운 가치의 세계를 창조한다. 그 결과 작가는 환경에 수동적으로 적응하는 것이 아니라 환경을 초월한다. 이로인해 픽션은 작품 내의 인물과 상황의 긴밀한 결합을 의미하게 된다. 그러나 픽션은 단지 내용적 의미의 전망에 그치는 것이 아니라, 인물과 상황의 긴밀한 결합 원리를 의미한다. 따라서 경향문학의 우월성은 발전적 성격 창조와 역사적 허구성인 픽션에 있게 된다. 안함광은 이러한 픽션의 논리를 전형론으로 전개한다. 그는 조선에서의 개성 논의가 집단성에 대한 반대의 방향으로 나아가 그 구체적인 검찰을 가지지 못했음을 지적하면서, 발전하는 성격은 작품 내에서 전형, 개성, 유형으로 구현된다고 하였다.

> 특질 없는 보편성만을 가진 것이 유형이라고 하면 보편성 없는 특질만을 가진 것이 개성이라 할진대 그와 반대로 전형이란 어떤 그룹 전체를 우수하게 대표하는 것을 이름이 아닐까? 그러기 때문에 예술적 창조에 있어 개성적인 창조만을 가진다는 것은 대표성(시대적 의미의) 없는 특질의 세계만이 나타나고 그 시대의 어떤 전체를 우수하게 대표하는 면이 소외되어질 가능성이 충분타고 생각되어진다. (중략) 어떤 시대를 막론하고 우수한 성격의 창조는 전형을 떠나서는 있어질 수 없다. 그러기 때문에 작가는 개성 가운데서 유형을 살리고 유형을 그리면서 거기서 산 개성적 실재성을 부여하지 않아서는 아니될게다. 이는 다름 아닌 전형창조의 길이 아닐 수 없다.[357]

---

357) 安含光,「문학과 성격 – 개성논의와 가치의 리버럴리즘」,『조선일보』, 1938. 12. 23.

앞의 인용문에서 알 수 있듯이, 안함광은 현시대에서 개성 논의는 전형의 창조를 전제하고 이루어져야 함을 강조한다. 개성이란 현실 속에서 그 보편적 특질을 탐구하는 것이지, 개인의 주관적 견해만으로 한 인물을 탐구해서 드러내는 것은 아니기 때문이다. 그러면서 그는 보편성과 개별성의 통일로서 '전형'을 규정한다.358)

그러나 전형적 성격이 작품에 개성적 실재성을 부여한다고 설명했지만, 전형적 상황을 직접 언급하지는 않았다. 엥겔스가 그의 '발자크론'에서 말한 '전형적 상황에서의 전형적 성격'이란 부분적인 사실에 충실하면서 동시에 전체를 의미하는 것이었다. 그러나 안함광은 전형을 단순히 '어떤 그룹 전체를 우수하게 대표하는 것'이라고 함으로써, 부분과 전체의 변증법적 연관 관계를 가능하게 하는 전형적 상황에 대한 인식을 간과하였다. 즉, 어떻게 이 전형을 창조할 것인가에 관한 현실적 가능성은 간과하고 있다.

물론 안함광이 말하는 전형은 객관의 발전과 연결된 그룹으로 계급을 상정한 것이다. 즉, 그는 전형을 정황과 묘사를 통해 확보되는 소설의 역동적 현실성 속에서 인물이 활동하는 것이 아니라, 이미 존재하는 이상화된 인물이 그 가치를 작품의 현실 속에서 관철시켜 나가는 과정으로 파악했다. 이로인해 그는 이것은 전형을 긍정적 인물로 상정하게 된다. 그러나 이러한 전형의 창조란 1930년대 후반 파시즘 체제하에서는 아주 어려운 것이었다. 긍정적 주인공이란 주관적 이상화에 의해 작가가 직조한 인물이 아니라, 언제나 작품의 전체적 구조 속에서, 곧 한 인간이 사회 속에서 그

---

358) 이런 인식하에 안함광은 속물과 편집광도 전형이라는 김남천의 주장에 대해, 그것은 개별성에 함몰되어 결국 자연주의에 지나지 않게 되었다고 비판했다.

사회를 위해 어떻게 영웅적 행위를 하게 되는가를 설득력 있게 표현하게 될 때만 존재할 수 있기 때문이다.

그후 안함광은 「문예비평의 논리와 형태」[359]에서 전형론의 사상적 근거와 전형론이 조선에서 등장하게 된 배경에 대해 언급한다.

> 실로 문학에 있어서의 개성의 논의는 정치적으로는 데모크라티시즘, 사상적으로는 개인주의와 같은 연대로 출발했음에 반하여 전형의 문제는 그 이후 새로운 문학이론의 대두와 함께 발족되었다는 것을 생각할 필요가 있다. 다시 말하면 문학에 있어서의 개성의 문제의 발전적 형태인 것이다. 그런 것이 유달리 오늘에 있어 문학에 있어서 개성의 문제가 재검찰되어지는 所以는, 오늘의 전형적 문학론의 비상한 위기에 직면되어 있기 때문이다. (중략) 그 개성논의는 응당 전형론의 문제를 내포하고서의 출발이 아니어서는 아니될 것이며 이렇게 전형성의 문제를 내포하고서의 출발인 경우일 때 응당 그 비평은 또한 윤리의 문제를 오늘의 비평에 있어서와 같이 소원히 할 수 없을 것도 자명의 이치다.[360]

개성의 문제가 논의되고 있는 것 자체가 전형의 위기라는 그의 지적은 시대적 질곡에서 리얼리즘 문학이 나아가야 할 방향이 흔들리고 있음을 말한 것이다. 위의 글에서 안함광은 개성과 전형을 역사 발전 단계와 결부시켜 이해하면서, 개성과 전형의 논리를 형상의 구성 원리로까지 연관짓는다. 그리고 안함광은 예술 작품이 세계상의 본질을 표현하는 문제는 '객관적 현실의 본질을 얼마나한 정도로 고도히 표현'했느냐의 문제라고 한다. 따라서 픽션은 감정의 자연스런 유로의 배합과 사회적 제 관계의 예술적 체계로의 결합과 정돈에서만 문제가 되고, 전형은 초극적 의지를 나타내는 동시에 '현실의

---

359) 안함광, 「문예비평의 논리와 형태」, 『朝光』 제42호, 1939. 4.
360) 安含光, 위의 글, 1939. 4.

眞을 얼마나한 정도로 적극적으로 반영'361)했느냐에 달려 있다고 밝혔다. 이러한 논지는 픽션을 전형적 상황과 새로운 질서의 세계에 대한 전망, 성격과 상황을 개성적이고도 자연스럽게 결합시키는 문학적 필연성의 원리로 파악하는 것이다.

그러나 안함광이 위의 글에서 밝힌 전망은 현실에서는 부재하고, 문학 속에서 가능성의 세계로 허구로만 존재하는 세계에 대한 전망이었다. 즉, 현실로는 전혀 확보되지 못한 세계에의 지향, 그러나 의욕하고 가능할 것이라는 기대에서 유인되는 전망인 것이다.362) 따라서 이 전망에 의한 픽션은 창작의 주체에게 실질적인 지도 지침이 될 수 없는 한계를 갖게 된다. 전형의 강조가 그 현실적 방법론을 결여함으로써 단순한 당위론에 그치기 때문이다. 따라서 안함광이 의식의 능동성의 구체화로서 상정한 전형의 문제는 가능성으로만 끝날 뿐 구체적인 형태는 없는 것이었다.

「문학과 성격」363)에서 픽션은 전형적 상황, 새로운 질서의 세계를 향한 전망의 내용적 측면과 작품 내의 필연적인 원리를 가능케 하는 장치였다. 그러나 전형적 상황과 전망의 내용성이 일정하게 후퇴하자, 픽션은 작품 내의 필연적인 논리만을 강하게 나타내게 되었다. 즉, 구성의 특질을 중요하게 대두시키게 된 것이다.

안함광은 구성이 '부분과 부분, 부분과 전체와의 관련'이라고 규

---

361) 安舍光, 위의 글.
362) 사회주의 리얼리즘에서의 전망은 '안'에서의 전망이다.(게오르그 루카치, 황석천 역, 앞의 책, 열음사, 1986.) 즉, 현실적으로 확보된 새로운 질서를 통해 제시되는 전망이다. 그러나 안함광은 현실적으로 확보되지는 않았으나 미래에 확보될 수 있는 가능성의 세계를 향한 지향으로서의 전망을 통해 픽션을 상정한다. 이는 사회주의 리얼리즘뿐만 아니라 리얼리즘 일반에서 말하는 전망의 원리와는 다른 것이다.
363) 안함광, 「문학과 성격」, 『조선일보』, 1938. 12. 23.

정하면서, 이 관련의 방식은 실재적인 것을 소재로 하여 필연적인 내적 논리의 세계를 창조한 것이라고 했다. 소설의 각 부분은 전체성을 지향하며, 부분과 전체의 관계는 '個에서 全으로의 길'과 '全에서 個로의 길'이 있다고 했다. '全에서 個로의 예술'은 '個에서 全으로의 예술'보다 뚜렷한 형태로 픽션의 논리를 받아들인다. 안함광은 전자가 미래의 세계를, 후자가 과거의 세계를 보다 더 그린다고 평가하면서, '個에서 全으로의 구성'을 갖는 작품이 김남천의 『大河』이고 '全에서 個로의 구성'을 갖는 작품이 이기영의 『고향』이라고 하였다.

안함광은 자신의 성격논의가 성격 묘사를 통한 성격 창조에의 탐구라고 했다. 성격이란 현실 내용의 容積을 이루는 질료적 특색과 상관해서 주체적 모랄을 통한 일정한 실천적 의지까지도 체현하는 것이기 때문에 잠시도 모랄을 떠나서는 생각할 수 없다.[364] 안함광은 지성(사상)과 감성의 통일 위에 문학의 기둥을 세우려고 하였다. 그러나 그는 문학의 개성과 보편성의 관계를 재해석하려는 의도를 갖고 있었지만, 결국은 사회주의 세계관 우위의 문학론에서 벗어나지 못했다. 작가의 세계관은 문학의 창작 과정에서 매우 중요하지만, 문학 비평은 세계관이 작품 속에 예술화의 원리로 투사되어 있는 형상성에 대한 문제를 해명하는 것이기 때문이다.

안함광은 김희준을 "정열적이나 그러나 필요한 의식 안에 있어서는 지극히 悟性的일 수 있는 그는, 경우를 통어하며, 편달하면서 환경에 대해 나가는 힘을 집대성하였고 마침내는 새로운 생활을 창조하였다."[365]고 하면서, 김희준을 시대적 보편성을 포괄하는

---

364) 안함광, 「로만논의의 제과제와 '고향'에 대한 현대적 의의」, 『인문평론』
    제13호, 1940. 11, 31~39쪽.

개별, 즉 전형의 본보기로 제시한다. 그가 이렇게 김희준을 전형의 본보기로서 제시한 것은 어떤 원리를 개인의 발전적 성격 창조를 통해 다시 새로운 보편성으로 창조할 수 있다고 생각했기 때문이다.

그 결과 안함광의 픽션의 논리는 작품이 얼마나 탄탄한 구성을 만들어 내는가의 구성론으로 대체된다. 그러나 그가 상정한 구성론은 '일정한 윤리가 픽션적인 형상을 의도하여 이루어진 형상의 필연적인 원리'366)가 '문학의 논리'라는 인식으로 이어진다. 따라서 그의 구성론은 윤리 의식을 보편성에 대체시키고 픽션의 논리를 작품 내의 구성의 원리, 즉 문학의 논리로 대체시킴으로써 그가 지속적으로 견지해 온 의식의 능동성에 입각한 당파성을 현저히 퇴색시킨다.367)

구성은 작가의 관념이 현실과 관계 맺는 방식으로 작가의 세계관에 의해 영향을 받기도 하지만, 구성이 작가의 세계관에 영향을 미치기도 하는 상호 작용을 한다. 그런데 이 구성에서 가장 핵심적인 매개체는 인물(성격)이다. 인물은 구성 속에서 비로소 살아 움직이게 되며, 동시에 픽션의 논리를 온몸으로 체현하는 화신이기 때문이다.

그러나 안함광은 1930년대 말에 이르러서는 윤리 의식을 보편성에 대체시키고 픽션의 논리를 작품 내의 구성 원리, 즉 문학의 논리로 대체시킴으로써 픽션의 원리가 작품 속에서 드러나고 있는가의 여부에만 관심을 집중한다. 그 결과 그는 작품의 내용적 의

---

365) 안함광, 위의 글, 1940. 11, 35쪽.
366) 安舍光, 위의 글, 11쪽.
367) 이현식은 안함광의 이러한 점에 대해 "현실이라는 벽에 부딪히게 되며 소설론은 문학이념을 배제한 단순한 기술적 방법론에 머묾"게 되었다고 비판한다.(이현식, 앞의 논문, 1990, 58쪽.)

미에 대해서는 고려를 하지 못하고 있다.368) 이런 판단을 내릴 수 있는 근거는, 1938년에 제안된 역사의 필연적 법칙을 형상화하기 위한 전형적 상황과 미래의 전망을 의미하던 역사적 허구성으로서의 픽션이, 1939년의 「문학의 진실성과 허구성의 논리」에 이르러서는 현실의 논리를 지배하는 문학의 논리로 바뀌었기 때문이다. 이로 인해 그의 논리는 내용 면에서는 의식의 능동성을 윤리적인 의욕으로 대체하여 작품 내적 질서인 구성의 원리로 변화하게 되었다. 또한 안함광은 작품론에서 문학이전의 정열과 체험이 문학에서 어떻게 관여하게 되는가를 전혀 언급하지 않았다. 이런 그의 태도는 주체 건립을 절실한 과제라고 주장했던 이전의 견해와는 다른 것이었다.

1939년에 와서 안함광은 외부 현실의 제약 때문에 미학적 원리의 고구(考究)보다는 작품론과 작가론에 치중해야 하며, 그것은 할 말을 할 수 없다는 불만으로 비평 분야를 축소하는 자기모욕적 행위를 극복하는 것이라고 지적한다. 그리고 적극적인 작품론의 대상은 작품의 내용이 과거의 소재를 다루고 있거나, 혹은 작품 자체가 과거의 것인 경우로 한정했다. 전자의 예가 김남천의 『大河』이며, 후자의 예는 이기영의 『故鄕』이다.

그럼에도 그는 『고향』을 분석할 때, 자신이 말한 비평의 가치 판단 기준, 즉 진위의 시대적 판단, 미추의 예술적 판단, 선악의 도덕적 판단에 입각하여 자신의 성격론과 픽션론을 적용하지 않고 있다. 그리고 『고향』을 분석할 때 「문학과 성격」에서 자신이 논한 발

---

368) 이런 관점에서 구성의 원리에 초점을 둔 안함광의 소설론을 형식주의적 특질이 보인다고 평한 엄현영의 논리는 타당성이 있다.(엄현영, 앞의 논문, 59쪽.)

전적 성격창조인 전형을 적용하기보다는, 작품 내적 구성 원리인 구성의 면에서 인물들의 관계를 분석했다. 이러한 점들은 안함광이 1939년에 외부 현실의 제약 때문에 미학적 원리보다는 작품론과 작가론에 치중하게 되었다는 사실을 보여주는 근거가 된다.

안함광의 이런 인식은 「로만논의의 제과제와 '고향'의 현대적 의의」369)에서도 동일하게 나타난다. 이 글에서 안함광은 이기영이 『고향』을 분수령으로 하여 소설이 상승 발전하지 못한 점을 지적하고, 그 해결점을 이념 지향성이라 할 수 있는 '의식의 능동성'과 '모사론'의 관계에서 찾고 있다. 이 글에서 안함광은 성격 창조와 성격 묘사를 구별하여, 방개와 안승학을 성격 묘사로, 김희준을 성격 창조로 규정한다.

'묘사된 성격'이란 환경 가운데서 생활하는 인간을 의미하며, '창조된 성격'이란 환경을 창조해 나가는 인물을 의미한다. 안함광은 가장 이상적인 성격화가 성격 묘사를 통한 성격 창조라고 강조하면서, 몇몇 한계에도 불구하고 김희준이 바로 그러한 성격화의 가장 전형적인 예라고 평가한다. 그러면서 안함광은 김희준을 분석할 때, 그의 특징이 환경과의 마찰을 통한 성격의 형성 과정에서 나타나지 않고, 이미 생성된 성격이 환경을 창조하는 과정에서 나타난다고 했다. 즉 생활의 발견은 없는 대신 생활의 창조가 있다고 있다. 그러면서 안함광은 성격 창조란 자기의 개별적 원리를 통한 산 생활의 우수한 전개이므로 김희준은 그런 점에서 탁월한 성격 창조의 예라고 주장했다.370)

---

369) 안함광, 「로만논의의 제과제와 '고향'의 현대적 의의」, 『인문평론』, 1940. 11.
370) 안함광, 위의 글.

안함광은 『고향』의 의미를 구성 면에서 '설화(서술)와 묘사의 통일'이라는 것과 성격창조, 특히 김희준의 성격화에서 찾았다. 설화와 묘사의 통일은 소설의 구성이 내재적으로 요청하고 있는 세계이다. 그는 설화와 묘사의 종합 통일을 단순히 성격 묘사의 객관주의적 방법이 아닌 객관을 포섭하는 주관의 통일 위에 나타날 수 있는 성격 창조와 연결지으면서, '미적 요소'라는 내적 계기를 통해 주관의 역할을 강조하였다. 그러나 이것은 현실에 대한 두 가지 개념을 소설 구성의 논리에 적용한 것이다. 객관적 세계를 자기 표현으로 하는 묘사적·가시적 현실의 세계와, 주관에 의해서 자기 표현화하는 것을 특성으로 삼는 설화에 의한 가능적 현실의 세계를 소설의 서술 형식으로 전화시킨 것이다.

그러나 안함광은 『고향』이 묘사와 설화가 종합·통일되어 있다고 평가만 하고 있을 뿐 그것에 대한 구체적인 분석은 하지 못하고 있으며, 그러한 통일이 왜 『고향』이라는 소설에서 가능할 수 있었는가에 대한 규명도 하지 못하고 있다. 그것에 대한 규명은 『고향』이 그리고 있는 현실적 세계와 그것을 소설화하고 있는 작가 정신을 문제 삼을 수밖에 없다. 따라서 안함광이 이러한 분석을 하지 않은 것은 사상성의 문제에 대한 회피이며, 결과적으로 자신의 소설론을 일반론의 차원으로 후퇴시킨 것이다. 이런 한계는 김희준의 성격화를 설명하는 방식에서도 그대로 드러나고 있다. 안함광은 김희준을 단순한 개별화의 원리에 의해서가 아니라, 당대의 시대적 보편성을 포괄하는 개별, 즉 전형으로서 나타났다고 평가할 뿐 그 시대적 보편성이 의미하는 바에 관해서는 설명하고 있지 않다.

이러한 앙장은 「문학과 성격」에서 픽션의 논리가 구현된 소설의 예로 『고향』을 제기하면서, 그것이 표현하고 있는 '노농제휴의 가능성'에 대하여 고평하던 것과는 완전히 다르다. 이러한 상황은 그가 주장할 사상이 상실되었거나 혼란에 빠졌음을 추측하게 해 준다. 이 당시 그가 내세운 논리는 관념적으로 선취된 성격 창조를 상정한 것으로, 반영론에 입각한 전형성과는 거리가 있는 것이다. 또한 성격의 발전 과정이 없는 성격 창조가 가능하다는 것은 실제로는 환경과의 상호 작용을 통한 성격 발전 과정이 전제되지 않는 한, 낭만주의적 주관성으로 기울 수밖에 없는 한계를 갖는다.371) 더군다나 그의 주장은 1930년대 후반의 변화된 상황에서 실제 현실 및 실천적 과제로부터 유리된 것으로, 당위론적 당파성에 그칠 가능성이 농후한 것이었다.

한편 안함광이 상정한 '성격 창조'라는 개념 자체도 오류를 내포하고 있다. '환경을 창조해 나가는 인물'이라는 의미의 성격 창조는 전형적이고 긍정적인 주인공론과 관련된다. 리얼리즘의 관점에서 볼 때, 인물의 형상화에서 핵심적인 사항은 주인공이 긍정적이냐 부정적이냐가 아니라, 그가 전형적이냐 아니냐 하는 점이다. 따라서 소설의 주인공은 긍정적일 수도 있고 부정적일 수도 있다. 문제는 그 인물이 개성과 사회성 혹은 개별성과 일반성을 통일적으로 담지하고 있느냐 하는 점이다. 왜냐하면 이럴 때에만 현실의

---

371) 이런 점에서 본다면, 안함광이 "환경에 의해 인물이 제약되는 과정을 통해 이루어지는 성격묘사와 인물이 환경을 극복함으로써 이루어지는 성격창조를 분리하여 성격묘사만을 강조하는 경향에 맞서 성격묘사를 통한 성격창조를 주장한" 것이라는 김재용의 논리는 그 타당성이 약해진다. 왜냐하면 안함광의 성격론은 객관 현실 속에서 성격 창조를 해 나가는 것이 아니라, 이미 선취된 성격 창조를 구현해 나가는 것이었고, 리얼리즘 미학에서 말하는 전형의 원리와도 다른 것이었기 때문이다. (김재용, 앞의 책, 107쪽.)

총체성을 내포적으로 형상화하는 것이 가능하기 때문이다.

그러나 안함광은 그러한 인물의 전형성 여부에 초점을 맞추지 않고, 그가 환경에 지배되어 살아가느냐와 환경을 창조하며 살아가느냐의 여부에만 초점을 맞춘다. 이러한 전형론은 그가 혁명적 낭만주의론에 기초한 긍정적 주인공론에 아직도 연연하고 있음을 추측게 한다. 이런 점에서 볼 때, 안함광이 상정한 성격 창조에 의한 인물은 개별성과 보편성의 변증법적 통일로서의 특수성을 형상화하지 못하고 있다고 평할 수 있다.

이처럼 안함광이 1930년대 후반에 의식의 능동성을 강조한 것은 프로문학의 독자성을 철저히 견지하려 한 그의 미학적 입장과 불가분의 관계를 갖는다. 그는 당시의 조선문학을 프로문학 대 비프로문학이라는 구도에서 바라보면서, 의식의 능동성―혁명적 낭만주의―픽션과 성격창조를 비프로문학과 구별되는 사회주의 리얼리즘의 본질적 지표로 이해했다. 1930년대 말의 암담한 상황에서도 끝까지 당파성을 지켜 프로문학의 독자성을 견지하려는 그의 태도는, 프로문학이 급속히 퇴조하던 당시의 현실에서 나름대로 타당성을 지닌 것이었다. 더군다나 유물변증법적인 인식론을 기반으로 하여 의식의 능동성을 사회주의 리얼리즘의 고유한 미적 특질로 해명하려 한 그의 이론적 노력은 평가받을 만한 것이었다.

그러나 안함광은 프로문학과 비프로문학의 차별성에만 집착하여 리얼리즘 미학의 일반 원리를 경시함으로써, 혁명적 낭만주의에 치우치게 되었다. 사회주의 리얼리즘은 리얼리즘 미학의 일반 원리를 기초로 하여 상정된 것이다. 그러므로 모든 리얼리즘 문학을 관통하는 일반적 원리를 따질 때에만 올바른 산출을 기대할 수 있다. 즉 리얼리즘 대 반리얼리즘이라는 구도가 전제되어야만 프로문

학 대 비프로문학이라는 구도가 과학성을 확보하게 되는 것이다.[372)

'의식의 능동성'은 객관 현실에 대한 작가의 세계관의 작용을 의미하는 것으로, 리얼리즘 일반에 대해 적용되는 개념이다. 따라서 비판적 리얼리즘 역시 의식의 능동성을 실현하는 방법 중의 하나이다. 그러므로 사회주의 리얼리즘과의 차별성이 의식의 능동성에만 있는 것은 아니다. 또한 의식의 능동성은 주체의 측면 못지않게 객관적 상황에도 연관되는데, 안함광의 논의는 늘 주체의 당파성 문제에만 편중되고 있다.[373) 이러한 한계로 인해 안함광은 1930년대 후반의 상황에서 현실적 실천을 상실한 의식의 능동성에 함몰됨으로써, 미학적 교조주의에 빠지게 되었다.

372) 하정일, 앞의 논문, 78~79쪽.
373) 나병철, 앞의 글, 평민사, 1993, 20~21쪽.

1930년대 후반기 소설론의 문학사적 의의

문학사란 과거 어느 지점의 문학에서 현재의 문학까지 史的 흐름의 구조체를 읽어 내는 일이기 때문에, 지속과 변화라는 두 항목은 문학사 이해의 기본 축이다.374) 이 지속과 변화의 관점에서 문학론을 본다면, 문학론의 형성과 발전은 당대의 역사적 상황에서 중대한 영향을 받기도 하지만, 그에 못지않게 전대에 이루어진 이론적 성과에도 결정적인 영향을 받는다. 이는 문학사의 내적 발전 법칙이라고 할 수 있는데, 모든 문학론은 당시의 역사적 상황과 전대의 이론적 성과가 서로 복합적으로 작용한 결과이다.

1930년대 후반기는 조직적인 프로문학 운동 단체인 카프가 해체되고 이념적인 지향성이 일정하게 후퇴하였을 뿐만 아니라, 리얼리즘 이론이 작품 창작에 대한 지도성을 발휘할 수 없었던 어려운 시기였다. 그러나 암울했던 일제 식민지 파시즘의 폭압에 반항

---

374) 성기조, 『한국문학과 전통논의』, 장학출판사, 1986, 33～35쪽.

하고 최소한의 양심을 지켜내려는 의욕은 리얼리즘 이론에 대한 관심으로 모아졌다.

1930년대 후반기의 리얼리즘론은 전 시기 프로문학론의 합리적 핵심(당파성)을 계승하면서, 그것의 교조주의적이고 비반영론적인 한계를 극복하는 가운데 형성되었다. 1930년대 후반 리얼리즘론의 심화에 영향을 끼친 요인은 두 가지로 살펴볼 수 있다.

첫째, 사회주의 리얼리즘의 수용이다. 사회주의 리얼리즘론은 엥겔스와 레닌의 반영론과 리얼리즘론을 이론적 기반으로 하여, 전대의 사회학적 미학관을 극복하기 위해 제기된 창작 방법론이다. 사회주의 리얼리즘에서 제기된 '세계관과 창작 방법 간의 모순론'과 '리얼리즘의 승리론'은 예술적 실천과 예술 방법의 고유성에 대한 새로운 자각을 불러일으켜, 리얼리즘의 일반 원리에 대한 이해 수준을 한 단계 끌어올려 주었다.

둘째, 일제의 군국주의적 파시즘화에 따른 객관 정세의 악화이다. 1931년의 만주사변 이후 군국주의적 파시즘화의 길로 급속히 들어선 일제는 경제 공황으로 인한 독점 자본의 위기를 새로운 식민지 획득을 통해 해결하려 했다. 이에 따라 조선을 중국침략을 위한 경제적 전초 기지로 삼기 위해 국내의 모든 민족 운동을 극도로 탄압하기 시작했다. 이러한 객관 정세의 악화에 의해 프로문학을 비롯한 리얼리즘 문학은 자체의 존재를 위협받는 상황에 처하게 되었다. 그 결과 프로문학의 독자성과 우월성을 교조적으로 주장하던 것에서 벗어나, 사회주의 리얼리즘의 독자적인 특질보다 리얼리즘 일반 원리의 중요성을 더욱 강조한 리얼리즘론이 본격적으로 탐구 되었다.

이처럼 1930년대 후반 소위 주체론으로 자칭되는 리얼리즘 논의가 심화된 이유는 당대의 문학 정신이 유례없는 불안 가운데 방황하고 있었기 때문이다. 1935년에 프로문학의 구심체였던 카프가 해체되고, 1937년 중일전쟁을 기점으로 더욱 악화되는 정세 속에서 작가들은 어떻게든 자신을 추스를 수밖에 없는 상황에 놓이게 되었다. 이전과는 전혀 다른 상황에 처한 작가들에겐 와해된 주체를 정립하는 것이 우선적으로 중요한 문제였다. 그 결과 프로문학 운동을 한 작가들은 자신이 신념으로 택한 이념에 대한 근본적인 질문과 반성을 통해 새로운 성과를 얻을 수 있었다.

'주체 재건' 또는 '주체 건립'이라는 용어는 단순히 자구상의 차이가 아니라, 해당 용어를 쓰는 이론가의 물적 토대, 세계관적 기반, 그리고 현실에 대한 인식과 긴밀한 관계를 맺고 있다. 주체성이란 일차적으로 작가 자신에 관한 문제이지만, 주체성은 개별성과 보편성의 관계 인식, 즉 특수성에 대한 인식을 의미한다. 특히 1930년대 후반기에 작가 주체에게 제기된 문제는 이런 일반론적인 의미보다는 구체적·역사적 문맥에서 보다 심각하고 다양하게 제기된다. 즉, 이 시기에 제출된 주체의 문제는 한 작가에게 국한된 문제가 아니라, 보다 광범위한 문학적 현실과 그것에 대한 시대적 역사적 반성으로써 제기된 것이었다. 특히 이 시기 임화, 안함광, 김남천을 중심으로 전개된 주체론은 일제의 폭압적인 파시즘의 탄압으로 인해 무력화된 주체를 회복함과 동시에 과거 프로문학의 도식성을 극복하고 새로운 활로를 찾기 위한 노력으로 등장한 것이다.

카프의 해산 후인 1930년대 후반기 프로문학의 강한 이념성은 작가들의 주체 정립을 모색하는 방향에서 이루어졌고, 이것은 리얼리즘적인 작품 성과와 직결되었다. 주체의 재건이란 일제의 파시즘적 탄압에서 기인된 주체의 무력화 현상을 극복하려는 시도로서, 창작적 실천의 영역에서 세계관과 창작 방법의 연관 관계에 맞물려 리얼리즘 논의로 이어진다. 임화, 김남천, 안함광 등을 중심으로 전개된 이 논의들은 올바른 리얼리즘 문학을 정립하려는 공통된 목적을 지녔지만, 그 방법 및 절차는 논자마다 조금씩 상이점을 갖고 있었다.

임화와 김남천은 주체 재건의 방법을 신창작이론(사회주의 리얼리즘)의 구체화로 표방하여, 사회주의 리얼리즘을 조선 현실의 특수성에 맞게 실천할 것을 주장했다. 김남천이 주체 재건의 방법으로 생각한 고발 문학을 제기하고 있는 「고발의 정신과 작가」(조선일보, 1937. 6. 1~5.)에는 '신창작이론의 구체화를 위하여'라는 부제가 붙어 있다. 또한 임화는 「주체의 재건과 문학의 세계」(동아일보, 1937. 11. 11~16.)에서 주체의 재건 방법이 신창작이론의 구체화와 같은 노선임을 밝히고 있다. 주체를 재건하려면 올바른 세계관을 확립해야 하며, 과거의 도식적인 프로문학을 극복하기 위해 세계관을 주체화시켜야 했다. 그런데 이러한 세계관의 주체화를 문학 속에서 실현하는 방법은 세계관의 정립을 현실의 진정한 인식으로 보는 신창작방법을 전개하는 것이다.

사회주의 리얼리즘의 구체화를 주체의 재건 방법으로 본 것은 안함광의 경우에도 마찬가지였다. 다만 안함광은 현실의 진지한 탐구를 기반으로 하여 창작 방법을 현실적으로 구상화할 것을 강조하면서, 사회주의 리얼리즘을 올바르게 이해할 것을 역설했다. 즉, 그는 사회주의 리얼리즘이 우월한 방법으로써 우리 현실에 주어지는 것이 아니라, 현실 탐구의 결과가 구체적인 창작 방법으로 사회주의 리얼리즘에 이르는 순서를 밟아야 한다고 했다.375)

주체의 재건에 관해서도 안함광은 '재건' 이전에 '주체'의 성격에 대한 엄밀한 견해를 밝힐 것을 주장하며, 이전의 경향문학에서부터 작가들은 문학과 생활이 괴리되어 세계관이 주체화되지 못했다고 했다. 또한 그는 객관 정세의 악화로 더욱 무력해진 오늘날에는 주체의 재건이 아니라 '건립'이 필요함을 말한다.[376] 안함광의 이러한 주장은 조선 현실의 특수성 및 현실 속의 주체를 파악하자는 뜻이 담긴 것이다. 그러나 이후의 안함광의 논의는 자신의 처음의 주장과는 반대로 현실과 괴리된 사회주의 리얼리즘으로 나아간다.

한편 김남천도 현실로부터 출발할 것을 주장하면서 주체 자신의 모순을 발견하여 주체의 건립을 이루어야 함을 강조한다. 그는 사회주의 리얼리즘의 구체화로서 고발문학론을 내세웠는데, 그가 내세운 고발문학론은 세계관을 주체 자신의 것으로 만들지 못하게 한 주체 내부의 모순을 고발하거나, 생경한 관념을 주입하는 대신 현실의 부정성을 고발함으로써 주체 내부에 주체화된 세계관을 만들어 나가는 것이다.

김남천에게 주체는 실천을 통해서만 올바로 정립될 수 있는 소시민 지식인이다. 김남천은 이러한 주체를 재건하는 방법으로 치열한 고발의 정신을 상정한다. 그는 주체 내부의 분열상을 준열하게 비판하고, 주관을 철저히 객관(현실)에 종속시키는 문학적 실천을 통하여 주체의 분열을 극복할 수 있다고 했다. 그러나 주체가 갖는 세계관의 역할을 간과함으로써 리얼리즘론의 기초인 주체와

---

375) 안함광, 「창작방법문제 논의의 발전과정과 그 전망」, 『조선일보』, 1936.
  5. 30~6. 9.
376) 안함광, 「조선 문학정신 검찰」, 『조선일보』, 1938. 8. 23~31.

객관 현실 간의 변증법적 관계를 인식하지 못한 한계를 드러낸다. 왜냐하면 그는 세계관을 이미 완성되고 고정된 선취물로써 상정하고 있기 때문이다.[377]

이러한 김남천의 고발문학론은 임화로부터 관조주의 편향이라는 비판을 받는다.[378] 임화는 고발문학론 같은 관조주의와 그와 반대되는 주관주의의 양 흐름을 비판하면서, 사회주의 리얼리즘의 구체화로 나아간다. 임화가 생각하기에 근대 창작 이론의 곡해가 있었던 것은 과거의 세계관 중시 경향에 대한 반발과 외부 현실의 악화가 겹쳐 작가의 내부를 붕괴시켰기 때문이다. 따라서 그는 현실 편중과 이전의 세계관 편중의 양 경향을 지양할 때 올바른 사회주의 리얼리즘에 도달할 수 있다고 보았다.

주체론에 에 대한 인식에서 김남천은 개인화의 경향을 두드러지게 강조하면서 소설 장르에 대한 검토와 소설 개조의 문제를 제기한다. 더 나아가 김남천은 당대 소설론의 핵심인 관찰문학론조차 일신상의 문제와 결부지어 논의를 전개한다. 한편 임화는 김남천의 고발문학론을 둘러싼 논의 가운데서 자신의 이론을 심화시켜 나간다. 임화는 본격소설론의 입장에서 진정한 근대문학의 방향을 문제 삼는다. 즉, 임화는 추상적 개념으로 이해한 사상성보다, 근대적으로 이해된 사회성의 정열을 통한 근대적 개성의 형성 문제에 집착한다. 한편 안함광은 주체론을 통한 자기 개조의 의미와 이념성을 강조한다.

임화와 안함광은 시기별로 편차를 보이지만, 그 궁극적 지향점에서는 동일하다. 즉 와해된 주체를 회복하는 방법상 용어로 임화

---

377) 김형숙, 앞의 논문, 1996, 70~71쪽.
378) 임화, 「사실주의의 재인식」, 『동아일보』, 1937. 10. 8~14.

는 '주체 재건'이라는 용어를, 그리고 안함광은 '주체 건립'이라는 용어를 각기 사용하지만, 임화와 안함광 모두 이미 작가에게 선험적으로 사상이 주체화되어야 한다는 의미에서 그 사상을 재건 또는 건립해야 한다고 본다.

그런데 김남천도 이미 획득됐다고 생각했던 사상이 진정한 의미에서 주체화되지 못했다고 생각하고, '세계관의 혈육화'란 방향에서 '주체 재건'이란 용어를 사용한다. 임화는 김남천과 같이 주체 재건이라는 용어를 사용하지만, 용어의 그 내포는 다르다. 임화는 이미 작가에게 선험적으로 사상이 주체화되어 있어야 한다는 의미에서, 그 사상을 재건해야 한다고 했기 때문이다. 안함광 또한 주체 건립이라는 용어를 사용하지만 주체 건립이라는 말은 용어상의 차이에도 불구하고 임화의 주체 재건과 동일한 의미를 갖는다. 그러므로 임화, 안함광, 김남천의 이론은 각기 미세한 차이에도 불구하고 그 궁극적 지향점에서는 동일하다고 할 수 있다. 특히 임화와 김남천이 모두 발자크의 리얼리즘을 자기 개조의 관점에서 언급하고 있다는 사실은 중요하게 지적할 수 있다.

이런 의미에서 볼 때, 김남천이 고발문학론에서 제기한 자기 검토와 자기 개조의 세계, 이의 발전적 방향인 자기 개조의 세계가 구체적 창작 과정과 밀접하게 연관되어 있다는 사실은 중요하다. 그러나 김남천은 이론과 창작 양면에서 보여준 일관된 논리 전개에도 불구하고 작가의 이념성이 작품을 규정한다고 봄으로써 현실의 구체적 형상화에는 실패한다.[379]

반면에 임화의 주체 재건론은 주체의 패배를 인정하면서도 과거의 주체를 전적으로 부정하는 것이 아니라, 그것을 파생시킨 현상

---

379) 이상갑, 앞의 논문, 1994. 6, 151~153쪽.

을 극복한다는 의미에서 청산주의와는 구분된다. 즉, 임화는 주체의 패배가 곧 세계관의 패배가 아님을 인식하고, 그것을 혈육화하는 방법을 천착한다. 임화는 작가의 세계관과 생활적 실천을 매개하는 개념으로 '예술적 실천'을 규정하고, 주제 재건의 방법으로 '리얼리즘적 실천'을 주장한다.

리얼리즘적 실천이란 주체의 세계관과 객관 현실 간의 역동적 상호 작용으로 이를 통해 올바른 세계관을 주체화함으로써 와해된 주체를 재건할 수 있다. 주체는 곧 세계관의 담지자이기 때문이다.

1930년대 후반의 소설론은 리얼리즘론과 밀접한 연관 속에서 논의되었다. 리얼리즘론의 핵심적 규준이 대상의 객관적인 재현과 대상에 대한 가치 평가에 있음을 고려할 때, '대상의 총체성'[380]을 통한 문학의 인식 능력을 중핵으로 하는 장편소설은 '진리 충실성'을 문제 삼는 리얼리즘론과 깊은 친화력을 지닐 수밖에 없다. 따라서 리얼리즘론의 기본 개념을 소설이란 특정한 장르 속에서 구체화하기 위한 방향을 모색한 1930년대 후반의 소설론은, 소설의 미적 본질에 육박해 간 보기 드문 이론적 성취였다.

1930년대 후반의 평단과 作壇의 관심은 현저하게 장편소설 장르로 집중되었다. 그런데 이와 같은 논의들은 기법론보다는 본질론에 치우친 것이었다. 리얼리즘과 연관지어 볼 때, 이런 현상은 문제의 핵심에 접근한 것이었다.

장르의 이론은 작품을 완벽하게 형상화하려는 작가의 개인적인 노력과 미학의 궁극적 문제를 보편화한 일종의 공식 사이의 사고를 매개하는 중간 영역이다. 그런데 단편소설은 단일성을 그 본질로 함으로써 총체성을 지향하는 대서사 양식, 즉 영웅서사시나 장

---

380) 루카치, 반성완 역, 『소설의 이론』, 심설당, 1985, 89~106쪽.

편소설과는 구별된다. 단편소설은 사회적 현실의 전체를 형상화할 것을 바라지 않으며 또한 바라기 어려운 장르이기 때문이다. 바로 이러한 이유로 인해, 1930년대 후반에 장편소설의 장르 문제가 논의의 초점이 되었다. 그리고 그것은 전술한 바와 같이, 소설의 본질론에 대한 천착으로 이어졌다.

1930년대 후반에 임화, 김남천, 안함광 등은 리얼리즘의 구체화로서 소설론에 대한 천착을 했다. 이들이 일제히 소설론에 대한 천착을 하게 된 이유는 1930년대 후반의 객관 상황의 악화로 인해 공공연하게 사상성과 당파성을 운위하면서 리얼리즘론을 전개할 수 없는 외부적 요인과 함께 좀더 문학 내적인 논리 속에서 자신들의 리얼리즘론을 구체화하려는 의식이 있었기 때문이다. 그 결과 프로문학의 각 논자들은 이념을 암묵적으로 전제한 다음, 그 구체화로서 장르론에 천착하게 된다.

따라서 이 시기에 소설론이 본격적으로 논의된 이유는 예술적 반영의 특수성이라는 미학과 1930년대 후반의 사회적 상황의 변모에 따른 프로문학론자들의 인식의 전환 때문이었다. 임화의 지적처럼, 식민지 시대 프로문학 역사의 전 과정은 '사실적 예술로서의 자기 완성의 과정'이자 '당파적 문학으로서의 성장 과정'381)이었다. 따라서 1930년대 후반기의 소설론은 리얼리즘론의 발전사 속에서 그 위상이 설정되어야 한다. 이 시기의 소설론은 객관적 정세와 그 주체적 대응이라는 끊임없이 상호 관련되는 관계망 속에서 검토되어야 하기 때문이다.

이들이 전개한 소설론은 논자에 따라 그 중심적 논리가 다르게 나타난다. 그것은 그들이 전개하였던 리얼리즘론의 핵심과 연관된

---

381) 임화, 「사실주의의 재인식」, 『문학의 논리』, 학예사, 1940, 70쪽.

다. 임화는 당시의 소설이 세태소설과 내성소설로 양분되어 있다고 진단하고서, 이는 작가 내부의 있어서의 말하려는 것과 그리려는 것의 분열에서 기인한다고 판단했다. 이러한 전제 속에서 임화가 내세운 것은 본격소설인데, 그가 말하는 본격소설이란 19세기적 의미의 고전소설이다. 임화에 의하면, 조선에서는 본격소설적인 전통이 결여되어 있으며, 그러한 근대적인 전통의 결여가 소설 발전의 치명적인 결함으로 나타나고 있다. 따라서 조선에서는 여전히 본격소설의 완성이 숙제로 남아 있다. 이러한 임화의 논리는 소설 장르가 지니는 성격과 내재적인 원리를 밝히려는 것이다.

그가 본격소설론에서 말하는 '서구적 의미의 완미한 개성'이란 '성격과 환경의 조화'를 전제로 한 것이었기에, 그의 소설론이 성격론으로 나아간 것은 본격소설론의 구체화라고 할 수 있다. 임화가 본격소설론에서 강조한 '성격과 환경의 조화'라는 명제는 성격(인물)과 환경의 역동적 관계 속에서 만들어지는 주인공의 운명을 통해 작가의 사상이 드러나는 소설 내적 구조에 대한 형식적 규범이다. 또한 주체적 욕구와 객관적 여건 사이의 조화와 투쟁의 통일이라는 문학인의 치열한 현실 전유 태도에 대한 강조이기도 하다. 따라서 작가는 하나의 무력한 실체가 아닌 사회적 추진의 동력의 일부분으로 그러한 힘의 체현자이어야 한다. 임화의 소설론이 이렇게 본격소설이라는 장르를 중심에 놓고 전개된 것은 그의 리얼리즘론에서 강조되었던 '묘사로서의 의식'과 관계가 있다. '묘사와 의식의 결합'이 '말하려는 것과 그리려는 것의 통일', 그리고 '환경의 묘사와 자기표현의 하모니'로 전화되어 갔기 때문이다.

임화 소설론의 핵심은 '성격과 환경의 조화'로써 작품에 표현된 작가의 사상에 현실성을 부여하고, 그 결과 작품의 예술성도 확보하려 한 것이다. 즉, 사상으로서의 문학의 창조가 실천적으로도 가능하게 하려 한 것이다. 그러나 이론에 근거한 소설 작품이 나오지 못한 것이 본격소설론의 한계이다.

한편, 성격과 환경이 조화되기 위해서 새 인물에는 새로운 환경이 필요하다고 주장하는 그의 논리 근저에는 '현실 긍정'의 정신이 배어 있다. 그에게는 '현대만이 긍정하고 찬미할 세계'[382]이고 현대와 현대 정신이 관심의 대상이었다. 현대에서 현대 정신을 가진 인간들의 관계 속에서 자신의 영상을 발견할 수 있고, 앞으로의 방향까지 모색할 수 있다고 그는 생각했다. 따라서 그는 '기정 사실'을 인정하고 그 사실을 탐닉하는 데서 자기의 발전을 꾀하고 현실적인 길을 발견하려 했다. '성격과 환경의 조화'라는 논리에는 '현실의 긍정'과 '기정 사실의 인정'이라는 임화의 입장이 포함되어 있다. 그리고 이 '현실의 긍정'과 '기정 사실의 인정'에 의해서 그는 두 가지 오류를 범했다. 그 하나가 국책 문학에의 동참이고, 다른 하나가 '이식 문학사'로서의 '신문학사' 서술이다.

임화의 소설론은 그가 정립한 리얼리즘론의 구체화로서 당대의 소설론에서나 리얼리즘론에서 최고의 수준에 도달한 것이었다. 그러나 진정한 리얼리즘을 찾으려는 노력에 의해 형성된 '성격과 환경의 조화'라는 논리가 이식 문학사와 전체주의를 수용하는 계기가 되었음도 간과되어서는 안 된다. 임화의 소설론은 그의 리얼리즘론과 신문학사 서술 사이에 놓여 있으며, 그 양자를 모두 설명할 수 있는 매개적인 역할을 했다.

김남천은 소시민적 특수성, 관념적 경향에 의해서 뿐만 아니라 초기 프롤레타리아 문학 운동의 공통된 경향인 정치적 투쟁이라는

---

382) 임화, 「언제나 지상은 아름답다」, 『조선일보』, 1938. 3. 5.

목적을 위해 경험 우위의 문학론을 주장한다. 이런 김남천의 인식은 문학 운동의 특수성이나 문학과 정치와의 올바른 관계에 대한 인식이 부족했기 때문이다. 그러나 볼셰비키화론을 마감하는 임화와의 '물/서화'논쟁은 카프문학 운동이 정치적 이데올로기를 직접적으로 문학에 연결시키는 정치우위적 경향에서 벗어나게 하는 계기가 되었다. 이 논쟁을 계기로 해서, 문학과 정치의 상호 변증법적 관계, 세계관과 창작방법론의 올바른 관계를 새롭게 정립하려는 모색이 이루어졌다.

고발문학론은 김남천 스스로 주·객관적 요인에 의해 허물어진 주체를 정립하는 문제가 절실했기 때문에 제기된 것이다. 김남천은 자신의 절실한 문제를 전 문단의 보편적 문제로 인식하고서, 루카치나 헤겔의 개념을 원용하여 자본주의의 특성인 주체와 객체의 분리를 철저히 고발함으로써 주체를 정립할 수 있다고 했다. 그러나 김남천은 그 당시의 가장 중요한 모순인 일본제국주의에 의한 민족적 모순을 도외시 혹은 은폐함으로써, 그 당시 식민지 현실을 서양 발달사에 준해 자본주의 사회로 상정한 한계를 드러낸다.

김남천이 고발문학론을 주장하게 된 배경에는 정치적 테제와 세계관의 동일시뿐만 아니라 사회주의 사상에 대한 부정이 자리잡고 있었다. 이로 인해 고발문학론 이후 나타나는 김남천의 창작방법론은 주체 정립을 도덕적 모랄로 파악한 모랄론과 디테일의 진실성을 구체적 묘사로 파악한 풍속론으로 발전한다. 이 두 이론은 상호 관련성을 배제한 채 따로따로 전개되다가, 로만개조론에 와서 세태 혹은 내성으로 흐르는 문단적 현실을 타개하기 위해 통합된다.

신체제의 대응 문학으로 현실을 관망하고 관찰하는 묘사의 정신을 주장한 관찰문학론에 와서 주체는 사라지고, 김남천이 관념적으로 상정한 자본주의적 현실의 왜곡된 인간상만 남게 된다. 고발문학론 이후 관찰문학론까지의 행로는 소시민적 세계관과 객관적 현실을 그대로 인정하고, 그 한계 안에서 타협하지 않고 살아남는 방법을 모색한 것이기 때문이다. 따라서 이러한 행로는 김남천이 그 당시의 문학적 실천으로 생각한, 현실을 관망하는 문학의 창작과 소시민에로 안주한 것이었다.

확고한 신념으로 김남천이 고발문학론에서 관찰문학론까지 리얼리즘 문학을 밀고 나갈 수 있었던 것은 그가 엥겔스의 발자크론을 리얼리즘의 핵심으로 보았기 때문이다. 또한, 세계관과 상관없이 나타나는 리얼리즘에 대한 믿음과 그 당시 카프 문인 중 유일하게 그 당대의 아시아적 특수성에 대한 인식을 갖고 있었기 때문이다. 그 인식이 올바른 것이었느냐와는 상관없이 김남천은 자신이 인식한 조선적·객관적 현실, 즉 아시아적 정체성에 의한 파행적 리얼리즘 원칙을 그대로 작용시키면 리얼리즘 소설이 될 것으로 생각했다. 이런 김남천의 생각이 그나마 성공한 작품이 『대하』이다.[383]

김남천의 소설론은 '부르주아 시대의 서사시'라는 근대소설의 개념을 중심으로 한 로만개조론이다. 카프의 해체를 전후하여 고발 문학의 필요성을 제기한 이래 모랄론, 풍속론 등 문학론의 변화를 거듭 추구하던 김남천은 풍속 개념의 재인식, 가족사 연대기 소설의 길을 제시하면서 로만 개조론을 전개한다. 로만개조를 통해 조선의 소설은 '로만의 위기'에서 탈출할 수 있다는 것이 김남천의 생각이었다.

그런데 김남천은 임화가 제기한 고전적 본격소설을 극복·지양한

---

383) 이덕화, 앞의 논문, 1990. 12, 264~265쪽.

새로운 소설의 발생을 추구였다. 그에 의하면, 이 소설은 '사회와 인물을 전체적 발전에서 묘출'하는 소설이다. 김남천은 '부르주아 시대의 서사시'로서의 소설 자체에 대해서가 아니라, 그 소설의 나아갈 바에 대한 천착을 소설론의 중심으로 삼았다. 그러나 '피안'에 대한 전망이나 구상을 가지지 못한 그가 현재의 소설에 대해서 요구하는 것은 결국 발자크적 의미의 '리얼리즘 소설'이었다. 그에 의하면, 그것을 통해서만 피안의 문학, '완미한 인간성을 창조할 새로운 양식의 문학'을 준비할 수 있다. 김남천의 로만개조론은 근대적인 의미에서의 소설 양식을 극복하여야 한다는 긍정적인 문제 의식을 담고 있기는 하지만, 피안에 대한 구상을 공백으로 남겨둠으로써 완전한 소설론으로 자리잡기 이전에 전향의 길로 나아가고 만다.

안함광의 1930년대 후반 리얼리즘론은 중간 계급을 견인하는 것을 목적으로 한 휴머니즘론의 한계와 의의를 규명한 지성론을 통해 전개된다. 일제 파시즘의 폭압과 신체제론의 압력이 거세어지자, 안함광에게 고정된 역사적 합법칙성으로 인식되었던 세계관과 사상성은 더 이상 힘을 발휘할 수 없었다. 이러한 상황에서 지성이 안함광에게 사상을 주체화할 수 있는 모멘트로서 인식되었고, 변화된 현실에 대한 대응을 모색하게 하는 하나의 매개적인 기능을 하였다.

휴머니즘론을 통해서 중간 계급을 지도·견인할 수 있다고 본 안함광은 휴머니즘적 의욕이 적극적인 의식의 능동성으로 전화될 수 있다고 판단했다. 그리고 그는 객관적인 토대인 현실과의 결합, 그리고 리얼리즘적 방법으로 그 의욕을 연소시킬 수 있다고 보았다. 그러나 그의 관점은 반파시즘 인민 전선의 차원은 아니었다.

안함광은 기존의 이념이 후퇴하고 문학 운동의 전망이 부재하게 되자, 창작 주체에게 세계관을 주체화할 수 있는 방법, 즉 주체 건립의 방법에 고심한다. 그것은 지성과 초극적 의욕의 통일, 그리고 현실적 인식을 가능케 하는 생활과의 결합이었다. 이러한 인식속에 안함광이 이념의 후퇴를 전제로 하여 내놓은 문학론이 '사실문학론'이다.

중일전쟁을 전후한 현실의 변모는 다양한 문학적 대응과 방법론적 모색을 촉발시켰다. 이때 안함광은 일련의 '비리얼리즘적 방법'을 비판하며 '리얼리즘의 길'을 견지하였다. 그 근거는 '리얼리즘의 능동성' 혹은 '초극의 의식'이었다. 이것은 간접적으로나마 그가 사회주의 리얼리즘의 체계를 견지하는 형태로 이해될 수 있다. 그렇지만 그것은 충분한 이론적 체계로 완성되지 못한 채, 객관적 현실의 변모를 인정하면서 '생활 현실의 인식'을 강조하는 '사실문학론'으로 귀결되었다

객체 지향이 생활적 기반에 대한 인식을 요구하는 논리로 이어졌다면, 주체 지향은 그것을 초극하는 가능적 현실에 대한 의욕을 요구하는 논리로 나타났다. 이들을 결합해 주는 것은 처음에는 '역사적인 필연성'이 었지만 안함광이 '사실'에 대한 천착을 보이기 시작하면서부터는 일반적인 의미에서의 '보편성'으로 변화되었다. 사실문학론의 정립 과정에서 안함광의 리얼리즘은 '세계관의 주체화'를 핵심으로 파악하였다.

그런데 안함광이 강조하는 '세계관의 주체화'와 '주체'의 의미는 단순한 미적 주체 혹은 예술 주체가 아닌, 예술 주체와 현실 인식의 문제를 예술가의 실천 사이에 매개하는 개념이다. 즉, 미적 당파성의 의미를 가진다. 또한 안함광은 생활의 현실을 보다 철저하

게 인식하고 예술적 실천의 논리를 강조하면서도 '의욕의 세계', '새로운 세계의 의거처'를 상정했다. 이는 역사적 필연성에 대한 믿음에서 전망의 형상화가 협소해지는 상황을 인정하였지만, 예술적 실천의 논리 안에서 좀더 넓고 가능한 전망의 형상화를 추구할 필요성을 강조한 것이다.

김남천이 현실의 반영에 치중하여 성격 결여의 현상을 초래한 데 비해, 안함광은 임화와 마찬가지로 성격과 환경의 관계에서 성격의 역할에 관심을 집중한다. 그는 유형, 개성, 전형을 구분하여 개성 가운데서 유형을 살리고, 유형을 그리면서 산 개성적 실재성을 부여하는 것이 전형 창조의 길이라 하였다. 그리고 이런 전형 속에서만 성격의 창조가 가능하다고 보았다.[384]

모순과 충돌과 갈등으로 특징지어지는 현실적 생활에서 인물의 행동, 즉 성격과 환경의 관계를 전제로 하여 성격은 창조됐다. 그리고 성격 창조는 환경에 대한 '초극적 의식'에 의해서 가능하므로 픽션을 요구하게 된다. 환경을 초극한다는 것은 새로운 질서를 가진 세계를 요망하는 것으로 의욕의 세계이지 가시의 세계는 아니다. 그러므로 픽션의 세계는 역사적 필연성에 대한 신념, 말하자면 '지금은 고적하나 영원히 고적하지 않은 것에 대한 신념'을 기만으로 하여 나타나는 세계를 의미한다.

이와 같이 역사적 필연성에 대한 신념을 기반으로 하여 의욕의 세계를 만들기 위해 성격을 창조하는 작업은 한설야의 『황혼』에서도 찾아 볼 수 있다. 한설야는 이 작품에서 미래의 세계를 앞당겨서 표현하려 했으며, 현실과 타협하지 말고 싸워야 한다고 말했다.[385] 그러나 문학이 현실의 반영으로 나타나는 형상이라 규정한

---

384) 안함광, 「개성논의와 가치의 리베라리즘」, 『조선일보』, 1938. 12. 23.

한설야는 감각적 형식 가운데 사상과 관념이 존재하는, 즉 사상과 감각이 통일되는 경우에만 문학이 될 수 있다는 사실을 인식하고, 자신의 작품이 지닌 오류를 인정하고 있다.

안함광의 논리 속에서도 한설야가 『황혼』을 쓸 때의 견해와 같은 것을 발견할 수 있다. 성격과 환경의 모순이 해결되지 않으면 작가가 가진 사상에 회의를 갖게 되거나 단순히 고집으로 바뀌어져 화석화된다고 임화가 지적했듯이,[386] 안함광의 논지는 자기 스스로도 역사적 픽션이 개재된 작품이 없다고 인정한 것처럼 현실에서 조화될 수 없기 때문에 '화석화'되어 버렸다. 따라서 그의 소설론은 현실과의 결합도를 점차 상실하면서 전체성에 대한 일방적 경사로 귀결되고 말았다.[387]

---

385) 한설야, 「내 작품의 여주인공」, 『조광』, 1939. 4.
386) 임화, 「한설야론」, 『동아일보』, 1938. 2. 24.
387) 안함광, 「문학과 생활」, 『동아일보』, 1939. 11. 30~12. 6. 이 글에서 안함광은 적극적으로 신체제론을 옹호하며, 문학 역시 새로운 대동아공영권의 질서에 호응하는 창작과 비평에 몰두해야 한다고 주장한다.

chapter V

결 론

    1930년대의 소설론은 성격과 환경의 관계 속에 형성되는 '전형'의 문제에 논의가 집중되어 전개되었다. 이 시기에 전형론(성격론)이 부각된 이유는 세태소설의 가장 치명적인 문제점은 주인공이 결여되거나 혹은 주인공이 분산되어 나타난다는 점, 통속소설의 징후가 다름 아닌 작가 정신의 이완과 그로 인한 작중인물의 유형화라는 점, 로만개조론의 작품상의 실천이 결국은 성격 창조의 문제(전형적 정황)에 그 성패가 달려 있다는 점 등 때문이었다.

    이처럼 1930년대의 소설론은 리얼리즘의 기본 범주하에서 이루어졌기 때문에 전형론을 그 핵심으로 할 수밖에 없었다. '전형적인 성격과 전형적인 환경'으로 리얼리즘을 정의했던 엥겔스에 의하면 전형성의 창조가 리얼리즘의 구현이라고 할 수 있다. 이러한 전형의 창조에 가장 적합한 장르는 장편소설인데, 장편소설은 환경과 인물의 상호 작용 방식에 의해 그 유형이 결정된다. 그리고 양자 간의 상호작용이 포괄적이고 완벽할수록 그 작품은 탁월한 효과를 얻게 된다. 장편소설의 형상화 과정에는 성격과 환경 간의 '조화'가 아니라, '교섭', 즉 양자 간의 갈등을 통한 대립적 통일의 관계가 주로 문제시된다. 따라서 장편소설은 전형적 정황과 전형적 성격을 창조하는 데 거의 유일무이한 장르로, 리얼리즘의 실현에 가장 적합한 장르가 된다.

1930년대 후반기 임화의 소설론은 당시의 문학적 상황과 창작적 상황에 대한 하나의 이론적 대응으로 산출된 것이었다. 그것은 카프의 해산 이후 분열된 창작 주체의 주체성 재건의 길로 제시된 리얼리즘 문학의 실천 문제와 결부되었다. 동시에 세태소설과 내성소설에 대한 작가의 피상적 인식과 반영의 경향에 대한 이론적 대응이기도 했다. 임화는 세태소설이나 내성소설은 '성격과 환경의 조화'라는 본격소설의 구조를 파괴함으로써, '인간군의 대립과 갈등'이라는 사회적 현실의 본질적 구조를 파악할 수 없었던 것으로 이해했다.

이러한 소설들에 대한 대안으로 임화는 '본격소설론'을 제기하는데, 그것의 이론 구조는 성격과 환경의 관계, 성격의 운명과 작가의 사상의 관계로 나뉠 수 있다. 문학은 '형상'을 매개로 현실을 반영하며, 사회 생활의 일반적 법칙인 현실의 본질을 파악하는 것은 '전형'을 창조하는 문제와 연결된다. 임화는 '전형'이 '성격과 환경의 조화'로 형상화된다고 생각했다. 임화는 "행위하는 성격이 아니라 생활하는 인물임에 그치는" 주인공은 진정한 의미에서의 성격이 아니라고 본다.[388]

임화는 엥겔스의 '발자크론'에 입각하여, 작가의 세계관과 창작 방법이 모순되는 것이 아니라 창작방법이 작가의 세계관을 획득하

---

388) 임화, 「현대소설의 주인공」, 『문학의 논리』, 학예사, 1940, 426～427쪽.

는 데 적극적인 역할을 한다고 했다. 그리고 이때 창작 방법으로 사용된 리얼리즘은 하나의 사상이 될 수 있으므로, 리얼리즘 소설을 쓰면 사상성을 획득할 수 있다고 보았다. 작가의 사상성은 작품 속에 융합될 수 있으며, 성격과 환경의 유기적인 관계 속에서 전형을 형상화하고, 그 전형의 운명에서 자신을 표현한다. 전형은 시대적인 한계, 환경의 영향력에 의해 형성되며, 주어진 환경에서 인물을 살아가게 해야만 자신의 사상성을 전달할 수 있다. 그러므로 '성격과 환경의 조화'에서 전형의 창조가 이루어지고, 그것을 매개로 하여 작가의 사상이 표출된다. 임화가 성격과 환경의 관계를 조화로 규정하고 전형을 추구한 것은, 리얼리즘이 세부의 진실성을 그리는 것 이외에 전형적 환경의 전형적 인물을 구성하는 것이라고 한 엥겔스의 발자크론에 이론적 토대를 두었기 때문이다.

성격과 환경의 유기적인 관계 속에서 성격의 운명이 형성되며, 이 성격의 운명을 작품에 표현하는 데서 작가의 사상이 드러난다. 성격과 환경이 조화를 이루어 작품에 표현될 때만 작가의 사상은 현실성을 갖게 된다. 그러므로 임화는 사회주의 리얼리즘을 지향하면서도, 한설야의 『靑春期』를 『黃昏』보다 긍정적으로 평가할 수 있었다.

임화의 소설론은 표면으로는 리얼리즘 일반론의 성격을 띠고 있지만, 그 일반론에 이르는 과정의 내부에는 역사적 문맥을 포함하고 있다. 오히려 역사적 문맥에 뿌리를 둠으로써 그의 소설론은 미적 반영론으로서 당대 최고의 수준에 이를 수 있었다. 임화는 한편으로 당대의 역사적·문학적 혼돈을 극복하려고 시도하면서도, 다른 한편으로는 그러한 과정을 논리적으로 탐구하여 올바른 리얼리즘 소설론을 전개하였다. 그의 리얼리즘 일반론은 역사적 연구와 이론적 연구의 통일 속에서 나타난 것이다. 따라서 그의 소설론은 탁상공론식의 일반 이론이 아니라, 역사적 인식과 논리적 인식의 통일 속에서 산출된 리얼리즘에 대한 방법적 원리였다.

임화의 소설론은 현실의 총체상을 작가에게 인식시켜 주기 위한 목적에서 제출되었고, 문학의 인식론적 기능에 대한 인식이 전제되어 있었다. 그러나 본격소설을 지향함으로써 작가의 현실에 대한 총체적 인식의 획득이 가능할 것으로 기대함으로써, '주체의 정신'만 상정한 채 '구체적 현실성'은 없는 문제점도 지닌다. 그리하여 그의 소설론은 그 이론에 근거한 작품이 나오지 못한 한계 속에, '성격과 환경의 조화'라는 논리가 현실을 긍정하고 기정사실을 인정하는 논리로 변하여 일본의 국책 문학에 동참하고, '이식 문학사'를 쓰는 오류를 범하기도 했다.

그럼에도 불구하고, 임화의 소설론을 놓고 사회주의 리얼리즘에서 리얼리즘 일반으로 후퇴한 논의로 보거나[389] 혹은 부르주아 리얼리즘(서구의 19세기 소설)으로 퇴각한 것으로 보는 태도[390], 더군다나 사회주의 리얼리즘을 견지했다고 보는 태도[391] 등은 온당한 평가가 아니다. 왜냐하면 임화는 당대의 역사적·문학적 현실에

---

389) 연세대 국문과 · 중문과 · 독문과 공동연구모임, 「1930년대 후반 반파시즘 인민전선과 사회주의 리얼리즘의 변천과정」, 34~35쪽.
390) 이상경, 「임화의 소설사론에 대한 비판적 검토」, 『창작과 비평』, 1990년 가을호, 305~309쪽.
391) 강영주는 임화, 안함광의 소설론을 사회주의 리얼리즘으로 보고 있다. 그리고 임화, 안함광의 소설론에 대해, 진정한 성격의 창조가 불가능한 조선에서의 소설들이 하등의 문학적 가치가 없으며 이대로 나가다가는 더 이상의 소설 창작이 불가능하다는 '가공할 절망론'에 도달한 것은 아니더라도 조선에서의 소설 형식의 가증성에 대한 더 이상의 탐구를 포기하여 간접적으로 절망을 표시한 것으로 해석하고 있다.(강영주, 앞의 논문, 1976, 21~30쪽.)

충실한 리얼리즘론을 펼치려 했기 때문이다. 임화의 소설론은 표면상 리얼리즘 일반론으로 보이기도 하지만 그 내면에는 올바른 문학사적 인식 및 당대 실천과제에 대한 인식이 함의되어 있다. 이런 임화의 문학사적 견해는 조선문학의 전개를 서구문학의 이식으로 보는 잘못된 면이 있기도 하지만, 우리 문학사의 특수성을 결정하는 내적 계기도 중시하고 있다.392) 이런 관점에서 본다면, 임화의 본격소설론은 리얼리즘 일반론의 강조로 볼 수 있다.

김남천의 소설론은 자본주의 사회에서 리얼리즘을 실현할 수 있는 소설이 바로 장편소설이라는 점, 이 장편소설이 전체성을 문제 삼는 장르라는 점, 또한 전체성은 세부 이론으로써 전형적 인물과 전형적 상황에 바탕을 둔다는 점, 아울러 이러한 점을 상세하고 풍부하게 검토하여 세부 이론의 질적 수준을 높였다는 점 등에서 그 이론적 성과를 인정할 수 있다. 그러나 김남천은 로만개조론을 리얼리즘으로 확고히 자리매김하는 데는 실패하고 있다. 그는 리얼리즘이 지니는 세부 원칙에 대해서 정확히 이해하지 못했다. 그 결과 그는 로만개조론이 지니는 리얼리즘의 성격에 대해서는 언제나 일반론적 원칙(주관을 객관에 종속시키는 것)을 되풀이할 수밖에 없었다.

김남천은 1935년 카프가 해산된 이후 자기 고발에서 시작된 고발문학론을 전개할 이래로, 현실을 왜곡 없이 반영하여 소시민적 자기 자신을 극복하여야 한다는 생각을 가지고 있었다. 즉, 김남천은 작가의 주관에 의해 현실이 왜곡되는 것을 막는 데 관심을 두

---

392) 이 부분에서 임화의 민족문학사관의 단초를 찾을 수 있다.(나병철, 「임화의 리얼리즘론과 소설론」, 한국문학연구회 편, 『1930년대 문학연구』, 평민사, 1990, 25쪽.)

었다. 그러나 김남천은 작가의 세계관을 강조하는 것이 현실의 본질적인 국면을 선택하는 원리라는 것을 깨닫지 못하였다. 이런 생각하에 그는 체험과 관찰을 구분하고, 투철한 통찰에 의해 사회 전체의 그 모순과 갈등을 놓치지 않고 묘사하는 데서 자기의 생존 이유를 찾는 관찰문학론을 제기한다. 이처럼 현실의 반영에 중점을 두고 성격의 묘사와 사상의 표현에 중요성을 부여하지 않음으로써, 그의 소설론은 환경에 함몰된 채 성격의 역할을 간과하게 되었다.

그럼에도 그의 소설론이 실제 창작 이론을 통해 당대의 소설을 개조하고, 문단의 침체를 극복하고자 했었던 점은 나름대로 의의를 가진다. 김남천은 로만 개조가 세계관의 문제가 아니라, 창작방법의 구체적 탐구를 통해서 이루어지리라 보았다. 이런 입장에서 그는 실제 창작과 관련된 문제를 중심으로 세부 이론을 전개하였다.

김남천은 리얼리즘이 세부의 진실성을 그리는 것이라는 점을 고려하면서 성격과 환경중 환경에 더 많은 비중을 두어 자신의 소설론을 전개했다. 문학의 방향성을 바로잡고 추진해 나가기 위해서는 관념이나 사상이 아니라, 생활적 현실에서 출발하는 리얼리즘이 요구된다는 김남천의 관점은 세태와 사실의 중요성을 강조하였다. 그리고 이에 의해 주인공의 성격을 통해서 작가의 사상을 표현해야 한다는 임화의 소설론을 비판했다.[393]

결국 김남천의 문학적 삶은 끊임없이 자기 한계를 극복하기 위한 부정의 과정이었다. 그리고 그 과정들이 군국주의 일본의 힘 앞에 무력하게 무너졌던 것이었다고 할 수 있다.

임화와 김남천의 소설론이 '부르주아 시대의 서사시'라는 소설

---

393) 김남천, 「'토픽' 중심으로 본 己卯年의 산문문학」, 『조선일보』, 1939. 12. 21~22.

본질에 대한 규정에 근거한 소설 장르론이었다면, 안함광의 소설론은 소설 창작에서의 구성의 문제에 대한 정초였다. 구성의 문제는 픽션론을 통해 환경에 대한 초극의 의식을 강조한 것으로, 한편으로는 성격론을 통해 환경을 창조하는 성격에 대한 강조로 구체화된다. 안함광이 소설 구성의 문제에 대하여 관심을 보인 것은 그가 사실문학론에서 제기한 '사실 정신'의 환경에 대한 능동성을 소설론에서 구성의 논리로 바뀐 것이다.

안함광은 그의 소설론을 성격론과 역사적 허구로서의 픽션론을 통해 전개해 나간다. 성격 창조의 올바른 형태를 전형이라고 주장하였고, 역사적 합법칙성 위에서 가능성의 세계, 의욕의 세계로서의 픽션을 상정했다. 그의 픽션론은 전형적 상황, 새로운 세계에 대한 전망, 그리고 이것들의 유기적 결합 원리인 구성을 의미하였다. 그러나 그의 소설론은 1939년을 넘어서면서 사회주의적인 변혁의 전망 상실로 그 기반을 역사적 합법칙성이 아닌 윤리적 모랄로 대체하였다. 즉, 픽션으로서의 소설론은 사상성을 공백으로 하는 것이었고, 소설의 내용을 문제 삼는 것이 아닌 일방적인 창작 원리의 수준에 머무른 것이었다.

따라서 이전에 픽션에 포함되던 새로운 질서의 세계를 창조하던 전형적 상황과 전망의 의미는 이 시기에 상실되고, 픽션의 논리는 문학의 구성 원리로 그 성격이 변화되었다. 즉, 픽션론과 성격론에서 역사적 합법칙적 내용은 배제되고, 의식의 능동성은 윤리적 지향의 수준에 머무름으로써, 그의 문학론은 형식론적 양상을 보이기까지 한다. 그러나 이러한 소설론의 후퇴에도 불구하고, 작품 내의 구성에 대한 고구와 『대하』나 『고향』에 대한 평가는 충분한 타당성을 갖는다. 그리고 내용 위주에서 오는 작품 평가의 빈약성을 극복하고, 문학 장르에 대한 연구에 발전을 가져왔다는 의의를 갖는다.

김남천의 소설론은 환경에 함몰되어서 성격을 통해서 표현되는 작가의 사상을 간과했다. 그리고 안함광의 소설론은 현실을 초극하는 의식으로서의 성격 창조를 강조함으로써 객관적인 현실 인식에 기반을 둔 성격의 형상화를 도모하지 못했다. 김남천과 안함광이 '성격과 환경의 상호적인 관계'를 어느 한쪽에 중점을 두고 소설론을 전개시킨 데 반해, 임화는 객관적인 현실에 기초하여 성격을 묘사하여야 함을 강조하면서 '성격과 환경의 조화'관계를 도모했다. 그럼으로써 그는 작품에 표현된 작가의 사상에 현실성을 부여하려고 했다. 관조주의와 주관주의의 오류를 극복하는 선상에서 임화의 리얼리즘론이 제기되었듯이, 임화의 소설론도 성격과 환경의 관계를 양극단으로 몰고 가는 이론적 편향을 지양하였다. 따라서 임화의 소설론은 당시에 제기된 소설론 중에서 가장 리얼리즘적 소설론에 접근한 것이었다.

안함광은 임화와 마찬가지로 성격의 역할이 갖는 중요성을 인식하였다. 그러나 안함광의 전형론(성격론)은 현실을 초극하는 의식으로서의 성격 창조를 강조함으로써, 객관적인 현실 인식에 기반을 둔 성격의 형상화를 도모하지 못했다. 또한 그는 엥겔스의 정의를 기초로 하여 자신의 전형론을 전개하였으나, 인물(성격)의 전형 문제를 환경과 결부시켜 파악함으로써 주인공의 사상 문제를 강조하는 오류를 범했다. 즉, 주인공은 투철한 사상 무장을 통해 사회의 모순을 타개해 나갈 수 있어야 한다고 했다. 그러나 이런 그의 논리는 전형의 개념을 협소화시킴으로써 객관 현실과 동떨어진 채, 실제 창작과는 이어지지 못한 한계를 지녔다. 반면에 김남천은 셰익스피어와 발자크의 소설에 나오는 악당과 편집광이 당대의 전형이라 파악하면서, 작가의 사상이 인물이 아닌 작품 전체 구조에 작용해야 한다고 했다. 따라서 진정한 전형은 주인공을 통해서가 아닌 작품을 통해 구현된다고 주장했다.

이런 인식하에 각 논자들은 세태소설과 통속소설이 진정한 리얼리즘 정신에 위배된다고 비판하며 로만개조론을 상정하였다. 임화는 본격소설론을 통해 성격과 환경의 조화로서의 서구의 고전소설을, 김남천은 로만개조론을 통해 총체성을 담을 수 있는 장편소설을 가족사 연대기 소설로 보았다. 현실의 논리 속에서 성격을 묘사해야 한다는 임화의 소설론은 리얼리즘 소설론에 가장 접근한 것이었다.

이상의 연구를 통해, 필자는 1930년대 후반기에 전개된 소설론을 임화·김남천·안함광을 중심으로 살펴보았다. 그러나 필자는 각 논자들의 리얼리즘론과 소설론의 이론적 연속성과 그것의 당대 문학적 의미망에 초점을 둠으로써, 그들의 소설론이 갖는 장르 미학적 논리에 대한 논의를 하지 못한 한계를 갖는다. 절반의 문학사로 기술되는 1930년대 후반기의 공백을 메우기 위해서는 납·월북 작가의 작품을 새로운 시각으로 접근해야 한다. 미리 재단된 가치에 의해 그들의 작품을 미화하는 태도를 지양해야 한다. 납·월북 작가들의 작품에 대해 선험적 전제나 편견 없이 접근해서, 1930년대 후반기의 문학을 연구해야 한다. 그리고 한효, 김두용, 한설야, 백철 등 다른 리얼리즘 논자들의 소설론과의 면밀한 비교 고찰이 이루어져야 할 것이다. 이는 차후의 과제로 남긴다.

참고문헌

1. 국외 단행본

C. V. JAMES, 연희원 역, 『사회주의 리얼리즘론』, 녹진, 1990.
G. H. R. 파긴슨 편, 김대웅 역, 『변증법적 미학이론』, 문예출판사, 1986.
G. 루카치, 홍승용 역, 『미학서설』, 실천문학사, 1987.
G. 루카치, 조정환 역, 『변혁기 러시아의 리얼리즘문학』, 동녘, 1986.
G. 루카치, 이영욱 역, 『역사 소설론』, 거름, 1987.
G. 루카치, 황석천 역, 『현대리얼리즘론』, 열음사, 1986.
G. 루카치 외, 최유찬 외 역, 『리얼리즘과 문학』, 지문사, 1985.
G. 루카치 외, 이춘길 편역, 『리얼리즘 미학의 기초이론』, 한길사, 1985.
G. 루카치 외, 홍승용 역, 『문제는 리얼리즘이다』, 실천문학사, 1985.
M.S. 까간, 진중권 역, 『미학 강의 I』, 새길, 1991.
M.S. 까간, 진중권 역, 『미학 강의 II』, 새길, 1991.
T.W. 아도르노, 홍승용 역, 『미학이론』, 문학과 지성사, 1984.
T. 이글턴, 김명환 역, 『문학이론입문』, 창작사, 1986.
루나찰스키 외, 김휴 역, 『사회주의 리얼리즘』, 일월서각, 1987.
마르크스 엥겔스, 김영기 역, 『마르크스 엥겔스의 문학예술론』, 논장, 1989.
소련과학아카데미 편, 편집부 역, 『미학의 기초 I, II, III』, 논장, 1989.
스테판 코올, 여균동 편역, 『리얼리즘의 역사와 이론』, 미래사 1986.
에르하르트 욘, 임홍배 역, 『마르크스 레닌주의 미학입문』, 사계절, 1989.

유진런, 김병익 역,『마르크시즘과 모더니즘』, 문학과 지성사, 1986.

키랄리 활비, 김태경 역,『루카치 미학 비평』, 한밭출판사, 1985.

프레드릭 제임슨, 여홍상·김영희 역,『변증법적 문학이론의 전개』,
     창작과 비평사, 1984.

2. 국내 단행본

권영민,『한국민족문학론연구』, 민음사, 1988.

김영민,『한국문학비평논쟁사』, 한길사, 1992.

김용직,『임화문학연구』, 세계사, 1991.

김윤식,『임화연구』, 문학사상사, 1990.

김윤식,『한국근대문예비평사연구』, 일지사, 1987.

김윤식,『한국근대문학사상사』, 한길사, 1984.

김윤식·정호웅 편,『한국문학의 리얼리즘과 모더니즘』, 민음사,
     1989.

김재남,『김남천 문학론』, 태학사, 1991.

김재용,『민족문학운동의 역사와 이론』, 한길사, 1990.

김재용,『민족문학운동의 역사와 이론 2』, 한길사, 1996.

『문학과 논리』창간호, 태학사, 1991.

민족문학사 연구소,『민족문학사 강좌 (상,하)』, 창작과 비평사, 1995.

백낙청,『민족문학과 세계문학Ⅱ』, 창작과 비평사, 1985.

백낙청 편,『리얼리즘과 모더니즘』, 창작과 비평사, 1984.

백낙청 편,『서구 리얼리즘 소설 연구』, 창작과 비평사, 1982.

실천문학 편집위원회 편,『다시 문제는 리얼리즘이다』, 실천문학사,
     1992.

역사문제연구소 문학사연구모임,『카프 문학운동 연구』, 역사비평사,
     1989.

이선영 외,『한국근대문학비평사연구』, 세계, 1989.

이선영 편,『1930년대 민족문학의 인식』, 한길사, 1990.

임범송, 『맑스주의 문학개론』, 나라사랑, 1989.
임종국, 『친일문학론』, 평화출판사, 1983.
임헌영, 『한국현대문학사상사』, 한길사, 1988.
임환모, 『문학적 이념과 비평적 지성』, 태학사, 1993.
장사선, 『한국리얼리즘문학론』, 새문사, 1988.
조정환, 『민주주의 민족문학론과 자기비판』, 연구사, 1989.
한국역사연구회 1930년대 연구반, 『일제하 사회주의 운동사』, 한길사,
        1991.
홍문표, 『한국 현대문학 논쟁의 비평사적 연구』, 양문각, 1980.
홍신선, 『한국 근대문학이론의 연구』, 문학아카데미사, 1991.

3. 자 료

1930년대 한국문예비평자료집 1~19권, 한일문화사(영인본)
김재용 편, 『카프비평의 이해』, 풀빛, 1989.
임규찬·한기형 편, 『카프비평자료총서』 Ⅰ~Ⅷ, 태학사, 1990.
임규찬·한진일 편, 『임화신문학사』, 한길사, 1993.
임화, 『문학의 논리』, 서음출판사, 1989.(학예사, 1940)

4. 논 문

강영주, 「1930년대 소설론고」, 서울대 석사논문, 1976.
구자황, 「안함광문학론 연구」, 성균관대 석사논문, 1992.
구재진, 「1930년대 안함광 문학론 연구」, 서울대 대학원 석사논문,
        1992.
권영민, 「카프시대 문학운동의 성격」, 『한국문학사의 쟁점』, 집문당, 1986.
권희선, 「1930년대 예술방법론 연구」, 서울대 석사논문, 1991.
김미란, 「김효식 문학연구-창작방법론을 중심으로」, 고려대 대학원
        석사논문, 1987.

김병구, 「임화의 소설론 연구」, 서강대 석사학위논문, 1992.

김상욱, 「1930년대 후반 소설론의 구도와 쟁점」, 국어국문학회 편, 『국어국문학』 110호, 1993.

김수정, 「1930년대 휴머니즘론 연구 - 백철과 임화를 중심으로」, 고려대 석사학위논문, 1992.

김시태, 「한국프로문학비평연구」, 동국대 대학원 박사논문, 1978.

김영민, 「문학대중화론 연구」, 『1930년대 민족문학의 인식』, 한길사, 1990.

김영조, 「안함광의 프로문학론 考察 - 1930년대를 중심으로 - 」, 수원대 국어국문학회 편, 『畿旬語文學』 제6집, 1991.

김용직, 「한국프로문학의 이데올로기 추구과정에 대한 연구」, 『사회과학과 정책연구』 제4권 3호, 서울대, 1982.

김윤식, 「자기고발과 주체성 재건에 관하여 - 김남천론」, 『한국현대문학사론』, 한샘, 1988.

김외곤, 「1930년대 한국현실주의 소설연구」, 서울대 석사논문, 1994.

김재남, 「1930년대 후반 장편소설 평가를 둘러싼 쟁점과 앞으로의 과제」, 『문학과 논리』 창간호, 태학사, 1991.

김재용, 「안함광론」, 이선영 편, 『1930년대 민족문학의 인식』, 한길사, 1990.

김수일, 「1930년대 후반기 장편소설본의 사적 고찰」, 연세대 대학원 석사논문, 1986.

김진억, 「1930년대 후반기 장편소설론 일고 - 김남천을 중심으로」, 한양대 석사논문, 1986.

김춘섭, 「김남천의 관찰문학론」, 고려대학교 한국학연구소 편, 『한국학연구』 제2집, 1989.

김현주, 「1930년대 후반 휴머니즘 논쟁연구」, 연세대 대학원 석사논문, 1990.

김형숙, 「임화 리얼리즘 문학론 연구 - '주체' 문제를 중심으로」, 한국교원대 석사논문, 1996.

나병철, 「1930년대 후반기 도시소설연구」, 연세대 박사논문, 1989.

나병철, 「김남천의 창작방법론 연구」, 이선영 편, 『1930년대 민족문학의 인식』, 한길사, 1990.

나병철, 「임화의 리얼리즘론과 소설론」, 현대문학연구회 편, 『1930년대 문학연구』, 평민사, 1993.

남송우, 「1930년대 전환기 비평의 해석학적 연구」, 부산대 대학원 박사논문, 1990.

류보선, 「안함광 문학론의 변모과정과 리얼리즘에 대한 인식」, 서울대 국어국문학과 편, 『관악어문연구』 제15집, 1990.

류양선, 「1930년대 전후의 한국농민문학론 연구」, 서울대 대학원 박사논문, 1990.

문영진, 「김남천의 해방전 소설연구」, 서울대 석사학위논문, 1989.

민경희, 「임화의 소설론 연구」, 서울대 석사논문, 1990.

박성준, 「임인식 문학연구를 위한 시론」, 연세대 대학원 석사논문, 1990.

서경석, 「金南天論 – 정치적 실천과 문학적 실천」, 『문학사상』 1989년 1월호.

성진희, 「임화의 신문학사론 연구」, 서울대 대학원 석사논문, 1992.

손광식, 「1930년대 한국 프로문학론 연구」, 성균관대 대학원 석사논문, 1990.

송근호, 「1930년대 후반 임화의 문학론 연구」, 연세대 석사학위논문, 1992.

송광미, 「1930년대 후반기 소설이론에 관한 연구 – 장편소설론을 중심으로」, 성신여대 석사논문, 1994.

신두원, 「임화의 현실주의론 연구」, 서울대 대학원 석사논문, 1991.

신범순, 「프로문예운동의 방향전환에 있어서 레닌주의와 그에 대한 비판」, 『관악어문연구』 제12집, 서울대 국문과 1987.

신형기, 「사회주의리얼리즘 논의의 출발점으로서의 내용·형식 논쟁」, 『1930년대 민족문학의 인식』, 한길사, 1990.

연세대 국문과, 중문과, 독문과 공동연구모임. 「1930년대 후반 반파시즘 인민전선과 사회주의 리얼리즘의 변천과정」, 심포지엄 발표문, 1990.

엄헌영, 「1930년대 안함광의 리얼리즘론 연구」, 연대 대학원 석사논문, 1990.

연세대학교 국·중·독문과 리얼리즘연구모임, 「제1회 공동학술 심포지움: 1930년대 통일전선과 리얼리즘의 제문제」, 1990.

오인숙, 「1930년대 리얼리즘론 연구」, 숙명여대 대학원 석사논문, 1987.

오현주, 「안함광 문학론에 나타난 근대와 현대에 대한 인식」, 민족문학사연구소 엮음, 『민족문학과 근대성』, 문학과 지성사, 1995.

옥지영, 「1930년대 휴머니즘 논쟁 연구」, 덕성여대 석사논문, 1993.

유문선, 「1930년대 창작방법 논쟁 연구」, 서울대 대학원 석사논문, 1988.

유문선, 「1930년대 초반 '유물변증법적 창작방법' 논의에 관하여」, 서울대 국어국문학과 편, 『관악어문연구』 제15집, 1990.

이공순, 「1930년대 창작방법론 소고」, 연세대 대학원 석사논문, 1986.

이덕화, 「김남천 연구」, 연세대 대학원 박사논문, 1990.

이덕화, 「사회주의리얼리즘 논쟁 − 낭만주의론을 중심으로」, 『연세어문학』 제22집, 1990.

이상갑, 「1930년대 후반기 창작방법론 연구」, 고려대 박사논문, 1994.

이주형, 「1930년대 한국장편소설연구」, 서울대 박사논문, 1983.

이현식, 「1930년대 후반 사실주의 문학론 연구」, 연세대 대학원 석사논문, 1990.

이 훈, 「1930년대 임화의 문학론 연구」, 서울대 박사학위논문, 1993.

이 훈, 「1930년대 임화의 문학론과 근대성」, 민족문학사연구소 엮음, 『민족문학과 근대성』, 문학과 지성사, 1995.

임규찬, 「카프 해소·비해소파를 분리하는 김재용에 반박한다」, 『역사비평』, 1988, 겨울.

임헌영, 「1930년대 비평 개관」, 『1930년대 민족문학의 인식』, 한길사, 1990.

임홍배, 「사회주의적 현실주의 성립기의 쟁점들」, 『창작과 비평』, 1988년 여름.

전상기, 「임화의 리얼리즘론의 변모과정 연구」, 성균관대 석사학위논문, 1991.

정경운, 「임화의 낭만주의론 연구」, 전남대 석사논문, 1990.

정찬영, 「1930년대 후반기 리얼리즘론 연구 - 김남천과 임화를 중심으로」, 부산대 석사학위논문, 1992.

정호웅, 「30년대 리얼리즘문학의 한 양상」, 『한국학보』 제45집, 1986. 겨울(일지사).

정희모, 「1930년대 후반 김남천의 장편소설 연구」, 현대문학연구회 편, 『1930년대 문학연구』, 평민사, 1993.

조금현, 「한국 프로문예비평에 있어서 변증법적 리얼리즘 연구」, 중앙대 대학원 석사논문, 1989.

조남철, 「일제하한국농민소설연구」, 연세대 박사논문, 1985.

조정환, 「1930년대 현실주의 논쟁과 프로레타리아문학의 독자성 문제 - '미적 주체성' 개념을 중심으로 - 」, 『민주주의 민족문학론과 자기비판』, 연구사, 1989.

채호석, 「김남천의 창작방법론 연구」, 서울대 석사논문, 1987.

최유찬, 「1930년대 사실주의」, 『한국근현대문학연구 입문』, 한길사, 1990.

최유찬, 「1930년대 한국리얼리즘론 연구」, 연세대 대학원 박사논문, 1986.

최유찬, 「비판적 사실주의」, 『한국근현대문학연구 입문』, 한길사, 1990.

하정일, 「1930년대 후기 문예이론」, 『한국근현대문학연구 입문』, 한길사, 1990.

하정일, 「1930년대 후반 사회주의 리얼리즘론의 발전과 반파시즘 인민전선」, 『창작과 비평』, 1991년 봄호.

하정일, 「1930년대 문학비평의 변모와 근대성」, 민족문학사연구소 엮음, 『민족문학과 근대성』, 문학과 지성사,1995.

하정일, 「30년대 후반 휴머니즘 논쟁과 민족문학의 구도」, 이선영 편, 『1930년대 민족문학의 인식』, 한길사, 1990.

하정일, 「프리체의 리얼리즘관과 30년대 후반의 리얼리즘론」, 현대문학연구회 편, 『1930년대 문학연구』, 평민사, 1993.

하정일, 「해방기 민족문학론 연구」, 연세대 박사학위논문, 1992.

한혜경, 「1930년대 비평에 대한 일 고찰」, 이화여대 대학원 석사논문, 1983.

홍성암, 「김남천 연구」, 한양대 한양어문연구회 편, 『한양어문연구』 제7집, 1989. 12.

• 저자 •

선주원   •약 력•

한국교원대학교 국어교육과 졸업
한국교원대학교 대학원 국어교육학과 졸업(교육학 석사)
한국교원대학교 대학원 국어교육학과 졸업(교육학 박사)
한국교원대학교 국어교육과 겸임교수 엮임
전남대학교 국어교육과 시간강사 엮임
현재 광주교육대학교 국어교육과 교수

•주요논저•

「대화적 관점에서의 소설교육 연구」
『소설교육의 원리와 방법』(새미)
『시 교육의 원리와 방법』(박이정)
『어린이 문학교육의 방법』(박이정)
『초등교사를 위한 글쓰기와 화법』(공저, 형설출판사)
『추억에서 세상으로』(시와 사람)
주요 연구 분야 : 소설론, 소설교육론, 국어교육론, 어린이 문학교육론,
               청소년 문학교육론 등
e-mail: cleansun@chollian.net

본 도서는 한국학술정보(주)와 저작자 간에 전송권 및 출판권 계약이 체결된 도서로서, 당사와의 계약에 의해 이 도서를 구매한 도서관은 대학(동일 캠퍼스) 내에서 정당한 이용권자(재적학생 및 교직원)에게 전송할 수 있는 권리를 보유하게 됩니다. 그러나 다른 지역으로의 전송과 정당한 이용권자 이외의 이용은 금지되어 있습니다.

1930년대 후반기
소설론

• 초판 인쇄 | 2008년 2월 29일
• 초판 발행 | 2008년 2월 29일

• 지 은 이 | 선주원
• 펴 낸 이 | 채종준
• 펴 낸 곳 | 한국학술정보㈜
           경기도 파주시 교하읍 문발리 513-5
           파주출판문화정보산업단지
           전화 031) 908-3181(대표) · 팩스 031) 908-3189
           홈페이지 http://www.kstudy.com
           e-mail(출판사업부) publish@kstudy.com
• 등   록 | 제일산-115호(2000. 6. 19)
• 가   격 | 29,000원

ISBN 978-89-534-8219-7 93700 (Paper Book)
      978-89-534-8220-3 98700 (e-Book)